homossexualidade
SOB A ÓTICA DO ESPÍRITO IMORTAL

órgão editorial
ASSOCIAÇÃO MÉDICO-ESPÍRITA DE MINAS GERAIS

CATANDUVA, SP | 2024

Andrei Moreira

homossexualidade
SOB A ÓTICA DO ESPÍRITO IMORTAL

Dedico esse livro a todas as pessoas homossexuais que lutam por compreender sua experiência evolutiva atual e fazer dela um caminho de autoencontro, responsabilização pessoal, amorosidade e crescimento espiritual em busca da felicidade.

"[...] Nunca pergunte o que uma pessoa faz, mas como o faz. Se o faz por amor, ou seguindo os princípios do amor, está servindo a algum deus. E não cabe a nós estabelecer quaisquer julgamentos, por se tratar de algo nobre."

CARL GUSTAV JUNG

(*Civilization in transition*. Princeton: Princeton University Press, 1976, vol. 10, p. 112.)

Sumário

agradecimentos
    Gratidão   xiv

prefácio
    Análise, reflexão e entendimento pelo amor
    por JAIDER RODRIGUES DE PAULO   xviii

apresentação
    Admirável mundo novo
    por LAURA MARTINS   xxiv

introdução
    Em prol de uma cultura espírita inclusiva e amorosa   xxviii

1 Sexualidade – conceitos e definições   34
    Sexo biológico   35
    Identidade sexual   36
    Orientação sexual   36
    Papéis sexuais   36
    Heterossexualidade   37
    Homossexualidade   37
    Bissexualidade   39
    Assexualidade   39
    Transgêneros   41
    Drag queens e Drag kings   41
    Intersexos   41
    Os transgêneros (travestis e transexuais) nas diferentes culturas   44
    Distúrbios da sexualidade   47

2 A homossexualidade na história   50
    Homossexuais ilustres na história mundial   58
    Cronologia das mudanças na visão da homossexualidade [...]   59
    Brasil   63
    União civil legalizada   64

3 Preconceito e homofobia   66
   Preconceito religioso   75
   Homofobia internalizada   79

4 Sociedade em transformação   90
   Educação para a alteridade   93

5 O que as ciências biológicas têm a dizer?   98
   Pesquisas em busca de causas biológicas [...]   102
   Análises hormonais   102
   Análises genéticas   105
   Análises anatômicas   108
   Análises cognitivas   112
   Conclusões   112

6 As contribuições da psicologia e da psiquiatria   116
   Psicanálise   117
   Psicologia analítica junguiana   128
   Psicologia espírita   131
   Invertidos   133
   Posicionamentos de eminentes espíritas   136

7 Uma visão espírita
   uma análise sob a ótica do espírito imortal   140
   Energia sexual   142
   Hominização e polaridade   143
   Bissexualidade psíquica   147
   Causalidade   153
   Consequência natural do reflexo mental e emocional [...]   154
   Condição facilitadora da execução da missão espiritual   156
   Situação provacional e expiacional decorrente do abuso [...]   159
   Reflexo mental e afetivo condicionado decorrente [...]   162
   Condição reativa decorrente do processo educacional atual [...]   162
   Individualização   164
   Síntese   169
   Normalidade e anormalidade   173
   Autoaceitação   174

8 Relacionamentos homossexuais 190
   Sublimação 197
   Fidelidade 201

9 Monogamia, poligamia e promiscuidade nas relações homossexuais 204

10 Casamento *gay* ou união homoafetiva 212
   Rafael e Marcelo – uma história que deu certo 221

11 Testemunhos da vida real 224
   Pedro Lúcio, 40 anos, motorista de ônibus e metrô, e Paulo [...] 226
   Adriana, enfermeira, 46 anos, e Lúcia, advogada, 46 anos 230
   Manoel e Diógenes – um amor que sobrevive à morte 233

12 Adoção por pessoas ou casais *gays* 236
   Mônica, Renata e Luiz – uma família homoparental 248

13 O papel da família perante os homossexuais 252

14 A homossexualidade na *Bíblia* 266
   Gênesis 269
   Levítico 273
   Romanos 275
   Coríntios e Timóteo 277
   David e Jônatas 279
   Os Evangelhos 280
   As práticas cristãs 283

15 O homossexual nos centros e nas atividades espíritas 286
   Atendimento fraterno 288
   Trabalho espírita 290

16 O homossexual espírita perante o movimento *gay*   294
   Orgulho ou visibilidade *gay*?   299
   Preconceito e discriminação   300
   Decisão e atitude   303

17 Pornografia – riscos e prejuízos   308
   O custo social da pornografia   312
   A visão espírita   316
   Tratamento do vício em pornografia   320

18 HIV/aids – uma visão médico-espírita   328
   HIV   331
   Reencarnação   333

19 Mitos e verdades sobre os homossexuais   344
   Os homossexuais são promíscuos   345
   O homossexual é pedófilo   348
   O homossexual é sedutor e destruidor de lares   348
   O homossexual é pervertido e sem caráter   349
   Deus odeia os homossexuais   350
   A homossexualidade é fruto de obsessão espiritual   351
   O homossexual masculino é um homem que deseja [...]   352
   O homossexual é uma pessoa infeliz e frustrada   352

20 Educação sexual e afetiva à luz da imortalidade da alma   354

21 Conclusões   360

anexo 1
   O mundo dos bonecos de papel   370

anexo 2
   Perguntas e respostas   380

   Referências bibliográficas   394

AGRADECIMENTOS

Gratidão

> "A gratidão é a memória do coração."
> ANTÍSTENES

SOU PROFUNDAMENTE GRATO À FAMÍLIA AMADA QUE ALIMENta minha alma e que me encheu de cuidados, bem como respeitou minha necessidade de solidão meditativa, nos dias de reclusão em nosso sítio ao longo dos quais esta obra foi elaborada: Geraldo Dácio, Madalena Souza, Gustavo Moreira e Nei Nicolato.

Agradeço ainda e carinhosamente:

Aos amigos Roberto Lúcio Vieira de Souza, Jaider Rodrigues de Paulo, Grazielle Serpa, Bianca Ganuza e Olinta Fraga, pela revisão de conteúdo da obra, pela amizade e confiança.

Às amigas que me auxiliaram, ao longo dos últimos 15 anos, no estudo, na discussão e elaboração de ideias concernentes ao tema tratado nesta obra: Ana Carolina Ruela, Laura Martins, Letícia Talarico, Rejane Bicalho e Nina Araújo.

agr

A Laura Martins, por sua revisão carinhosa, por suas sugestões preciosas e amizade ímpar.

À família AMEMG e aos funcionários da AME Editora, por toda a partilha e parceria nos últimos anos.

A Pedro e Paulo e aos demais casais *gays* espíritas de coragem e imenso valor à causa espírita e ao meu coração, por tudo que têm me proporcionado aprender com suas experiências.

À família Everilda Batista, que mantém o grupo espírita mais inclusivo e respeitoso, verdadeiramente fraterno, que tive a oportunidade de conhecer e participar.

Aos queridos amigos do Grupo Espírita Paulo e Estêvão, de Lausanne, Suíça, que organizaram em Yverdon Les Bains um seminário em comemoração de seus 15 anos e me oportunizaram o primeiro seminário, gravado em DVD, sobre "A homossexualidade sob a ótica do espírito imortal", em maio de 2011.

A Gilson Guimarães, por seu carinho, incentivo e acolhimento que tanto bem têm me proporcionado.

A Sônia Loureiro, Cristine Wastjershan e Valéria Santana, pela parceria e competência.

A Manoel Lamonica e Diógenes, Cynthia Ramos, Rafael e Marcelo, Adriana e Lúcia, Mônica, Renata e Luiz, por suas partilhas enriquecedoras, que muito me sensibilizaram.

A Gibson Bastos, por seu excelente e corajoso livro *Além do rosa e do azul*, com preciosas colocações inspiradas na prática clínica de psicologia do autor e no pensamento espírita.

A Chico Xavier pela sensibilidade de captar e materializar, pela psicografia, com sua participação anímica, as mais profundas e belas ideias a respeito do tema de que se tem notícia na literatura espírita, apresentadas por André Luiz e Emmanuel.

PREFÁCIO

Análise, reflexão e entendimento pelo amor

por JAIDER RODRIGUES DE PAULO

Médico psiquiatra, fundou e presidiu a Associação Médico-Espírita de Minas Gerais (AMEMG) por 16 anos. Ex-Diretor Clínico do Hospital Espírita André Luiz.

"Eu sei, e estou certo no Senhor Jesus, que nada é de si mesmo imundo a não ser para aquele que assim o considera; para esse é imundo."

PAULO

(Rm 14:14)[1]

---

1. Todas as citações bíblicas nesta obra foram extraídas da *Bíblia sagrada – Almeida corrigida e fiel*, baseada na tradução de João Ferreira de Almeida. São Paulo: Sociedade Trinitariana Bíblica do Brasil, 1994. Disponível em www.bibliaonline.com.br.

COM O AVANÇAR DO ENTENDIMENTO HUMANO A RESPEITO DE vários enigmas que rondam a capacidade de maiores observações, a homossexualidade aguarda também maiores luzes e sensibilidades a fim de melhor ser compreendida.

A sexualidade e a energia sexual, tão estudadas e comentadas por vários segmentos do conhecimento humano, necessitam ser contextualizadas dentro de uma visão evolutiva, para que possamos obter respostas e compreensão mais robustas, a fim de libertar-nos de preconceitos que, bastas vezes, nos levam a uma visão distorcida da realidade. Necessitamos de maior desenvoltura espiritual a fim de refinarmos a percepção, para melhor compreendermos o que já têm nos dito as obras espíritas sobre o tema.

prf

Este livro, escrito com austeridade, fruto de pesquisas de autores sérios e respeitados, de várias correntes do pensamento humano sobre o assunto, é uma tentativa respeitável de trazer-nos aspectos e até mesmo conhecimentos novos, correlacionando-os de maneira a clarificar certas nuances que, muitas vezes, passam despercebidas, levando-nos a uma compreensão cheia de lacunas, que, não raro, são preenchidas pelos nossos preconceitos.

O autor teve o cuidado de que suas pesquisas sobre o assunto fossem seguidas rigorosamente das referências, porque, tratando-se de um assunto de tão magna seriedade, necessita de claras fontes para não ficar tão somente em pareceres pessoais, o que comprometeria em muito a qualidade do trabalho.

Não é tendencioso em suas observações com ideias preconcebidas. Expõe os vários lados da questão, a fim de oferecer conteúdos para que seja feita uma análise imparcial por quem os ler.

Não se trata, aqui, de defender pontos de vistas ou ideias empacotadas, mas sim de reflexões, as mais lúcidas e cristãs possíveis, visto que estamos todos inseridos neste contexto, o da vivência e compreensão da sexualidade humana.

A importância da obra não se encontra simplesmente em esclarecer ou trazer ângulos diferentes da questão, mas principalmente em ser um apelo à sensibilidade do leitor, no que tange a uma compreensão maior da homossexualidade e da sexualidade em geral, pois, afinal, este assunto, relativo ao ser humano, por si só merece consideração e respeito.

Não se trata de apologia à promiscuidade e ao vale-tudo para ser "feliz" muito propalado hoje em dia, mas sim de um perceber nobre e respeitoso da condição sexual que uma pessoa possa experimentar, em função do livre-arbítrio que lhe foi outorgado pelo Criador. A questão sexual é inerente a cada um, e somente a própria pessoa pode responder por ela.

Sendo a energia sexual sagrada, cabe a cada qual dignificá-la em si, pois, sendo tudo puro aos olhos dos puros (como ensina Paulo, o apóstolo dos gentios), somente nessa perspectiva é que poderemos respeitar em nós e em nossos semelhantes o uso que possamos fazer da sexualidade.

Para tanto, se a nossa visão não for permeada pelo amor que já possamos expressar em nossas vidas, certamente condenaremos no próximo as dificuldades sexuais que trazemos dentro de nós, muitas vezes em níveis inconscientes. Para isso, basta analisarmos, com coragem de enfrentamento, os nossos desejos íntimos em relação ao assunto.

Desse modo, para falarmos, vivenciarmos e exemplificarmos as questões sexuais em suas varias condições, é necessário, além do entendimento, o sentimento fraterno e amoroso, pois, do contrário, corremos o risco do julgamento preconceituoso tão arraigado em nosso ser.

Vale sim ler a obra, analisá-la e refletir sobre ela nela até onde a nossa compreensão possa alcançar. A partir daí busquemos o entendimento pelo amor e aguardemos as respostas do tempo, que tudo põe em seus devidos lugares.

Que possa o conteúdo destas páginas servir de lenitivo e guia para que muitos que viajam sob a incompreensão e o desrespeito valorizem mais as suas vidas, empreendendo atitudes cristãs e assertivas nas suas ações, para que elas falem por si mesmas da sua dignidade, e não simplesmente da sua condição sexual.

Belo Horizonte, novembro de 2011

APRESENTAÇÃO

Admirável mundo novo
por LAURA MARTINS

Conferencista espírita, educadora da Universidade do Espírito de Minas Gerais (UniSpiritus).

"Cada nova ideia que nos penetra irá desorganizar nosso sistema de pensar e derrubá-lo como a um castelo de cartas. Reconstruí-lo é avançar!"
FLÁVIO GIKOVATE
(Twitter de Flávio Gikovate, em 31/Dez/2011.)

ESCREVO ESTE TEXTO NO DIA 31 DE DEZEMBRO DE 2011. DAQUI a poucas horas o Brasil comemorará a chegada de 2012. Abro o Facebook: os amigos compartilham seus mais veementes votos por um ano melhor, em todos os aspectos: com mais fraternidade, menos violência, mais respeito e ética, menos poluição e corrupção – e por aí vai.

Foi então que me lembrei de uma tirinha da Mafalda, a inquieta e questionadora personagem criada pelo cartunista Quino. Em um dos quadrinhos, ela e o amiguinho Manolito caminham lado a lado. Ele lhe diz: "As pessoas esperam que o ano que está começando seja melhor que o anterior". A menina, virando-se para o companheiro, acrescenta, sabiamente: "Aposto que o ano que está começando espera que as pessoas é que sejam melhores".

apr

É uma coincidência feliz, o fato de este livro estar sendo concluído nesta data e ser publicado no início do ano. Eu o acolho como uma mensagem de "feliz ano novo", mas um ano realmente *novo*, "não apenas pintado de novo, remendado às carreiras, mas novo nas sementinhas do vir-a-ser", como propôs o poeta Drummond.

Ele contém informações e reflexões que podem ser libertadoras para pessoas que estão vivendo a experiência da homossexualidade, para suas famílias, seus amigos, enfim, para todos que amam alguém que enfrenta desafios na busca da autoaceitação e da inclusão social. E também oferece possibilidades imensas de reflexão aos que, por desinformação, presos entre paredes construídas de preconceitos, erguem barreiras de todos os gêneros, dificultando ou mesmo impedindo a plena expressão e a conquista da cidadania por parte da pessoa homossexual.

Isso mesmo. *Pessoa* homossexual. O indivíduo, antes de ser homossexual, é pessoa. Como enfatiza Andrei Moreira, a identidade e a expressão sexual do indivíduo não afetam seu caráter. No contexto atual, em que manifestações de violência, corrupção e desrespeito assolam o planeta, uma atitude sustentável e inteligente é voltar nossa atenção para os valores legítimos, que definem o caráter da pessoa, capazes de edificar uma civilização digna desse nome.

Uma pessoa não pode ser invalidada por causa da forma como expressa sua afetividade e sexualidade. Que nessa nova civilização – que, pela graça de Deus, toma corpo pouco a pouco – o cidadão seja aceito e respeitado independentemente de seu corpo alterado por uma deficiência, sua etnia, seu grau de escolaridade, sua escolha religiosa ou política, seu gênero, sua expressão sexual. Não podemos confundir o indivíduo com a embalagem. O ser é total.

Como disse nossa amiga Mafalda, o ano que está começando espera que as pessoas sejam melhores. Este livro é um presente. Que ele possa nos ajudar a ser melhores.

INTRODUÇÃO

Em prol de uma cultura espírita inclusiva e amorosa

"O julgamento desejável e correto é aquele em que, usando-se variados exames das circunstâncias, se reconhece o que é justo."

AMIANO MARCELINO

(Historiador romano, nascido em Antioquia, entre 325 e 330 d.C., e falecido provavelmente em 391 d.C.)

Essa obra é fruto do estudo e da pesquisa durante os últimos 15 anos, iniciados em uma época em que pouca informação embasada acerca do tema era encontrada no meio espírita.

Pouco a pouco a homossexualidade foi ganhando visibilidade, graças às lutas pelos direitos civis dos homossexuais e à transformação da sociedade em diversos níveis, permitindo que o tema fosse mais debatido e estudado sem tantos tabus. As conquistas são inegáveis, no entanto os desafios sociais derivados do preconceito e da ignorância ainda fomentam a violência e a exclusão, como confirmam as pesquisas:

int

O termo *gay* tem sido utilizado para referir-se tanto à homossexualidade, enquanto gênero, como exclusivamente aos homossexuais masculinos. Nesta obra, optou-se pelos dois usos, contextualizados, seguindo-se os padrões culturais e os discursos sociais amplamente difundidos.

"Em Brasília, 88% dos jovens entrevistados pela Unesco consideram normal humilhar *gays* e travestis, 27% não querem ter homossexuais como colegas de classe e 35% dos pais e mães de alunos não gostariam que seus filhos tivessem homossexuais como colegas de classe. Mais grave ainda: no Brasil, um *gay*, travesti ou lésbica é barbaramente assassinado a cada dois dias, vítima da homofobia".[2]

Ainda são muito poucas as publicações espíritas que tratam do tema com o respeito que merece, com isenção de preconceito e sem fórmulas prontas. Em geral o que se vê é a repetição de velhos chavões estabelecidos no movimento espírita por algum ou vários companheiros de renome em determinada época, segundo os limitados postulados da psicologia e da psiquiatria de então.

Como convém a um estudo sério, para compor esta obra foram cotejadas várias fontes, espíritas e não espíritas, visando a uma abordagem mais abrangente e inclusiva, como ensina Kardec:

Ver a indicação de livros de Allan Kardec no opúsculo: *Catálogo racional das obras para se fundar uma biblioteca espírita*, 1869.

---

2. *Homofobia e direitos humanos.* Luiz Mott, 2006, www.ggb.org.br (acesso Jan/2011).

"Os que desejem tudo conhecer de uma ciência devem necessariamente ler tudo o que se ache escrito sobre a matéria, ou, pelo menos, o que haja de principal, não se limitando a um único autor".[3]

O objetivo deste estudo não é dar respostas, mas fomentar a discussão e o debate, a pesquisa e a ampliação de consciência sobre o tema, à luz da imortalidade da alma, consoante os ensinamentos da Doutrina Espírita. O foco é o Espírito imortal, viajor da eternidade em suas múltiplas experiências evolutivas construtoras do progresso e da maturidade do filho de Deus.

Busca-se, aqui, promover o desenvolvimento da ideologia cristã de acolhimento integral, aceitação incondicional e amor ao próximo, regras áureas do Evangelho de Jesus, base da Doutrina Espírita. Para isso, aliam-se nesta obra conhecimentos científicos e reflexões doutrinárias, objetivando o incentivo ao desenvolvimento de uma cultura inclusiva e amorosa em que se conjuguem valor e ação na prática espírita e na vida dos cristãos.

---

3. Allan Kardec, *O livro dos médiuns*, cap. III, p. 52.

Muitos corações têm se afastado das religiões e também do movimento espírita por não encontrarem acolhimento e compreensão diante de seus dramas pessoais no campo da sexualidade, particularmente na experiência homossexual. Perdem ambos os lados: as pessoas homossexuais, por não encontrarem campo para alimentar o ideal de espiritualidade em suas almas, nem o processo educacional que os auxilie a ir ao encontro de si mesmos; e as instituições religiosas, por não cumprirem seu dever de auxílio incondicional, de dignificação do ser humano, bem como por não receberem o benefício da participação em suas atividades de pessoas com grande potencial criativo e realizador em prol da obra e do próximo.

Ao iniciar a leitura desta obra, convém que você faça um autoexame e analise o que pensa e sente a respeito do assunto:

1. Qual é sua experiência e seu interesse no tema?
2. Quais são suas crenças a respeito da homossexualidade?
3. Quais são suas opiniões sobre as pessoas homossexuais?
4. Se for espírita, o que você considera que o Espiritismo e o movimento espírita têm a oferecer às pessoas homossexuais?

Cada qual buscará o estudo do tema movido por um interesse em particular, e convém tomar consciência de quais são as expectativas e qual o terreno em que estas se apresentam. Após alguns momentos de reflexão a sós, inspirado pela oração ou meditação que o auxilie a conectar-se a Deus, a si mesmo e à vida, vale a pena ouvir a voz da sabedoria chinesa ancestral, que nos convida a esvaziar a xícara antes de receber conteúdo novo.

Diante disso, convido-o a esvaziar-se de "pré-concepções", colocando de lado medos, reservas, paixões ou entusiasmos, para partir em um movimento de ampliação de consciência e autodescoberta.

Sendo ou não homossexuais, o estudo da sexualidade humana sempre nos leva ao encontro de nossos próprios sentidos e significados de vida e nos remete à reflexão sobre o que temos feito da energia sexual e do potencial criativo sagrado de que o Pai nos dotou para nossa felicidade e a da sociedade da qual fazemos parte.

O pensamento exposto nesta obra segue um padrão processual de construção da ideia e da reflexão à luz dos postulados científicos e espíritas. Recomenda-se não tirar conclusões precipitadas baseadas somente em um parágrafo ou uma parte da obra, e sim conhecer o pensamento completo do autor pela leitura integral do livro. Boa leitura!

CAPÍTULO

Sexualidade
conceitos e definições

"A diferença biológica é apenas o ponto de partida para a construção social do que é ser homem ou ser mulher. O sexo é atribuído ao biológico enquanto gênero e é uma construção social e histórica. A noção de gênero aponta para a dimensão das relações sociais do feminino e do masculino."

ELIANE MAIO BRAGA

(Eliane Maio Braga, "A questão do gênero e da sexualidade na educação", in Eliane Rodrigues e Sheila Maria Rosin (orgs.), *Infância e práticas educativas*. Maringá, PR. Eduem, 2007.)

Andrei Moreira

homossexualidade
SOB A ÓTICA DO ESPÍRITO IMORTAL

A SEXUALIDADE HUMANA É PLURAL, NÃO SE LIMITANDO A UM só gênero ou manifestação. É imprescindível conhecê-los e diferenciá-los para uma melhor compreensão da expressão sexual e afetiva humana.

Segundo o conhecimento e as definições psicológicas atuais, existem cinco diferentes gêneros: o heterossexual, o homossexual, o bissexual, o travesti e o transexual. Para compreendê-los, é preciso distinguir o que seja: sexo biológico, identidade sexual, orientação do desejo e papéis sexuais.

Sexo biológico

O sexo biológico é aquele com o qual o indivíduo nasce, composto pelos órgãos sexuais externos e internos ou definitivos. Pode ser masculino, feminino ou hermafrodita. Este último caracteriza-se pela presença dos dois sexos biológicos externos e um interno, o que pode ser corrigido pela medicina após realizar-se a avaliação de quais órgãos sexuais internos o indivíduo possui.

Identidade sexual

A identidade sexual representa aquilo que o indivíduo pensa e sente que é, ou seja, aquilo que ele "vê" quando se olha no espelho. Pode ser masculina ou feminina, independentemente do sexo biológico. Isso significa que um indivíduo que seja biologicamente masculino, que tenha nascido macho, pode se olhar no espelho e reconhecer-se como mulher, rejeitando sua biologia, bem como uma pessoa que seja biologicamente feminina, tendo nascido fêmea, pode se olhar no espelho e reconhecer-se como homem. Veremos como classificar esses casos adiante.

Orientação sexual

A orientação sexual é o direcionamento do desejo sexual e do afeto para um determinado sexo, que pode ser o mesmo do indivíduo ou não. Pode ser heterossexual, homossexual ou bissexual.

Papéis sexuais

Os papéis sexuais representam o comportamento do indivíduo dentro de uma relação homossexual ou heterossexual. O papel pode ser passivo ou ativo, masculino ou feminino, independentemente do sexo do indivíduo. Por exemplo, um casal heterossexual pode ser composto por um indivíduo do sexo masculino que seja passivo, sensível e afetivo, características próprias do feminino, e um indivíduo do sexo feminino que seja ativo, determinado, objetivo, características próprias do masculino, complementando-se entre si. Esses papéis determinam funções que podem ser alternadas entre os indivíduos de forma harmônica ou não, complementar ou não. Para compreender melhor esse exemplo, observe que, hoje em dia, se vê muito a revisão dos conceitos de família, e muitos homens permanecem no lar cuidando dos filhos e da casa, atividade que era exclusivamente atribuída ao feminino, enquanto suas esposas trabalham fora para o sustento do lar, atividade secularmente consagrada ao homem, ao masculino.

Heterossexualidade
O heterossexual é um indivíduo que, na maioria das vezes, tem a conformação biológica do seu sexo original, ou seja, daquele com o qual nasceu, a identidade sexual de seu sexo biológico e a orientação do desejo voltada para o sexo oposto. Pode ter papéis sexuais variados e complementares, como exposto anteriormente.

Homossexualidade
Ao nos referirmos à homossexualidade, ressaltamos que não se utiliza mais o termo homossexualismo, historicamente estabelecido quando a homossexualidade era considerada doença, o que foi negado pela Associação Americana de Psiquiatria e posteriormente pela Organização Mundial de Saúde. Hoje a homossexualidade é considerada pela ciência como uma variante normal do comportamento sexual humano.

O homossexual é um indivíduo que tem a conformação biológica do seu sexo original, embora posteriormente possa sofrer alterações determinadas pela vontade. Sua identidade é a mesma do sexo biológico, ou seja, o homem se olha no espelho e se vê e se sente como um homem, e a mulher se olha no espelho e se vê e se sente como mulher.

Quando dizemos que um indivíduo é homossexual, estamos caracterizando única e exclusivamente sua orientação do desejo, voltada para o mesmo sexo. Isso significa apenas que o indivíduo sente atração e se realiza afetiva e sexualmente com um igual.

Ao afirmarmos que alguém é homossexual, não estamos caracterizando-lhe a personalidade, nem dizendo de seu comportamento ou dos papéis sexuais, que variam enormemente, como entre os heterossexuais. Isso é importante de ser frisado para derrubar o preconceito que faz crer que o simples fato de classificar alguém como homossexual também o classifica como "safado", "promíscuo", "sedutor", "pedófilo" ou "sem caráter", como habitualmente observamos serem classificados pela ignorância humana.

Os papéis sexuais são variados e não se reduzem a uma imitação do casal heterossexual, mas se configuram como uma construção particularizada em que os indivíduos podem ser ativos, passivos ou viver ambos os papéis, alternando-os de acordo com seu impulso interno e a configuração da parceria afetiva. Um casal homossexual é composto por dois homens ou duas mulheres e possui uma dinâmica própria. Eles não buscam a reprodução da configuração homem/mulher tradicional, isto é, não há necessariamente um homem que represente o papel feminino exclusivo ou a mulher que represente o papel masculino exclusivo, a não ser que essa seja a identificação psicológica e permita o prazer do indivíduo. Essa observação é importante para que se perceba que o casal homossexual, formado de indivíduos do mesmo sexo, tem uma dinâmica e interpretação particular, apesar das similaridades com o casal heterossexual.

Bissexualidade

O bissexual tem o sexo biológico do sexo original com o qual nasceu, a identidade sexual do mesmo sexo e a orientação do desejo para o mesmo sexo ou para o sexo oposto. Ele pode, portanto, se relacionar afetiva e sexualmente com ambos os sexos

Uma crença equivocada a respeito do bissexual é a de que ele seria um indivíduo frustrado que não seria capaz de se satisfazer ou se realizar integralmente, pois estaria sempre sentindo falta do outro sexo com o qual não está se relacionando. Essa fala é utilizada muitas vezes para justificar comportamentos promíscuos. De fato, segundo a pesquisa de Carmita Abdo,[4] psiquiatra e sexóloga, do Hospital das Clínicas da Universidade de São Paulo, os bissexuais apresentam o comportamento mais promíscuo, estatisticamente três vezes maior que o dos heterossexuais e homossexuais. Isso talvez possa pode ser explicado em parte pelo número de indivíduos homossexuais reprimidos ou com baixa autoaceitação que se definem como bissexuais por não aceitarem sua condição afetiva-sexual, estabelecendo um comportamento sexual desconectado do afeto, e por vezes compulsivo, como defesa e fuga do enfrentamento de sua própria condição dissonante da maioria heterossexual.

Assexualidade

O assexual caracteriza-se pela ausência de interesse erótico por outras pessoas ou pelo baixo nível de fantasias

---

[4]. Carmita Abdo, *Descobrimento sexual do Brasil – para curiosos e estudiosos*, p. 27.

e desejos sexuais. Há poucos estudos científicos sobre o assunto. Estima-se[5] que 1% da população britânica seja assexual.

A ausência ou diminuição de desejo sexual pode se apresentar no contexto de doenças orgânicas ou psíquicas, como o hipotireoidismo ou a depressão, respectivamente. No entanto, há aqueles que advogam que a assexualidade seja uma orientação sexual e que indivíduos fisicamente saudáveis e psiquicamente adaptados podem se apresentar sem o desejo ou a necessidade de vida sexual. Trata-se de ponto controverso para a ciência.

Para a psiquiatria, nas definições recentes do Manual Diagnóstico e Estatístico de Desordens Mentais (DSM V) e do Código Internacional de Doenças (CID-10), a assexualidade é caracterizada como "transtorno de desejo sexual hipoativo", no código F52.0 – 302.71. Isso porque se considera que um nível mínimo de desejo sexual deva estar presente em um indivíduo para que seja considerado saudável.

É interessante observar que, no movimento espírita (nos meios religiosos, em geral), por vezes se ouve alguma referência a esta ou àquela pessoa como assexuada, devido à ausência de prática sexual ou parceria afetiva em função da religiosidade, tarefa espiritual ou opção de vida, sem que se considere a exatidão científica do termo ou da referência, levando-se a interpretações falsas ou equivocadas. Estes seriam indivíduos provavelmente classificados como sexuados, em processo de sublimação da energia sexual, o que veremos nos capítulos seguintes, e não necessariamente assexuados (o que seria uma condição patológica na definição psiquiátrica atual).

---

5. A.F. Bogaert, "*Asexuality: prevalence and associated factors in a national probability sample*". Journal of Sex Research, 2004; 41, 279–287.

Transgêneros[6]

O transgêneros são pessoas que tem identidade de gênero (sexo psíquico) distinto do sexo biológico com que nasceu. Nesta classificação estão incluídos as pessoas travestis, transexuais, as pessoas queers, não binárias ou gênero fluido, que são aquelas que não se identificam com nenhum dos gêneros (masculino e feminino) ou podem se identificar ora com um ora com outro.

Drag queens e Drag kings

Além dos gêneros citados, ouve-se frequentemente falar das drag queens e, menos frequentemente, dos drag kings. Trata-se de personagens transformistas, travestidos para ocupar um papel humorístico em um show performático, geralmente em casas noturnas. Podem ou não serem homossexuais; em geral o são.

Intersexos

Nesta classificação estão os que eram chamados de hermafroditas e pseudo-hermafroditas (não se usa mais este termo, hoje considerado pejorativo). São indivíduos que nascem com genitália ambígua, com conformação dos dois sexos (intersexo = entre os sexos), ou com genitália de um sexo e tecido gonadal de outro. Assemelham-se aos transexuais porque

---

6. Sobre este tema, lancei em 2017 o livro "*Transexualidades sob a ótica do espírito imortal*" (Ameeditora), no qual abordo as identidades de gênero à luz da ciência e do conhecimento espírita.

apresentam disforia de gênero e desejo de reparação cirúrgica, mas diferenciam-se daqueles por não apresentarem conflito psicológico de identidade, e sim um problema (anomalia) biológico gerando um conflito psicológico. Os intersexos não são um gênero e sim uma classificação.

É importante diferenciar todos esses gêneros, pois a confusão é frequente entre eles. Geralmente, quando se diz *homossexual*, em nossa sociedade, pelo senso comum, se englobam todas essas diferentes definições em um só vocábulo, o que é não somente falso, mas também inadequado. Muitas vezes, mesmo os indivíduos que vivenciam tais condições não conhecem as definições da própria orientação sexual, classificando-se como *gays*, lésbicas ou bissexuais.[7] Os travestis fetichistas são heterossexuais, por exemplo, e os transexuais podem ser heterossexuais (e a maioria o é, segundo os especialistas[8]), homossexuais, bissexuais ou assexuais.

Além disso, no caso da homossexualidade, é preciso separar a *orientação* sexual do *comportamento* sexual. Um indivíduo pode ter relações homossexuais sem que necessariamente seja homossexual. Vejamos as situações mais comuns:

1. Experimentações homossexuais na adolescência: são naturais e representam a busca do adolescente por sua identidade. A adolescência é período de insegurança e de muitas transformações psicológicas e físicas (puberdade). Isso faz com que o adolescente, que inicia a experimentação sexual, evite o sexo oposto, que é diferente e do qual ele não tem

---

7. K. Clements-Nolle, R. Marx, R. Guzman, M. Katz, "HIV prevalence, risk behaviors, health care use, and mental health status of transgender persons: implications for public health intervention". *American Journal of Public Health*, 2001; 91(6), pp. 915-921.
8. Gerald Ramsey, *Transexuais*, p. 42.

referências, e busque o seu igual como fonte de experimentação sexual. São as conhecidas brincadeiras sexuais do troca-troca ou da masturbação em grupo, por exemplo. Isso não significa que o indivíduo seja homossexual ou que se definirá com essa orientação futuramente.

2. Homossexualidade situacional: é aquela em que a prática de sexo entre iguais se dá por ausência ou impedimento absoluto da presença do sexo oposto, como entre presidiários, no exército em treinamento longo e isolado ou entre soldados no *front* de guerra. Cessada a condição de isolamento, o indivíduo não apresenta o desejo ou comportamento homossexual.

3. Doença mental: muitos pacientes psiquiátricos, no curso de um transtorno psicótico, manifestam desejo ou prática homossexual sem que necessariamente se identifiquem com ele no estado de normalidade psíquica.

4. Compulsões sexuais: indivíduos compulsivos buscam o prazer, muitas vezes independente do objeto de desejo, que pode tanto ser alguém do mesmo sexo quanto pode ser transferido para algo, nas perversões e nos fetiches.

OS TRANSGÊNEROS (TRAVESTIS E TRANSEXUAIS) NAS DIFERENTES CULTURAS

Os gêneros sexuais são entendidos e vivenciados de formas diferentes, porém com alguma similaridade, em diferentes culturas.

Na cultura da Ilha Samoa, por exemplo, existem os fanfafines, indivíduos do sexo masculino que desde cedo são escolhidos por suas famílias e induzidos a manifestar o gênero transexual, com funções definidas de trabalho pesado e dedicação à família. Cada família da dessa ilha tem de 1 a 2 fanfafines entre seus membros. São considerados o terceiro sexo, nem homem nem mulher, e podem ter comportamento bissexual. Quando se relacionam como o mesmo sexo, isso não é considerado relacionamento homossexual por essa sociedade, e sim heterossexual, por se tratar de relacionamento entre diferentes gêneros. Segundo estudos antropológicos nessa cultura, os homens locais geralmente iniciam a vida sexual com os fanfafines.

Na Índia, no Paquistão e em Bangladesh, encontram-se os hijras, que formam uma casta específica e se assemelham aos travestis ou aos transexuais no Brasil. Podem ser hindus ou muçulmanos. Segundo a Wikipédia, Na cidade de Varanasi, ao norte da Índia, entre os hijras e os jankhas ocorrem rituais de castração ou de se vestir como mulher, situações que são aceitas e explicadas culturalmente. Muitos homens são castrados por sacerdotisas para lhes servirem de escravos, ou para se relacionarem sexualmente com elas. As sacerdotisas

en.wikipedia.org/
wiki/Fa'afafine
(acesso 28/
Jun/2011).

usam uma adaga para remover o pênis e os testículos e, depois de castrados, os eunucos são vestidos de mulher e marcados, prestando fidelidade àquela que os castrou. Os hijras podem ser considerados pertencentes a uma casta ou a um culto. Sofrem preconceito da sociedade, embora a casta já tenha sido considerada sagrada, e suas bênçãos desejadas por noivos, durante o casamento, ou para a criança recém-nascida, numa espécie de batizado. Paradoxalmente, se prostituem e esmolam para viver, relacionando-se apenas com os iguais, em guetos, na gritante disparidade de castas indianas.

pt.wikipedia.org/wiki/Hijra (acesso 28/Jun/2011).

Em algumas regiões do México são encontrados os muxes, pessoas que compõem o chamado terceiro sexo e que não se definem nem como homens, nem como mulheres. São homens que se vestem como mulheres e são conhecidos por serem muito trabalhadores. Sofrem preconceito e discriminação da sociedade, o que lentamente vêm vencendo.

www.em.com.br/app/noticia/internacional/2011/06/03/interna_internacional,231764/terceiro-sexo-ganha-espaco-no-mexico.shtml (acesso 28/Jun/2011).

No norte da Albânia, entre os montenegrinos e alguns outros grupos étnicos dos Bálcãs ocidentais, que possuem sociedades predominantemente muçulmanas, vige um rígido código de conduta no que se refere aos papéis de homens e mulheres na sociedade. Algumas mulheres, virgens, podem fazer um voto de castidade perante a família, passando, desde então, a assumir a identidade do sexo oposto, na maneira de se vestir e se comportar, tendo, inclusive, o seu nome trocado para um do sexo oposto. Passam, então, a serem chamadas "virgens juradas". Tais pessoas passam a ter o direito de chefiar e conduzir a família, com as prerrogativas de homem, e devem passar a vida sem nenhum relacionamento, sob pena de lapidação até a morte, caso quebrem o voto. Em contrapartida, quando fiéis ao voto, são respeitadas e lideram a comunidade.

Na Malásia, são igualmente reconhecidos cinco gêneros, que recebem nomes próprios e aceitação popular. O curioso é que existe a crença de que todos os gêneros devem conviver e coexistir pacífica e complementarmente. O sacerdote deve ser sempre um indivíduo hermafrodita ou transexual, que terá poderes sagrados e papel relevante perante a comunidade. Possui aparência andrógina e comportamento particular, dirigindo os rituais de fertilidade tradicionais nessa sociedade.

Pode-se observar, assim, que as diferentes culturas atribuem diferentes valores e significados aos gêneros sexuais, com distintas significados antropológicos, bem como repercussões morais e sociais, que merecem estudo e reflexão.

Embora existam em nossa sociedade esses gêneros sexuais bem marcados, os indivíduos muitas vezes apresentam desejos e comportamentos sexuais que desafiam as rotulações, rompendo os limites que demarcam um e outro, como veremos mais adiante.

Distúrbios da sexualidade

É importante mencionar aqui os comportamentos sexuais que não representam gênero sexual nem comportamento sexual sadio, constituindo-se naquilo que a medicina chama de distúrbios da sexualidade e que o cid-10 classifica no código F65 (transtornos da preferência sexual).

Muito frequentemente vemos a homossexualidade receber erroneamente essa classificação de distúrbio, o que é fruto de uma visão que expressa conceitos antigos, quando a medicina ainda a classificava como doença.

**F65 Transtornos da preferência sexual.
Inclui: parafilias[9]**

Em algumas situações, as parafilias são consideradas perversões ou anormalidades. Em outras, são consideradas inofensivas e, de acordo com algumas teorias psicológicas, integram a psique normal, salvo quando estão dirigidas a um objeto potencialmente perigoso, danoso para o sujeito ou para os outros (que ofereça risco ou traga prejuízos à saúde ou à segurança, como pode ocorrer em práticas de sadismo ou sadomasoquismo, por exemplo), ou quando impedem o funcionamento sexual saudável, sendo então classificadas, na CID-10, na classe F65, como transtorno da identidade sexual.[10]

---

9. www.virtualpsy.locaweb.com.br (acesso 28/Jun/2011).
10. www.pt.wikipedia.org/wiki/Parafilia.

"F65.0 Fetichismo
Utilização de objetos inanimados como estímulo da excitação e da satisfação sexual. Numerosos fetiches são prolongamentos do corpo, como por exemplo as vestimentas e os calçados. Outros exemplos comuns dizem respeito a uma textura particular como a borracha, o plástico ou o couro. Os objetos fetiches variam na sua importância de um indivíduo para o outro. Em certos casos servem simplesmente para reforçar a excitação sexual, atingida por condições normais (exemplo: pedir a seu parceiro que vista uma dada roupa).

F65.2 Exibicionismo
Tendência recorrente ou persistente de expor seus órgãos genitais a estranhos (em geral do sexo oposto) ou a pessoas em locais públicos, sem desejar ou solicitar contato mais estreito. Há em geral, mas não constantemente, excitação sexual no momento da exibição e o ato é, em geral, seguido de masturbação.

F65.3 Voyeurismo
Tendência recorrente ou persistente de observar pessoas em atividades sexuais ou íntimas como o tirar a roupa. Isto é realizado sem que a pessoa observada se aperceba de sê-lo, e conduz geralmente à excitação sexual e masturbação.

F65.4 Pedofilia
Preferência sexual por crianças, quer se trate de meninos, meninas ou de crianças de um ou do outro sexo, geralmente pré-púberes ou no início da puberdade.

F65.5 Sadomasoquismo
Preferência por uma atividade sexual que implica dor, humilhação ou subserviência. Se o sujeito prefere ser o objeto de um tal estímulo, fala-se de masoquismo; se prefere ser o executante, trata-se de sadismo. Comumente o indivíduo obtém a excitação sexual por comportamentos tanto sádicos quanto masoquistas.
Masoquismo: o prazer em sofrer a dor
Sadismo: o prazer em causar a dor.

F65.6 Transtornos múltiplos da preferência sexual
Por vezes uma pessoa apresenta mais de uma anomalia da preferência sexual sem que nenhuma delas esteja em primeiro plano. A associação mais frequente agrupa o fetichismo e o sadomasoquismo.

F65.8 Outros transtornos da preferência sexual
Diversas outras modalidades da preferência e do comportamento sexual, tais como o fato de dizer obscenidade por telefone, esfregar-se contra outro em locais públicos com aglomeração, a atividade sexual com um animal, o emprego de estrangulamento ou anóxia para aumentar a excitação sexual.
Necrofilia: sexo com cadáveres

F65.9 Transtorno da preferência sexual, não especificado
Desvio sexual SOE"

CAPÍTULO

A homossexualidade na história

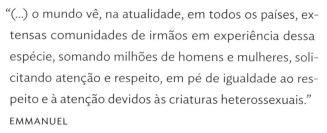

"(...) o mundo vê, na atualidade, em todos os países, extensas comunidades de irmãos em experiência dessa espécie, somando milhões de homens e mulheres, solicitando atenção e respeito, em pé de igualdade ao respeito e à atenção devidos às criaturas heterossexuais."

EMMANUEL

(Francisco Cândido Xavier e Espírito Emmanuel, *Vida e sexo*, pp. 19 e 20.)

Andrei Moreira

homossexualidade
SOB A ÓTICA DO ESPÍRITO IMORTAL

A PORCENTAGEM DE HOMOSSEXUAIS NA POPULAÇÃO GERAL varia, segundo os dados[11] científicos atuais, de 2 a 13%, existindo pesquisas que apontam que 22% da população é homossexual.

No Brasil, segundo a pesquisa da psiquiatra Carmita Abdo, 2,4% das mulheres e 6,1% dos homens se definem como homossexuais; como bissexuais, 0,9% delas e 1,8% deles.[12]

Não só na atualidade se encontram extensas comunidades de pessoas homossexuais em todo o mundo, mas, desde que se tem registro de que o homem se organizou em grupos, aparecem evidências e até mesmo registros da presença da experiência homossexual.

A prevalência da homossexualidade na população em geral é controversa devido às diferentes definições do termo nas pesquisas científicas. Devido à pesquisa do biólogo americano Alfred Kinsey, sobre o comportamento sexual do macho humano, popularizou-se a informação de que 10% da população seria exclusiva ou quase exclusivamente homossexual.

---

11. Simon LeVay, *Gay, straight and the reason why – the science of sexual orientation*, 2011, pp. 13 a 17 e Jacques Balthazart, *Biologie de L´homosexualité*, 2011, pp. 23 a 26.
12. Carmita Abdo, *Descobrimento sexual do Brasil – para curiosos e estudiosos*, p. 25.

O registro ou evidência mais antiga de alguma prática que possa se correlacionar com o que hoje é considerado uma orientação afetivo-sexual homossexual vem do achado de um homem de 12 000 a.C. Ele foi encontrado congelado, pelos arqueólogos austríacos, na fronteira entre a Áustria e a Itália, nos Alpes. Tratava-se, provavelmente, de um guerreiro que faleceu durante caçada, surpreendido por uma nevasca, segundo os pesquisadores. Pelas tatuagens, inferiu-se que era o chefe da tribo. A descoberta surpreendente é o achado de esperma em seu reto, de características sanguíneas diferentes da sua, o que remete a ato homossexual, embora não se possa fazer ilações quanto ao significado do ato.

Os mitos históricos relatam, igualmente, experiências homossexuais, como por exemplo na antiga literatura mesopotâmia:

> "Em um épico datado de um período de 2750 e 2500 a.C., registrado em doze tabletes de argila e em escrita cuneiforme, há relatos das aventuras do rei de Uruk, Gilgamesh. (...) Esse rei, muito arrogante, afrontava as leis humanas e divinas e os deuses resolveram punir Gilgamesh por seus excessos. Criaram um ser de força descomunal para enfrentá-lo, de nome Enkidu, mas este perdeu suas forças quando se tornou amante de uma cortesã e, vencido, acabou se tornando um companheiro inseparável de Gilgamesh, na sua jornada em busca da imortalidade".[13]

---

13. Burton, 1993, apud Carlos Alberto Salles, "Estudos sobre a homossexualidade: debates junguianos", in Carlos Alberto salles e Jussara Maria de Fátima César e Melo, *Estudos sobre a homossexualidade – debates junguianos*, p. 12.

Gilgamesh, em várias passagens da narrativa, fala de seu amor por Enkidu, e quando este morre, o rei de Uruk relata que sua vida não fazia mais sentido.

Na antiga mitologia grega, encontramos inúmeras referências a relacionamento afetivo-sexual entre pessoas do mesmo sexo:[14]

> Pátroclo e Aquiles, na *Ilíada*, de Homero.
> Alexandre Magno e Hefesto, e também Alexandre com Bagoas.
> Aristófanes, no Banquete de Platão, descreve três raças humanas: os andros (entidades masculinas compostas de 8 membros e 2 cabeças), os gyros (entidades femininas compostas por 8 membros e 2 cabeças) e os andróginos (entidades compostas por metade masculina e metade feminina). Estes últimos, muito poderosos, desafiaram os deuses, empreendendo uma guerra. Como castigo, Zeus mandou que Apolo os dividisse em duas partes, pela metade, mantendo suas almas interligadas, em eterna busca de completude. Assim, dizia Aristófanes, as metades masculinas se buscariam, assim como as metades femininas, bem como as metades masculina e feminina, para a completude desejada.
> Zeus transformou-se em águia para raptar Ganimedes, jovem de intensa beleza, e levá-lo ao Olimpo, possuindo-o em pleno voo.
> Segundo Píndaro, Poseidon teria raptado Pélope, seu amante, e levando-o para o Olimpo.

---
14. Idem, pp. 13 a 15.

> Ovídio descreve Orfeu como alguém que rejeitou o amor das mulheres, atribuindo isso aos costumes dos homens da Trácia.
> Hércules teria tido vários amantes masculinos, como Hilas.
> Ameinias se matou pelo amor não correspondido de Narciso.
> Zéfiro, por ciúmes de Apolo e Jacinto, feriu a este último mortalmente.
> Ciparisso foi um dos rapazes amado por Apolo.

Na Roma antiga, vários Césares tiveram relacionamentos homossexuais:[15]

> Júlio césar era considerado, no dizer de Curius: "marido de todas as mulheres e mulher de todos os maridos".
> Commodus teve como amante o escravo Cleander.
> Tibério, Calígula, Nero, Adriano, Heliogábalo, Galba, Caracala tinham, igualmente, comportamentos homossexuais ou bissexuais, como era do costume da sociedade greco-romana da época.

Na antiga sociedade grega, era comum o relacionamento com os dois sexos. Os homens de Esparta treinavam juntos para as batalhas e formavam duplas de amantes, o que, acreditava-se, garantia força, união e braveza na luta.

Curius: Um dos líderes dos Lusitanos, povos ibéricos pré-romanos de origem indo-europeia que habitaram a porção oeste da península Ibérica desde a idade do ferro e que combateram os romanos.

---

15. Burton, 1993, apud Carlos Alberto Salles, "Estudos sobre a homossexualidade: debates junguianos", in Carlos Alberto salles e Jussara Maria de Fátima César e Melo, *Estudos sobre a homossexualidade – debates junguianos*, pp. 13 a 15.

Era comum, também, a relação de educação se dar a partir do relacionamento homossexual entre um tutor mais velho (que era a parte ativa da relação), chamado de *erastes*, e um educando jovem, chamado de *eromeno* (que se comportava obrigatoriamente como passivo). A partir da idade adulta, o jovem deixava a relação, e a postura passiva era considerada inadequada, a partir de então.

Essa prática foi igualmente observada em outras culturas primitivas, como entre os taifalae, antigos habitantes da região que forma a atual Romênia:

> "Esses tinham um costume, segundo o qual um jovem na puberdade devia se unir a um guerreiro valoroso da tribo. Esse vínculo homossexual só poderia ser quebrado quando esse jovem pudesse mostrar sua virilidade, matando um urso selvagem em um único combate".[16]

Jung, comentando essas culturas, relata que "na Grécia antiga e em certas culturas primitivas, homossexualidade e educação são praticamente sinônimos".[17]

No entanto, o francês Michel Foucault, grande estudioso da história da sexualidade, adverte que não podemos lançar, sobre a sociedade greco-romana e as sociedades primitivas, as definições histórico-culturais que hoje utilizamos, pois elas são construções da evolução do pensamento, próprias da cultura moderna. Assim, os termos *homossexual* e *heterosexual*

---
16. Idem.
17. Carl Gustav Jung, *Two essays on Analytical Psychology*, Princeton: Princeton University Press, 1975, vol. 7, p. 106.

(que nem existiam àquela época) não se aplicariam àquelas culturas, pois o sentido atribuído a esses termos na atualidade é diferente do sentido que tais relacionamentos tinham para a sociedade da época.

Segundo Foucault:

"A noção da homossexualidade é claramente inadequada como um meio de referir-se a uma experiência, formas de avaliação e um sistema de classificação tão diferentes dos nossos. (...) Os gregos não viam o amor pelo mesmo sexo e pelo outro sexo como opostos, como duas escolhas exclusivas, dois tipos totalmente diferentes de comportamento. As linhas divisórias não seguiam esse tipo de limite".[18]

E continua ele:

"Os gregos eram bissexuais? Sim, se quisermos dizer com isso que um grego [homem livre] podia, simultânea ou alternadamente, apaixonar-se por um rapaz ou uma moça. (...) De acordo com o seu modo de pensar, o que tornava possível desejar um homem ou uma mulher era simplesmente o apetite que a natureza implantara no coração do homem por seres humanos belos, de qualquer um dos dois sexos..."[19]

No Egito, no séc. V a.C., em Tebas (que por mais de 2 000 anos foi a maior e mais próspera cidade, considerada sagrada, do Egito), havia um exército composto por 150 amantes

---
18. Michel Foucault, *História da sexualidade*, vol. II, *O uso dos prazeres*, p. 187.
19. Idem, p. 188.

homossexuais. No Egito, quando um jovem se alistava, o seu equipamento era dado por seu parceiro. Através de inúmeras e espetaculares lendas, o Sagrado Exército de Tebas, como era chamado, foi transformado em lenda, mantendo-se invicto por mais de 40 anos.

Também entre os antigos povos sul-americanos se encontram relatos de experiências homossexuais:

"Bartolomé de Las Casas comentou que os pais dos Maias de Yucatan, no início do século XVI, ansiavam por ver seus filhos casados por motivo do apego que tinham ao 'prazer antinatural'".[20]

O historiador da homossexualidade João Silvério Trevisan relata a presença de comportamentos homossexuais em povos indígenas brasileiros, entre os tupinambás e tupinaés, que seriam:

"(...) muito afeiçoados ao pecado nefando, entre os quais não se têm por afronta" [e que] "nas suas aldeias pelo sertão há alguns que têm tenda pública a quantos os querem como mulheres públicas".[21]

---

20. Burton, 1993, apud Carlos Alberto Salles, "Estudos sobre a homossexualidade: debates junguianos", in Carlos Alberto Salles e Jussara Maria de Fátima César e Melo, *Estudos sobre a homossexualidade – debates junguianos*, p. 12.
21. João Silvério Trevisan, *Devassos no paraíso – a homossexualidade no Brasil, da colônia à atualidade*, p. 65.

James Green[22] relata as experiências documentadas de homossexualidade masculina no Brasil, desde o período imperial até 1980, em um trabalho que demonstra as diferentes formas de citação e referência ao amor e à relação entre iguais em nossa história, sempre presentes.

Homossexuais ilustres na história mundial

Na Grécia, citamos a poetisa Safo, da Ilha de Lesbos, nome que deu origem ao termo *lésbica*. Entre os papas suspeitos de terem tido amantes do sexo masculino durante o pontificado, citam-se:[23]

> Papa Paulo II (1464–1471), acusado de ter morrido de ataque cardíaco, durante ato sexual com uma pajem.
> Papa Sisto IV (1471–1484), acusado de conceder benefícios aos favoritos da corte em troca de favores sexuais.
> Papa Leão X (1513–1521), acusado de ter uma paixão especial por Marco Antonio Flaminio.
> Papa Júlio III (1550–1555), acusado de ter tido um longo caso com Innocenzo Ciocchi del Monte.

Nas artes, mencionamos Leonardo da Vinci, Botticelli, Michelangelo.

---

22. James N. Green e Ronald Polito, *Frescos trópicos – fontes sobre a homossexualidade masculina no Brasil (1870–1980)*. Rio de Janeiro: José Olympio, 2004.
23. www.pt.wikipedia.org – ver "Anexo:Lista de papas sexualmente ativos" [suspeitos de terem tido amantes do sexo masculino durante o pontificado] (acesso 19/Dez/2011).

Na literatura, um dos nomes importantes é Oscar Wilde, que inclusive foi preso e condenado devido à prática homossexual. É dele a famosa descrição da homossexualidade como "o amor que não ousa dizer o nome".[24]

Cronologia das mudanças na visão da homossexualidade na história mundial

1533
Criminalização da homossexualidade (juntamente com sexo anal e masturbação) pelo Rei Henrique VIII, da Inglaterra, atendendo a princípios religiosos.

---

24. Essas foram as palavras do literato em seu primeiro julgamento, em 26 de abril de 1895:
    "'O amor que não ousa dizer o nome' nesse século é a grande afeição de um homem mais velho por um homem mais jovem como aquela que houve entre Davi e Jonatas, é aquele amor que Platão tornou a base de sua filosofia, é o amor que você pode achar nos sonetos de Michelangelo e Shakespeare. É aquela afeição profunda, espiritual que é tão pura quanto perfeita. Ele dita e preenche grandes obras de arte como as de Shakespeare e Michelangelo, e aquelas minhas duas cartas, tal como são. Esse amor é mal entendido nesse século, tão mal entendido que pode ser descrito como o 'Amor que não ousa dizer o nome' e por causa disso estou onde estou agora. Ele é bonito, é bom, é a mais nobre forma de afeição. Não há nada que não seja natural nele. Ele é intelectual e repetidamente existe entre um homem mais velho e um homem mais novo, quando o mais velho tem o intelecto e o mais jovem tem toda a alegria, a esperança e o brilho da vida à sua frente. Que as coisas deveriam ser assim o mundo não entende. O mundo zomba desse amor e às vezes expõe alguém ao ridículo por causa dele."

1792
A França descriminaliza a homossexualidade, seguida pela Baviera, em 1813. Os demais países o farão lentamente ao longo do séc. XX, sendo que em muitos países muçulmanos, como Arábia Saudita, Mauritânia e Iêmen, ela continua sendo considerada crime e passível de pena de morte em pleno séc. XXI.

1869
Criação do termo *homossexualismo*, por Karl Maria Kertbeny, em escritos anônimos contra as leis da Prússia.

> Jornalista austro-húngaro, escritor, poeta e ativista dos direitos humanos.

1870
A homossexualidade é classificada como doença, em um texto do neurologista e psiquiatra alemão Carl Friedrich Otto Westphal, intitulado *As sensações sexuais contrárias*, com o intuito de descriminalizá-la. Para os crimes, punição, para as doenças, tratamento. Mesmo não havendo evidências científicas para tal, até porque a ciência ainda não havia se desenvolvido no que se refere à metodologia científica, a postura foi aceita. A psiquiatria nascente, desde então, a catalogou dentre as doenças mentais. No intuito de curar os homossexuais, iniciaram-se tratamentos variados, sendo utilizadas, por exemplo, técnicas hipnóticas, condicionamento por eletrochoque e drogas variadas.

1871
A Alemanha criminaliza a homossexualidade no famoso Parágrafo 175, o que perdurou até 1994. É responsável por mandar para os campos de concentração milhares de homossexuais, além dos judeus.

> O Parágrafo 175 foi uma medida do Código Criminal Germânico em vigor de 15 de maio de 1871 a 10 de março de 1994.

1886
O professor de psiquiatria e neurologia da Universidade de Viena, Richard von Krafft-Ebing, publica o livro: *Psicopatia sexual, com especial referência ao instinto sexual contrário – um estudo médico-legal*, no qual classifica a homossexualidade, então chamada homossexualismo, como desvio patológico. Esse livro tornou-se famoso nos EUA, onde teve várias edições, influenciando vários outros psiquiatras e autores, como Joseph Epstein, Edmund Bergler e Irving Bieber, que se tornariam ardorosos defensores da ideia da homossexualidade como desvio patológico, com grande influência sobre a formação dos psiquiatras e psicólogos brasileiros.

É igualmente o vienense Krafft-Ebing quem introduz o termo *heterossexual* e lhe dá novo conceito, alinhando-o com o conceito de homossexual. Até o final do séc. XIX o termo *heterossexual* tinha diferente sentido e era utilizado na referência às perversões sexuais, como indicam os escritos de médicos americanos, como James kiernan, de 1892.[25]

1933
Início das práticas de esterilização compulsória nos EUA e em outros países. Os homossexuais estavam entre a população alvo da manipulação eugênica.

1948
Alfred Kynsey e colaboradores publicam seu famoso estudo sobre o comportamento sexual dos americanos nos livros *Sexual behavior in the human male* e *Sexual behavior in the*

---
25. Jonathan Ned Katz, *A invenção da heterossexualidade*, p. 31.

human female. Os resultados de suas pesquisas questionaram a tradicional divisão conceitual do comportamento sexual humano entre homossexual e heterossexual, mostrando que a prática sexual humana não se limitava a esses dois únicos rótulos e requeria definições mais amplas.

1973

A Associação Americana de Psiquiatria retira a homossexualidade da lista de doenças mentais. Referendo entre os psiquiatras americanos no ano seguinte confirma a decisão.

O termo *homossexualismo*, a partir de então, deixa de ser utilizado.

O sufixo *-ismo*, que em medicina está ligado a patologias, é retirado, e o termo *homossexualidade* passa a ser o termo correto e corrente, de acordo tanto com o pensamento político quanto com o psiquiátrico e psicológico. Apesar disso, ainda hoje, se observa um grande número de pessoas utilizando esse termo, também no movimento espírita. Tais usuários, quando conscientes das diferenças entre os termos, utilizam como argumento que *homossexualidade* se refere a um modo de ser, à condição afetiva, e *homossexualismo* à prática da homossexualidade, sobretudo à pederastia e ao lesbianismo, que muitos condenam.

1990

A Assembleia da Organização Mundial de Saúde também retira a homossexualidade da lista de doenças mentais.

1991

A Anistia Internacional passa a considerar a discriminação aos homossexuais como violação dos direitos humanos

Brasil

1985

O Conselho Federal de Medicina e o Conselho Federal de Psicologia, seguindo o movimento americano, deixaram de considerar a homossexualidade como desvio patológico. Desde então, a tentativa de curar os homossexuais por médicos e psicólogos é considerada ato antiético, passível de punição profissional. Apesar disso, vários psicólogos continuam considerando essa orientação sexual e afetiva como perversão ou doença e oferecendo tratamentos.

Artigo de 2007 de Acyr Maia apresenta uma pesquisa entre os analistas pertencentes à Sociedade Brasileira de Psicanálise do Rio de Janeiro, sobre o conceito de homossexualidade e seu emprego na prática clínica. Segundo o autor:

> "Verificou-se que a maioria dos analistas sustenta um discurso comprometido com o ideal médico curativo, no qual a homossexualidade é considerada um desvio da heterossexualidade. Apenas dois analistas, embora não nomeiem, aproximam homossexualidade e desejo".[26]

---

26. Acyr Maia, *Psychê*, ano XI, n.º 21, jul-dez/2007, pp. 85 a 104.

Isso revela o conflito entre as definições, sobretudo psicanalíticas, o qual será apresentado no capítulo sobre as visões da psicologia, bem como o conflito de interesses presente nos campos científico e religioso. Frequentemente se veem profissionais médicos ou psicólogos oferecendo cura para a homossexualidade baseados em algumas ideologias cristãs, bem como se observa algo semelhante no movimento espírita e na literatura de autores espíritas, com exceção dos autores espirituais.

No segundo semestre de 2011, foi divulgado por *e-mail* um congresso, oferecido por uma igreja cristã, voltado para o "equilíbrio da sexualidade", no qual se propunha a "cura" de homossexuais que a desejassem, com o apoio de psicólogos e médicos ligados àquela ideologia.

União civil legalizada[27]

Em 2001, Portugal e Holanda saem na frente e legalizam a união homossexual.

O casamento entre *gays* é legalizado também na África do Sul, Argentina, Bélgica, Canadá, Dinamarca, Espanha, França, Islândia, Noruega, Nova Zelândia, Países Baixos, Suécia e Uruguai e nos estados norte-americanos de Connecticut, Iowa, Massachusetts, Maryland, Maine, New Hampshire, Nova York, Vermont, Rhode Island e Washington, além do Distrito de Columbia, e na Cidade do México, no México.

No Brasil, ainda não há legislação federal que aprove a união homossexual. No entanto, a união estável entre pessoas

---

[27]. "Legislação sobre a homossexualidade no mundo": www.pt.wikipedia.org (acesso 17/Set/2011).

do mesmo sexo foi aprovada pelo Supremo Tribunal Federal em fevereiro de 2011 e algumas cidades aprovaram leis municipais que autorizavam a conversão da união estável em casamento civil, o que também foi autorizado por alguns juízes em casos individuais. Desde maio de 2013 uma resolução do Conselho Nacional de Justiça determina que os cartórios de registro civil de todo o país realizem tanto a conversão da união estável entre pessoas do mesmo sexo para o casamento quanto o casamento diretamente.

A união estável também é permitida nos seguintes países: Andorra, Colômbia, Eslovênia, Finlândia, Irlanda, Luxemburgo, Tasmânia, Dinamarca, Equador, Suíça, Áustria, República Tcheca, Hungria, Alemanha, Liechstenstein e Reino Unido.

CAPÍTULO

Preconceito e homofobia

"Sempre se repudiaram as novas ideias e os novos hábitos, pois, quase sempre, as mudanças levam a uma certa insegurança psicológica, havendo pessoas que sentem verdadeiro horror diante de novos costumes e conceitos."

HAMMED

(Francisco do Espírito Santo Neto e Espírito Hammed, *As dores da alma*, p. 77.)

SÃO ASSUSTADORES OS DADOS RELATIVOS À VIOLÊNCIA CONtra homossexuais em nosso país. O Brasil ocupa o vergonhoso 1.º lugar no *ranking* mundial de violência contra pessoas homossexuais, sendo seis vezes mais violento que o 2.º e o 3.º lugar, México e Estados Unidos, respectivamente.[28]

Afirmações homofóbicas sempre apareceram aqui e ali, de forma assustadora:

"Gostaria de ver todos os homossexuais condenados à morte num forno crematório e mesmo assim, lamentaria que sobrassem as cinzas", afirmou o Jornalista Ivan Leal, em São Paulo, em 1986.[29]

---

28. *Homofobia e direitos humanos.* www.ggb.org.br (acesso Mai/2011).
29. *Jornal do Domingo*, ABC, SP, 14/Dez/1986, apud Luiz Mott, *Homoafetividade e direitos humanos*, Rev. Estud. Fem. vol. 14, n.º 2, Florianópolis, Mai–Set/2006.

> "Fenômeno Bullying": Definição universal para o conjunto de atitudes agressivas, repetitivas e sem motivação aparente perpetradas por um aluno – ou grupo – contra outro, causando sofrimento e angústia".
> "O termo Bullying deriva das palavras Bull=touro, de onde vem a palavra Bully=valentão. O termo faz alusão ao valentão oprimindo, intimidando alguém mais fraco".
> Bianca Ganuza, *Reciclando a maledicência*, pp. 19 e 154.

Infelizmente, afirmações como essa são descritas às centenas pelo antropólogo, ativista e historiador *gay*, Luiz Mott, em seu livro *Matei porque odeio gay*.[30]

A homofobia representa um conjunto de ações que variam desde o *bullying* escolar e a discriminação no lar até os assassinatos e agressões públicas, em sua maioria direcionados a travestis e transexuais, que não necessariamente são homossexuais, como se verá adiante, representando ódio e desrespeito às diferenças e aos diferentes.

Esse comportamento sempre esteve presente na história[31] da humanidade, de diferentes maneiras e expressões. No Brasil, segundo as estatísticas:

> "Em Brasília, 88% dos jovens entrevistados pela Unesco consideram normal humilhar *gays* e travestis, 27% não querem ter homossexuais como colegas de classe e 35% dos pais e mães de alunos não gostariam que seus filhos tivessem homossexuais como colegas de classe. Mais grave ainda: no Brasil, um *gay*, travesti ou lésbica é barbaramente assassinado a cada dois dias, vítima da homofobia".[32]

---

30. Luiz Mott e Marcelo Cerqueira, *Matei porque odeio gay*, Grupo Gay da Bahia, 2003. Disponível para *download* gratuito em www.ggb.org.br.
31. Ver: Byrne Fone. *Homophobia, a history*. New York: Metropolitan Books, 2000.
32. *Homofobia e direitos humanos*. Luiz Mott, 2006, www.ggb.org.br (acesso Jan/2011).

Pesquisas[33] da década de 1990 demonstraram que um terço dos *gays* e lésbicas já foram vítimas de violência interpessoal e 94% dos homossexuais relatam ter sofrido algum tipo de violência devido à sua orientação sexual. Um em cada cinco homossexuais já foi vítima de crimes pessoais ou à propriedade, e aproximadamente 50% já foram insultados ou abusados devido à sua orientação sexual, segundo as pesquisas mais atuais.[34]

Apesar de a homofobia ter causalidade multifatorial, a falta de uma educação para a alteridade, em uma sociedade que estimula o indivíduo a se realizar exteriormente, na imagem e nos estereótipos, faz com que ela se perpetue na sociedade brasileira, calcada em falsas crenças a respeito da real natureza da orientação afetivo-sexual homossexual.

> "Embutidos no padrão cultural, os preconceitos formam um prato de muitos ingredientes: razão, imaginação, coração, instinto, histórias e estórias guardadas na memória coletiva. Esta complexidade dificulta e muito a sua erradicação ou mesmo mudança".[35]

A violência surge frequentemente dos interesses pessoais feridos, das imagens ameaçadas, da identificação com o homossexual, dos ódios cultivados por filosofias e pensamentos distantes da fraternidade e da tolerância cristãs.[36]

---

33. National Gay and Lesbian Task Force, *"Anti-gay violence, victimization, and defamation in 1989"*. Washington, D.C., 1990.
34. Dominic J. Parrott. *"A theoretical framework for antigay aggression: review of established and hypothesized effects within the context of the general aggression model"*. Clin Psychol Rev. 2008 July; 28(6):933-951.
35. Bernardino Leers e José Trasferetti, *Homossexuais e ética cristã*, p. 78.
36. Luiz Mott e Marcelo, Cerqueira, *Matei porque odeio gay*, pp. 8 a 50.

> O machismo é a crença de que o homem é superior às mulheres. O homossexual masculino é frequentemente retratado caricatamente, como um macho "fragilizado" que se identifica com a fêmea, à qual se assemelharia, sendo, portanto, considerado duplamente inferior no imaginário machista.

O machismo está fortemente enraizado na cultura brasileira, que apresenta uma educação heterocentrada, e a homossexualidade é tratada com frequência, pelas famílias e pela mídia, como algo digno de desconsideração e motivo de piada. As teorias socioculturais postulam que o heterossexismo e a socialização masculina convergem para a promoção da violência *antigay*. Os homens tendem a se afirmar denegrindo aquilo que lhe é contrário, que se assemelha ao feminino no masculino.[37]

Para a maioria das pessoas a homossexualidade está associada à promiscuidade, à sem-vergonhice e à falta de caráter, o que mostra noções falsas derivadas de uma visão superficial dos fatores familiares, sociais, religiosos e culturais que determinam a sexualidade humana.

As pesquisas[38] demonstram que indivíduos homofóbicos sustentam imagens estereotipadas de *gays* e lésbicas e por isso não gostam destes. Falas e posicionamentos estereotipados aparecem o tempo todo no convívio social, e na relação heterossexual-homossexual os estereótipos servem com forma de reforço da pretensa superioridade e caracterização de normalidade de grupo e gênero. Homens se mostram mais homofóbicos que mulheres, embora sejam mais tolerantes com o casamento lésbico que as mulheres. Entre os homofóbicos,

---

37. H.L. Alden, K.F. Parker, "*Gender role ideology, homophobia, and hate crime: linking attitudes to macrolevel anti-gay and lesbian hate crimes*". Deviant Behavior 2005; 26:321–343.
38. David A. Moskowitz, Gerulf Rieger, Michael E. Roloff. "*Heterosexual attitudes toward same-sex marriage*", Journal of Homosexuality. 57:325–336, 2010.

tanto homens como mulheres se mostram igualmente intolerantes com o casamento *gay*. Isso porque, entre as falsas crenças machistas, existe a ideia de que o homossexual masculino é mais "desviado psicologicamente" que as mulheres, mais propenso a ser "abusador de crianças" e "doente mental".

Frequentemente esses preconceitos favorecem atitudes de violência e desrespeito. As pesquisas mostram uma alta taxa de abuso sexual[39] e maus tratos físicos[40] infligidos a pessoas homossexuais, maior que em heterossexuais, sobretudo naqueles que desde jovens, tão logo se evidenciam os característicos que contestam o modelo heterocentrado vigente, são alvo de assédio, físico e psicológico, intensos. Esses dados se tornam ainda mais preocupantes para a América Latina, quando observamos que as pesquisas[41] indicam que as taxas de abuso sexual de homossexuais latinos é duas vezes maior que a de homossexuais brancos, demonstrando uma diferença étnica, de razões culturais e socioeconômicas.

---

39. K.F. Balsam, E.D. Rothblum, T.P. Beauchaine, "*Victimization over the life span: a comparison of lesbian, gay, bisexual, and heterosexual siblings*". *Journal of Consulting and Clinical Psychology* 2005; 73:477-487.
40. H.L. Corliss, S.D. Cochran, V.M. Mays, "*Reports of parental maltreatment during childhood in a United States population-based survey of homosexual, bisexual, and heterosexual adults*". *Child Abuse and Neglect* 2002; 26:1165-78.
41. S.G. Arreola, T.B. Neilands, L.M. Pollack, J.P. Paul, J.A. Catania, "*Higher prevalence of childhood sexual abuse among latino men who have sex with men than non-latino men who have sex with men: data from the urban men's health study*". *Child Abuse Negl* 2005;29(3):285-90.

Segundo pesquisadores[42] da Universidade da Califórnia, as experiências de homofobia na infância e na vida adulta estão diretamente associadas com o aumento do estresse psicológico na vida adulta, e direta e indiretamente associadas a situações de comportamento sexual de risco. De acordo com eles, um ambiente homofóbico presente na idade adulta de homens *gays* e/ou bissexuais latinos pode resultar em estresse psicológico intenso. Para livrar-se dos sentimentos de angústia e menos valia, muitos destes homossexuais lançam mão de estratégias de enfrentamento mal-adaptativo, como por exemplo a busca de situações sexuais arriscadas.

Ainda segundo os autores, na ausência de relações afetivas significativas, utilizar o sexo como mecanismo de enfrentamento pode ser útil para a redução de sentimentos indesejados, que estejam associados a experiências sexuais forçadas e a um ambiente homofóbico pernicioso, devido à sensação de poder promovido pelos fatores envolvidos na prática sexual, como sedução, sensação de importância pessoal e capacidade de dar prazer, etc. No entanto, essa estratégia de enfrentamento acaba promovendo um maior sentimento de isolamento e estresse para o indivíduo, perpetuando um círculo vicioso destrutivo, aumentando as chances de comportamentos sexuais de risco, que podem promover a contaminação pelo vírus HIV e outras DSTs, bem como sequelas psicológicas negativas.

---

42. Sonya Grant Arreola, Torsten B. Neilands e Rafael Diaz. "*Childhood sexual abuse and the sociocultural context of sexual risk among adult latino gay and bisexual men*". Am J Public Health. 2009 October; 99(Suppl 2), p. 6.

O risco de dano é evidentemente muito alto, e as consequências psicológicas e físicas da homofobia são potencialmente destrutivas.

Interessante é observar a constatação científica de que a dificuldade em lidar com a própria sexualidade leva muitas pessoas a projetar no outro a inaceitação de si mesmo e a rejeição e o ódio por seus próprios desejos, história ou experiências pessoais, o que é mais comum em indivíduos jovens.

Uma análise nacional de dados nos EUA revelou que 80% dos praticantes de violência *antigay* são homens, em final de adolescência e início da vida adulta.[43]

Um estudo[44] realizado em 1996 por psicólogos da Universidade da Geórgia selecionou 64 rapazes universitários que se definiam como heterossexuais e que afirmaram nunca haver tido fantasias, relações ou atos homossexuais. Eles foram previamente divididos em dois grupos, sem o saberem, de acordo com as respostas a um questionário elaborado pelos pesquisadores: o grupo dos homofóbicos (35 rapazes) e o dos que estavam em paz em relação à sexualidade das outras pessoas (29 rapazes).

A seguir, foram expostos a uma sessão de vídeos eróticos, tanto heterossexuais como homoeróticos, *gays*. O nível de excitação sexual era medido por um dispositivo em forma de anel colocado em torno do pênis, que se extendia de acordo com o nível de irrigação sanguínea no órgão sexual, decorrente

---

43. National Coalition of Anti-Violence Programs, "Anti-lesbian, gay, bisexual, and transgender violence in 2004". New York: NCAVP; 2005.
44. Adams et al., "Is homophobia associated with homosexual arousal?" *J Abnorm Psychol*. Ago/1996; 105(3):440-5.

da excitação. Os jovens também deveriam declarar, em uma escala de 1 a 10, o quanto haviam se excitado com aquele vídeo.

O resultado, que confirmava antiga crença ainda não provada cientificamente até aquele momento, demonstrou que todos se excitaram diante dos vídeos heterossexuais e de sexo lésbico. No entanto, somente o grupo de homens classificados como homofóbicos apresentou excitação diante do vídeo homoerótico *gay*. O que é mais intrigante é que os indivíduos homofóbicos, mesmo tendo a evidência da excitação à sua frente, medido pelo dispositivo em forma de anel, negaram que haviam tido qualquer estímulo com o vídeo. Negação e autoilusão, concluem os pesquisadores, fazem parte do imaginário desses indivíduos.

Essa pesquisa nos mostra que o preconceito pode esconder a dificuldade de lidar com seus próprios desejos e fantasias. Mas pode também ser fruto de uma educação deficitária, em uma sociedade na qual conceitos falsos e equivocados são divulgados como se fossem verdades cientificamente comprovadas, alimentando o sectarismo e o sexismo e promovendo a homofobia.

> "Os que se sentem pessoalmente ofendidos pela existência de homossexuais talvez imaginem que eles escolheram pertencer a essa minoria por mero capricho. Quer dizer, num belo dia, pensaram: eu poderia ser heterossexual, mas, como sou sem-vergonha, prefiro me relacionar com pessoas do mesmo sexo".[45]

---

45. Dráuzio Varella, *Folha de São Paulo, coluna ilustrada*, 4/Dez/2010.

A teoria da agressão a pessoas homossexuais, formada por um conjunto de ideias de várias áreas, postula que as bases da violência *antigay* são a afirmação da sexualidade (masculinidade) no contexto do conflito de gêneros, as dificuldades de lidar com o desejo e a orientação não aceitos ou reconhecidos em si, bem como atitudes defensivas. São citadas ainda a identificação com grupos e a necessidade de reafirmação da masculinidade de seus membros, bem como a procura de fortes emoções.[46]

Preconceito religioso

Muitos segmentos religiosos promovem verdadeira demonização da homossexualidade e do homossexual, que não raro é tratado com violência e desrespeito nas igrejas e em locais de culto, bem como, por alguns de seus adeptos, em locais públicos. São aceitos nos ambientes de prática religiosa na condição de enfermos necessitados de cura, chegando algumas denominações a realizar congressos para a cura de homossexuais, em franca afronta ao conhecimento científico atual. No Brasil, a discriminação contra homossexuais é crime em algumas cidades, como Belo Horizonte. No momento em que este livro é escrito, em 2011, está em tramitação na Câmara dos Deputados o Projeto de Lei n.º 122/2006, de autoria da deputada Iara Bernardi, que criminaliza a homofobia, equiparando-a ao crime de racismo. Essa proposta enfrenta a resistência formal e intensa

---

46. Dominic J. Parrott. "*A theoretical framework for antigay aggression: review of established and hypothesized effects within the context of the general aggression model*". Clin Psychol Rev. 2008 July; 28(6):933–951.

de várias denominações religiosas, que se justificam afirmando que, com sua aprovação, não mais poderão pregar contra a homossexualidade... Atualmente, o projeto encontra-se na Comissão de Direitos Humanos, tendo sido encaminhado ao Gabinete da Senadora Marta Suplicy, por decisão da Comissão de Direitos Humanos e Legislação Participativa, para reexame.

A dificuldade com a temática sexual é tamanha que os homossexuais, mesmo quando classificados como doentes, não recebem o mesmo tratamento que os indivíduos que são portadores de câncer ou outras doenças igualmente entendidas, por algumas religiões ditas cristãs, como resultado da ação do demônio. Dessa forma, são expulsos dos cultos, das famílias e congregações devido à "escolha" e prática de sua condição afetivo-sexual. O ambiente religioso, que deveria ser de acolhimento integral, transforma-se, então, em tribunal que relembra a antiga Inquisição, quando eram queimados vivos os profitentes de outras ideologias e práticas que não correspondessem à interpretação oficial da Igreja e seus interesses de poder.

O movimento espírita está inserido nesse mesmo contexto social cristão e é formado por homens e mulheres que trazem em sua bagagem cultural os mesmos conceitos – e "pré-conceitos" – que elevam o Brasil ao título de campeão mundial de violência contra homossexuais.

Apesar de a Doutrina Espírita se constituir como ciência, filosofia e religião livre e libertária, compromissada com a evolução humana e a formação de homens de bem, ainda observamos atitudes retrógradas de discriminação abertas e declaradas, que negam a própria essência do Espiritismo. Piores, ainda, são as atitudes de discriminação velada, quando se evita falar sobre o tema ou se proíbe o debate do assunto em reuniões públicas ou grupos de estudo, impondo-se a opinião de um ou de outro como a manifestação da verdade universal, inibindo-se o acesso à informação e a capacidade de raciocínio dos estudantes do Espiritismo, que apresenta farto material de análise e educação.

Com essas atitudes, o movimento espírita, juntamente com os demais movimentos religiosos, que deveriam acolher e educar o ser humano como um ser divino, torna-se corresponsável pela violência social e pelo sofrimento coletivo de pessoas, famílias e comunidades que tombam vítimas do preconceito e da exclusão social.

O Espírito Paulino Garcia nos conta o caso de Rubério, médium homossexual que reencarnou trazendo do passado uma série de ligações obsessivas. Ele deveria encontrar no estudo e no trabalho cristão, como muitas outras pessoas, a oportunidade de educar-se e vencer a si mesmo, vivendo a renovação moral que o trabalho no bem proporciona. Tão logo suas possibilidades mediúnicas afloraram, no período de perturbação inicial comum a muitos jovens médiuns necessitados de acolhimento e orientação para a educação mediúnica, ele procurou amparo e oportunidade de trabalho em vários grupos espíritas de próspera cidade no interior de Minas Gerais. Não encontrando aceitação dos dirigentes dessas instituições para trabalhar, por ser homossexual, o que era considerado por alguns como sinal de imoralidade *per se*, acaba por entrar em desespero e, no auge da ação obsessiva sobre si, suicida-se, desejando pôr fim ao seu tormento. É então acolhido no mundo espiritual como assassinado e, a despeito de sua responsabilidade pessoal inegável, é tratado como um filho amado de Deus a quem foi negada a possibilidade de cumprir com a tarefa para a qual havia reencarnado e na qual deveria encontrar campo para a reparação do passado e a reconstrução do equilíbrio interior.

É interessante observar a anotação dos mentores espirituais que o acolheram a respeito dos autores do preconceito de que havia sido vítima:

"Tentando um novo grupo de trabalho, Rubério sofreu o mesmo tipo de censura, e, coisa curiosa, alguns companheiros tidos de moral ilibada o olhavam com malícia e desejo, ao mesmo tempo em que, à boca pequena, o execravam, considerando-o uma ameaça aos bons costumes".[47]

É lamentável que o movimento espírita, tão pródigo de bênçãos para a sociedade, integre esse movimento de desrespeito e exclusão. Seria mais produtivo e coerente que abrisse os braços para o acolhimento de todo indivíduo que apresente qualquer diferença – nesse caso, do homossexual –, estudando aprofundadamente o tema, iniciando pelos conceitos e definições que jogam por terra muitos dos preconceitos fortemente estruturados no inconsciente coletivo de todos os povos.

Não se pode olvidar que todo movimento sutil ou declarado de exclusão, de não acolhimento da diferença e do diferente, é atitude sintonizada com o mal, constituindo alimento ao movimento social marcado pela intolerância e pela violência.

---

[47]. Carlos Baccelli e Espírito Paulino Garcia, *Dr. Odilon – a vida fora das dimensões da matéria*, pp. 78 e 79.

Homofobia internalizada

As pessoas homossexuais, educadas em um ambiente heterossexista e discriminatório desde pequenas, em sua maioria aprendem a negar seus desejos, interesses, gostos e tendências, desenvolvendo a autorrejeição e a negação de seus sentimentos. Frequentemente chegam a envolver-se afetiva e sexualmente com uma pessoa do sexo oposto na busca de adequar-se àquilo que é esperado delas no contexto familiar e cultural em que se encontram, o que pode gerar consequências desastrosas para si e para os outros, quando isso não represente o desejo e o sentimento reais do indivíduo.

O cantor porto-riquenho Ricky Martin, em sua autobiografia,[48] descreve os longos anos em que lutou intimamente, como homem público, para se convencer de que o que sentia não necessitava ser partilhado com ninguém e que ele daria conta de viver uma vida heterossexual, realizando-se plenamente. Após um período de maturação interior e prática bissexual, ele percebe que na verdade temia a rejeição, a crítica e as perdas que poderiam advir da exposição pública de sua condição homoafetiva. Após conquistar um lugar de respeito e aceitação internacional, decide por revelar-se e aceitar-se plenamente, escolhendo uma vida pública de relação homossexual.

> "Desde que anunciei minha orientação sexual para o mundo alguns meses atrás, muitas pessoas me perguntaram: 'Ricky, por que demorou tanto?' A resposta é simples: ainda não era o meu momento. Tive de passar por tudo o que passei e viver tudo o que vivi para chegar ao momento exato em que me sentia forte,

---

48. Ricky Martin, *Eu*, Planeta, 2010.

pronto e totalmente em paz para fazer o anúncio. Eu precisava me amar. E apesar de o processo que tive para chegar a esse ponto não ser curto nem simples, eu tinha de atravessar – e tropeçar ao longo do trajeto – meu caminho espiritual, a fim de me encontrar".[49]

Essa negação e autorrejeição, vivenciada inicialmente pelo cantor e por milhares de criaturas em todo o mundo, é chamada pela psicologia de homofobia internalizada e representa o aprendizado cultural do desamor por si mesmo.

"Falamos agora de uma forma perniciosa de autoinjúria, quando, ao ser exposto continuamente à multidão de mensagens, imagens e valores negativos da cultura atrelados à homossexualidade, muitos indivíduos homoeroticamente inclinados aos poucos constroem, sem de todo perceber, uma negação aliada a um preconceito interno contra qualquer tipo de expressão desse Eros que, no entanto, abrigam: é o que chamamos de homofobia internalizada. Essa internalização é devastadora, já que compromete profundamente processos de formação de identidade, encarcerando os indivíduos em personas mentirosas, ainda que tiranas, e atinge, desmontando, a capacidade de amar e ser amado, às vezes em caráter irrevogável".[50]

---
49. Ricky Martin, *Eu*, Planeta, 2010, pp. 257 e 258.
50. Gustavo Barcellos, "O amor entre parceiros do mesmo sexo e a grande tragédia da homofobia", in Carlos Alberto Salles e Jussara Maria de Fátima César e Melo, *Estudos sobre a homossexualidade – debates junguianos*, p. 70.

Ela é responsável não só por muitos dos movimentos de violência ao outro, mas é a base de muitos transtornos do humor e da afetividade, estatisticamente aumentados em homossexuais,[51] responsáveis pela baixa qualidade de vida e ações desequilibradas de inúmeros indivíduos.

As pesquisas[52] demonstram que as taxas de tentativas e o risco de suicídio por parte de indivíduos homossexuais ou transgêneros são muito elevadas em comparação com os heterossexuais, em virtude de múltiplos fatores. Contudo, a situação nunca foi alvo de uma política específica de cuidados, fazendo com que especialistas, reunidos, produzissem um documento,[53] recém-publicado, solicitando a devida atenção e cuidado com a saúde mental da população LGBTT.

Em razão da homofobia internalizada, muitos homossexuais (ou bissexuais) chegam a violentar-se, e também a suas parceiras ou parceiros (quando se casam na tentativa de heterossexualizar-se), vivendo experiências neuróticas de repressão

LGBTT: Sigla para o movimento conjunto das pessoas Lésbicas, Gays, Bissexuais, Travestis e Transexuais.

---

51. W.B. Bostwick, C.J. Boyd, T.L. Hughes, S.E. McCabe, "*Dimensions of sexual orientation and the prevalence of mood and anxiety disorders in the United States*". American Journal of Public Health, 2010, 100(3), 468–475.
52. Y. Zhao, R. Montoro, K. Igartua, B.D. Thombs, "*Suicidal ideation and attempt among adolescents reporting 'unsure' sexual identity or heterosexual identity plus same-sex attraction or behavior: forgotten groups?*" Journal of the American Academy of Child and Adolescent Psychiatry, 2010; 49(2), 104–113.
53. Haas et al., "*Suicide and suicide risk in lesbian, gay, bisexual, and transgender populations: review and recommendations*". Journal of Homosexuality, 2011; 58:10–51.

> Pesquisa do periódico *The Boston Globe*, em maio de 2005, com 752 casais *gays* revelou que 26% de todas os homossexuais que se casaram já haviam estado casadas anteriormente em relações heterossexuais. (...) Segundo o Censo 2000 dos EUA, em Massachusetts, 29% das mulheres homossexuais que se casaram e 19% dos homens já haviam se casado anteriormente com alguém do sexo oposto. Marina Castañeda, *La nueva homosexualidad*, p. 87 e 98. Tradução livre do autor.

sexual ou vidas duplas, em que a infidelidade e a hipocrisia se tornam hábitos comuns e aceitos, com consequências infelizes.

Muitos homens permitem-se aventuras sexuais variadas, mascarados por falsas ideologias machistas, que creditam a homossexualidade somente ao indivíduo que recebe passivamente o ato sexual. Para aqueles, o ato ativo é característica de masculinidade, e muitos não consideram infidelidade o ato sexual com outras pessoas que não suas parceiras, caracterizando a infidelidade somente quando há ligação sentimental com outros parceiros sexuais, fora do relacionamento oficial.

Essa situação de cisão da personalidade, autorrepressão e hábitos ocultos propicia frequentemente a infelicidade de homens e mulheres que lotam os consultórios médicos e psicológicos com fobias e síndromes variadas, requerendo terapêutica aprofundada e demorada para controle e reequilíbrio.

João era um homem jovem, iniciando vida profissional promissora. Recém-formado em arquitetura, vivia um momento desafiador quando decidiu procurar um terapeuta e relatar seu drama. Apresentava um quadro de síndrome do pânico e fobias específicas, como agorafobia (medo de multidão e locais públicos) e claustrofobia (medo de lugares fechados) intensas, há alguns meses. Durante as consultas, relatou que desde pequeno havia percebido seu interesse por pessoas do mesmo sexo, porém cresceu em uma família interiorana, no nordeste do Brasil, criado por pais amorosos, porém rígidos, que lhe formataram a personalidade. Sua família era destacada na sociedade devido à atividade comercial de seu pai, próspero industrial e político da região. A mãe era dedicada esposa e dona do lar, que dispensava carinho aos filhos, enquanto o pai era a figura de respeito e comando, com judicioso critério.

Desejando o melhor para seus filhos, os pais educaram João, seus irmãos e irmãs direcionando-os para uma vida heterossexual, transmitindo o conceito de perversão e doença relacionados à ideia e à prática da homossexualidade. João, apesar da percepção de seus desejos e sentimentos homossexuais desde a mais tenra idade, no afã de atender aos anseios paternos, introjetados, cresceu considerando que seus desejos e tendências homossexuais eram manifestações naturais da idade infantil e que, na adolescência, iriam passar.

Por ocasião do despertar da sexualidade mais intensa, na juventude, percebeu leve desejo heterossexual e reprimiu fortemente a homossexualidade, passando a dedicar-se à construção de relações heterossexuais da mesma forma que os amigos e jovens de sua época. Em seu íntimo, percebia que aquele não era o seu caminho ou a sua identidade, sua realidade interior, mas decidiu por fazer de tudo para adaptar-se ao que era esperado dele pela sociedade.

Conhece uma jovem que se encanta por ele e aceita-lhe a companhia e o envolvimento. Começam um namoro, e assim os anos se passam céleres, mesclados de experiências felizes e infelizes. O relacionamento, apesar de aparentar profundidade, mais se assemelhava a uma amizade, com relacionamento sexual esporádico e falta de cumplicidade. No entanto, atendia ao que era desejado pelo meio social em que se encontrava e, assim, João sentia-se respeitado. Com o passar do tempo e a formatura profissional, iniciam-se as cobranças para o engajamento em um enlace matrimonial, o que aceita profundamente descontente, apesar do sincero desejo de construir uma vida heterossexual.

É nesse contexto que surgem as fobias e o pânico, que não conseguia, inicialmente, caracterizar ou correlacionar com sua história e suas escolhas. A claustrofobia era tão intensa, que o rapaz chegava ao ponto de não conseguir entrar em um automóvel sem crise de ansiedade e medo generalizado. Apavorava-se com o medo desconhecido e o sofrimento mental. Com o avançar da terapia, deu significado aos seus sintomas de forma simbólica e percebeu que estava preso em um padrão irreal e neurótico de identificação paterna, no qual negligenciava seus desejos e sentimentos em favor da adaptação social e da realização dos ideais paternos. Descobriu que, na verdade, não tolerava mais ficar preso dentro daquele lugar estreito de crença e expressão pessoal, atendendo a impositivos externos, e que seu coração demandava liberdade e autenticidade.

Determinado, enfrentou com coragem – a guiança do coração – o desafio, rompeu o relacionamento e enfrentou as consequências de toda uma reformulação de vida, baseada na autoaceitação e autoamor, o que anulou completa e rapidamente os sintomas, sem qualquer medicação, que escolheu não utilizar. Suas fobias eram a expressão, na mente e no corpo, do medo de seus fantasmas interiores, de seus significados ocultos, de seus desejos não amados e irrealizados, que o comandavam da sombra. Temia a multidão de seus desejos (agorafobia) e não tolerava mais enclausurar-se, voluntariamente (claustrofobia), em um relacionamento no qual não estava inteiro, nem honesto, pois ele não representava as crenças reais a respeito de si mesmo, o que sentia ser sua verdade interior...

Muitos homossexuais, consumidos pela dor da intolerância e do preconceito, com o qual concordam inconscientemente, nas manifestações variadas da homofobia internalizada, chegam a passar toda uma vida fingindo ser o que não são, escondendo relacionamentos, tendo vida dupla, o que é fonte de angústia e desconforto. Muitos heterossexuais fortalecem esse comportamento, sem ideia da dor que ele pode representar na vida do indivíduo homossexual.

O psiquiatra e terapeuta junguiano Vittorio Lingiardi compartilha interessante e elucidativa experiência:

> "Um psicanalista americano, Blechner, sugeriu, de forma provocativa, a pessoas heterossexuais que se submetessem a uma experiência: Durante um mês deveriam tentar não falar do marido ou da esposa ou dos filhos no decorrer de qualquer conversa. Deveriam descrever experiências que tivessem compartilhado com outras pessoas, como se as tivessem vivenciado sozinhos. E sempre dizer 'eu' mesmo quando deveriam dizer 'nós'. Dessa forma, deveriam agir como fazem geralmente os *gays* e as lésbicas quando querem encobrir sua homossexualidade. Os heterossexuais que fizeram o teste ficaram desconcertados por perceberem como isso havia sido penoso. Blechner nos convida a refletir sobre quanto isso deve ser também frustrante para os *gays* e as lésbicas, nessa situação, não apenas por um mês mas, às vezes, por toda a vida".[54]

---

54. Vittorio Lingiardi, "Ars erótica ou *scientia sexualis*? Análise e amor pelo mesmo sexo", in Carlos Alberto Salles e Jussara Maria de Fátima César e Melo, *Estudos sobre a homossexualidade – debates junguianos*, p. 33.

Na autobiografia *Éramos dois*,[55] Danilo Oliveira relata sua experiência de repressão e homofobia internalizada, que o levou a um casamento de 46 anos, terminado por um flagrante de vivência homossexual com consequências dolorosas. Com os filhos já adultos, decide assumir seus sentimentos homoafetivos e termina pacificamente o relacionamento, embora deixando a ex-esposa marcada pela dor da decepção e da traição. Transforma-se, então, em um importante ativista e articulador político em Minas Gerais, lutando pelos direitos da comunidade LGBTT e estabelecendo importantes conquistas junto ao governo municipal, estadual e federal.

Após inúmeras lutas internas, familiares, religiosas, políticas e relacionais, conclui, maduro:

> "Não há crença alguma no mundo, política, religiosa, social ou humana, que dê a seu seguidor a prerrogativa infame de ceifar vidas humanas. Ceifar vidas não se dá necessariamente com o uso de uma arma. O olhar frio, o tratamento segregador e a indiferença são, muitas vezes, mais letais que uma bala no cérebro. Quando o indivíduo permite seu próprio coração ser maculado pelo preconceito, ele se torna cúmplice do genocídio ao qual sucumbem muitos semelhantes, contribuindo para destruir seres humanos que são livres de pensamento e dotados do dom maior de Deus, o livre arbítrio. Hoje, diante da realidade do fim definitivo de minha dualidade, carrego a certeza de não me importar

---

55. Danilo Oliveira, *Éramos dois*, Mazza, 2007.

em trazer comigo as cicatrizes das flechas atingidas contra mim. (...) Os dois que éramos se fundiram em um ser humano completo, melhor, mais generoso, mais tolerante, mais compreensivo, mais íntegro, mais verdadeiro".[56]

Vale a pena chamar a atenção para o fato de que a homofobia afeta não somente homossexuais, mas toda a sociedade, gerando danos tão extensos que requer medidas efetivas de combate da discriminação na intimidade de cada um, no contexto educativo de cada lar e de cada família.

Gustavo Barcellos esclarece que:

"A homofobia nos países católicos, como o Brasil, aliada ao machismo secular e arraigado desses cenários sociais, é o responsável pelo que eu chamaria de uma ferida narcísica, uma fenda no amor-próprio dos indivíduos homoeroticamente inclinados de proporções inestimáveis. Lidar com essa ferida é algo muito difícil, na terapia e na vida. Muitas vezes incurável, em minha opinião, o pior é que ela acaba por estender-se como uma ferida na alma do mundo. Também homens não homossexuais sofrem, sem sequer sabê-lo ou intuí-lo, desse cerceamento, pois a homofobia ataca e visa extinguir o feminino e a criança. Os homens são ensinados a se afastar uns dos outros; há medo da intimidade com o próprio corpo e da intimidade na relação com outros homens, relacionado a uma dificuldade, frequentemente

---

56. Danilo Oliveira, *Éramos dois*, pp. 427 e 428.

um impedimento, de expressar afeto abertamente – o que acaba por influenciar desastrosamente, muitas vezes, até mesmo a relação entre pais e filhos".[57]

---

[57]. Gustavo Barcellos, "O amor entre parceiros do mesmo sexo e a grande tragédia da homofobia", in Carlos Alberto Salles e Jussara Maria de Fátima César e Melo, *Estudos sobre a homossexualidade – debates junguianos*, p. 69.

CAPÍTULO

Sociedade em transformação

"Reconhecer a diferença é questionar os conceitos homogêneos, estáveis e permanentes que excluem o ou a diferente. As certezas que foram socialmente construídas devem se fragilizar e desvanecer. Para tanto, é preciso desconstruir, pluralizar, ressignificar, reinventar identidades e subjetividades, saberes, valores, convicções, horizonte de sentidos. Somos obrigados a assumir o múltiplo, o plural, o diferente, o híbrido, na sociedade como um todo."

MARIA VERA CANDAU

(Maria Vera Candau (org.), *Cultura(s) e educação: entre o crítico e o pós-crítico*. Rio de Janeiro: DP&A, 2005.)

Andrei Moreira

homossexualidade
SOB A ÓTICA DO ESPÍRITO IMORTAL

A REVISÃO DE VALORES E CONCEITOS DA SOCIEDADE É PARTE fundamental de seu crescimento e desenvolvimento. Vive-se uma era de renovação das mentalidades e abertura para novas interpretações e entendimentos dos fatos e das circunstâncias, bem como se apresentam na sociedade novos modelos de família e indivíduos, requerendo revisão dos conceitos e padrões secularmente definidos. As famílias homossexuais e os indivíduos transexuais, mais visíveis e públicos, apresentam uma requisição de revisão por parte da população de seus conceitos e "pré-conceitos".

O caso de Thomas Beatie é emblemático. O americano, transexual feminino, tornou-se mundialmente conhecido por apresentar uma aparência masculina, artificialmente construída, e ter engravidado, dando à luz uma menina saudável, em 2008, e, um ano após, a outra menina, por inseminação artificial (com esperma de um doador anônimo). Tal decisão se deveu ao fato de sua companheira ser estéril. Junto dela,

que é quem amamentou, Thomas apareceu nos telejornais e revistas causando espanto.[58]

Possui um relacionamento estável (há oito anos), dentro dos padrões morais requisitados pela sociedade, que inclusive desconhecia sua real condição, até que seu caso viesse a público e chocasse a opinião geral.

Trata-se de um exemplo de família moderna, que requer, tanto do meio social, como do científico e do religioso, a revisão e ampliação dos conceitos tradicionais de família e equilíbrio, no desenvolvimento da alteridade.

Como classificar essa família à luz da reencarnação? Como entender os contextos educativos reencarnatórios de seus integrantes e os esforços do casal na criação de uma família, levando em consideração o modelo patriarcal de família que tem vigorado ao longo dos séculos? São questões para as quais não há respostas prontas nem padronizadas, mas que requerem conhecimento das bases do Espiritismo, bem como exercício da alteridade, para a inferência de sentido e significado profundos.

O mesmo se dá com a homossexualidade e suas múltiplas manifestações, requerendo da sociedade valores definidos sem rigidez nem conclusões definitivas, possibilitando que a multiplicidade da experiência humana ganhe significado em cada vida particular pelo uso e pelo exercício que o indivíduo faça de si mesmo e de sua função no mundo, na vida de relação e na social.

O livro dos Espíritos, questão 775: "Qual seria, para a sociedade, o resultado do relaxamento dos laços de família? — Uma recrudescência do egoísmo."

---

58. www1.folha.uol.com.br/folha/mundo/ult94u579133.shtml (acesso 31/Mai/2011).

Educação para a alteridade

Em virtude dos múltiplos malefícios dos preconceitos, em geral, e da homofobia, em particular, tanto a intrínseca ao indivíduo quanto a social, fica claro que necessitamos de atividades educativas pró-alteridade em nossa sociedade. Isso incluiria desde programas de educação sexual e afetiva até cursos, *workshops* e intervenções em escolas, igrejas, centros espíritas e demais grupos sociais de promoção do respeito, da fraternidade e da inclusão de todos os diferentes e todas as diferenças.

A jornalista Cláudia Werneck faz uma importante reflexão sobre o uso leviano da palavra "todos" nos discursos sociais, quando as pessoas afirmam que desejam justiça social e igualdade para *todos*. Ela pergunta, com clareza: "Quem cabe no seu todos?"[59] Quais grupos que cabem em suas crenças, em sua aceitação, em seu desejo de felicidade? No seu "todos" cabem os negros, homossexuais, bissexuais, índios, seringueiros, catadores de papel, ricos, refugiados, travestis, doentes mentais, assassinos, presidiários, filhos de presidiários, transexuais, prostitutas, obesos, aposentados, etc? Pois estes, entre inúmeros outros, são grupos que sofrem discriminação frequente e recorrente, ficando de fora do processo de inclusão social.

Essa reflexão oportuna segue o movimento mundial de implantação de uma sociedade inclusiva.

> "A sociedade inclusiva, também chamada de sociedade para TODOS, é uma proposta da ONU, documentada em dezembro de 1990 através da resolução 45/91. As Nações Unidas pedem que até o ano 2010 passemos da fase de conscientização para

---

59. Cláudia Werneck, *Quem cabe no seu todos?*, Rio de Janeiro: WVA, 1999.

a ação, solicitando ao mundo atenção especial às pessoas com deficiência dos países em desenvolvimento. Aproximadamente 80% dos indivíduos que não enxergam, não ouvem ou têm algum tipo de comprometimento intelectual, físico ou motor vivem nestes países.

A ONU defende o uso incondicional da palavra TODOS, propondo um TODOS que seja TUDO. Um TUDO sem exceções. Na sociedade inclusiva, TODO cidadão tem o direito de contribuir com seu talento para o bem comum. Talentos que, no caso das pessoas com deficiência, nós raramente conseguimos perceber".[60]

O respeito e a inclusão da diferença e dos diferentes constituem condição essencial para uma sociedade plena. O ser humano teme a diferença. Por necessidade de segurança e falta de experiência com a maleabilidade de conceitos e comportamentos, confundem-se valores com normas e tendências com certezas, enrijecendo-se as interpretações.

Há um falso conceito de que aceitar é aprovar, e tende-se a aceitar somente aquilo que cabe na crença do indivíduo, desprestigiando tudo que se afaste dela.

Há na mitologia grega, na figura de Procusto, um importante símbolo. Segundo a lenda, Procusto foi um salteador que vivia na Serra de Elêusis e foi derrotado por Teseu. Possuía em casa um leito de ferro do seu tamanho e tinha por hábito punir suas vítimas colocando-as nesse leito e adequando-as à sua medida. Se a pessoa fosse maior que o leito, tinha um pedaço do corpo decepado; se fosse menor, era esticada. Procusto tornou-se símbolo de rigidez e estreiteza de pensamento, de

---

60. www.wvaeditora.com.br (acesso 14/Set/2011).

filosofias, crenças, valores e conceituações. Símbolo de uma postura de desrespeito da diferença.

Os homens-procustos escondem-se de si mesmos atacando os diferentes, tentando uniformizar a vida aos seus padrões e perdendo, assim, a maravilhosa oportunidade de crescimento que a riqueza da diversidade oferece.

A psicóloga espírita Bianca Ganuza, profunda estudiosa do tema maledicência, salienta com propriedade:

> "Quando buscamos adaptar o mundo e as pessoas aos nossos padrões pessoais de realidade e verdade, sem estarmos alinhados com uma postura humilde, corremos o risco de cometer grandes equívocos. (...) As diferenças são um recurso divino, capazes de enriquecer a experiência do ser espiritual em direção à plenitude".[61]

A alteridade tem sido fortemente incentivada no meio espírita, pelos Espíritos que nos impulsionam a encarar com autenticidade nossa real condição íntima e a da sociedade, flexibilizando julgamentos e ampliando a tolerância, a solidariedade e a fraternidade.

A alteridade é a abertura para a riqueza da diversidade, a beleza e a complementaridade das diferenças e dos diferentes. Promove o progresso possibilitando a expansão da consciência humana, que é fonte da sabedoria divina em germe no interior do ser.

---

61. Bianca Ganuza, *Reciclando a maledicência*, p. 161.

Ensina Ermance Dufaux:

"A ética da alteridade consiste basicamente em saber lidar com o 'outro', entendido aqui não apenas como o próximo ou outra pessoa, mas, além disso, como o diferente, o oposto, o distinto, o incomum ao mundo dos nossos sentidos pessoais, o desigual, que na sua realidade deve ser respeitado como é e como está, sem indiferença ou descaso, repulsa ou exclusão, em razão de suas particularidades".[62]

O respeito à homossexualidade como gênero e o reconhecimento do homossexual como pessoa humana não constitui caridade, boa vontade ou concessão da maioria heterossexual. Trata-se de direito fundamental, de resgate da dignidade e do valor de uma minoria rica em experiência, que tem sido historicamente perseguida e massacrada pela intolerância e pela desconsideração.

Resgatar o espaço comunitário e social das pessoas homossexuais, nas famílias, nos grupos e instituições, e o valor de cada indivíduo em particular, amparando cada qual em suas necessidades específicas de acompanhamento biopsicossocial, em função das sequelas da homofobia social e internalizada, é caminhar para uma sociedade inclusiva, como o propõe a OMS.

André Luiz – que, ao lado de Emmanuel, é responsável pelos mais belos e respeitosos textos a respeito da homossexualidade – declara com propriedade, trazendo-nos a palavra dos instrutores espirituais de elevada hierarquia:

---

[62]. Wanderley Soares Oliveira e Espírito Ermance Dufaux, *Laços de afeto*, p. 86.

"Acrescentou, no entanto, que no mundo porvindouro os irmãos reencarnados, tanto em condições normais quanto em condições julgadas anormais, serão tratados em pé de igualdade, no mesmo nível de dignidade humana, reparando-se as injustiças achacadas, há séculos, contra aqueles que renascem sofrendo particularidades anômalas, porquanto a perseguição e a crueldade com que são batidos pela sociedade humana lhes impedem ou dificultam a execução dos encargos que trazem à existência física, quando não fazem deles criaturas hipócritas, com necessidade de mentir incessantemente para viver, sob o sol que a Bondade Divina acendeu em benefício de todos".[63]

---

63. Francisco Cândido Xavier e Espírito André Luiz, *Sexo e destino*, 2.ª parte, cap. 9, p. 274.

CAPÍTULO

O que as ciências biológicas têm a dizer?

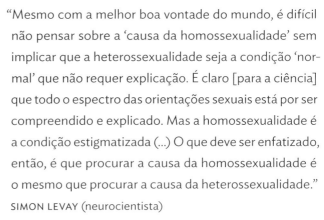

"Mesmo com a melhor boa vontade do mundo, é difícil não pensar sobre a 'causa da homossexualidade' sem implicar que a heterossexualidade seja a condição 'normal' que não requer explicação. É claro [para a ciência] que todo o espectro das orientações sexuais está por ser compreendido e explicado. Mas a homossexualidade é a condição estigmatizada (...) O que deve ser enfatizado, então, é que procurar a causa da homossexualidade é o mesmo que procurar a causa da heterossexualidade."
SIMON LEVAY (neurocientista)

(Simon Le Vay, *Queer science – the use and abuse of research into homosexuality*, p. 5.)

Andrei Moreira

homossexualidade
SOB A ÓTICA DO ESPÍRITO IMORTAL

PERGUNTA-SE FREQUENTEMENTE SE A HOMOSSEXUALIDADE seria uma experiência normal, e por vezes ouve-se dizer que ela pode até ser normal, mas não é natural. Mas é exatamente o contrário. A homossexualidade é natural e não necessariamente normal. Porque normal diz respeito à norma, às regras de uma determinada sociedade em um determinado espaço e tempo. Na Grécia e Roma antigas a homossexualidade era normal, fazia parte do processo de desenvolvimento dos indivíduos. Em algumas sociedades modernas ela é crime, passível de pena de morte, como em algumas sociedades islâmicas. Mas por que é natural? Porque o termo "natural" refere-se a "estar presente na natureza".

A homossexualidade é uma condição observável no comportamento do homem desde a antiguidade e também no reino animal, embora alguns pesquisadores digam que as vivências do animal não podem ser classificadas como homossexualidade. Isso porque, entre eles, não haveria a experiência complexa do afeto e da interpretação deste, como no reino

hominal, e sim a orientação do instinto e dos comportamentos reativos e adaptativos. No entanto, podemos afirmar que os comportamentos homossexuais são muito frequentes na natureza.

"O comportamento homossexual já foi registrado em todas as espécies animais em que a sexualidade foi investigada ou observada".[64] Esses comportamentos incluem sexo, namoro, afetividade, união monógama e parentalidade.

Bruce Bagemihl fez uma extensa pesquisa e publicou um grosso volume, intitulado *Biological exuberance – homosexuality and natural diversity*,[65] apresentando inúmeros casos e significados para a experiência homossexual no reino animal.

O livro mostra que as relações homossexuais na natureza não são confusão do instinto, aberração ou falta de fêmeas. A maioria dos animais homossexuais é assim porque é. Em alguns casos, como o dos leões, há vantagens na relação macho-macho. Sendo bissexuais, os leões criam os filhotes juntos, aumentando a taxa de sobrevivência de seus genes. Bagemihl também assinala que o comportamento homossexual animal é muito comum em quase todas as espécies de mamíferos, às vezes em até 27% dos indivíduos de uma população da mesma espécie.

---

64. W.J. Gadpaille, "Cross-species and cross-cultural contributions to understanding homosexual activity". *Archives of General Psychiatry*, 1980: 37, 349–356.
65. Bruce Bagemihl, *Biological exuberance – homosexuality and natural diversity*, Stonewall, 1999.

Alguns casos de animais citados por Bagemihl são:

› O de casais de gansos que se mantêm unido por toda a vida após um ritual em que emitem um guincho que os cientistas denominaram "grito do triunfo".
› Entre bisões machos de até 3 anos, metade das relações sexuais ocorre com indivíduos do mesmo sexo. Segundo o autor, essa relação não está ligada à dominância e costuma durar mais do que as relações heterossexuais.
› 10 a 15% das gaivotas mantêm relação homossexual, e, quando há ausência de macho, uma delas assume a função de condução da relação, fazendo as atividades habitualmente atribuídas aos machos, como o cuidado com a casa, a alimentação e a prole.
› Golfinhos, em cativeiro ou no mar, apresentam comportamento homossexual. Igualmente, macacos rhesus machos e fêmeas.
› Macacos bonobos são, quase todos, bissexuais. Metade das relações dessa espécie ocorre com macacos do mesmo sexo; as fêmeas têm relação entre si de hora em hora.

Pesquisas em busca de causas biológicas para a homossexualidade[66]

O interesse biomédico pela causa da homossexualidade se insere no contexto do entendimento dessa condição enquanto patologia ou na tentativa de desmistificá-la.

Várias frentes de pesquisa têm sido levadas a efeito, realizando análises hormonais genéticas e anatômicas. Limitar-me-ei a apresentar as mais relevantes, por seus resultados, e também as mais conhecidas que necessitem ser reavaliadas, por erros metodológicos.

Análises hormonais

O início das pesquisas hormonais em indivíduos homossexuais partiu do pressuposto teórico de que haveria uma quantidade anormal de hormônios femininos nos homens homossexuais e de hormônios masculinos nas mulheres homossexuais. A decepção surgiu quando se descobriu que ambos, homens e mulheres, produzem os dois hormônios e no adulto as taxas entre heterossexuais e homossexuais mostrou-se a mesma.[67]

Savic et alii[68] conduziram um estudo no qual demonstraram que homossexuais masculinos e mulheres heterossexuais respondem a um estímulo olfativo masculino, ativando significativamente a área pré-óptica e o hipotálamo, e não os

---

66. Jacques Balthazart, *Biologie de l'homosexualité – on nait homosexuel, on ne choisit pas de l'être*, Mardaga, Bruxelas, 2010. Tradução livre do autor.
67. Meyer-Bahlburg H.F. *"Psychoendocrine research on sexual orientation – current status and future options"*. Prog Brain Res 1984: 61, 375–398.
68. Savic et al., *"Brain response to putative pheromones in homosexual men"*. Proc Natl Acad Sci USA 2005; 102(20), 7356–7361.

homens heterossexuais. Ao contrário, homens heterossexuais ativaram significativamente a mesma área com estímulo olfativo feminino, mas não homens homossexuais e mulheres heterossexuais.

Kraemer et alii[69] identificaram que a relação entre o comprimento do dedo anular e o dedo indicador de mulheres homossexuais é menor que o de mulheres heterossexuais e semelhante a homens heterossexuais. Outro estudo de Brown et alii[70] demonstrou que as mulheres homossexuais em que essa alteração foi observada com prevalência foram as que se apresentavam mais masculinizadas. Sabe-se que o tamanho dos dedos deriva da exposição hormonal embrionária (a hormônios esteroides sexuais) intrauterina, e os autores advogam que esse achado sustenta a hipótese de uma exposição hormonal atípica durante a gestação na gênese da homossexualidade feminina (taxa elevada de hormônios andrógenos). Estudos realizados em homossexuais masculinos encontraram dados contraditórios.

Igualmente, a medida de ossos longos cujo crescimento é dependente de hormônios sexuais foi avaliada em homossexuais e comparada com heterossexuais. Os resultados mostram que os ossos dos braços, das pernas e das mãos de mulheres heterossexuais e homens homossexuais são menores, ou seja, tiveram um crescimento reduzido, comparado a homens heterossexuais e mulheres homossexuais. Esses achados suportam a

---

69. Kraemer et al., *"Finger length ratio (2D:4D) and dimensions of sexual orientation"*. Neuropsychobiology, 2006; 53(4), 210–214.
70. Brown et al., *"Differences in finger length ratios between self-identified butch and femmes lesbians"*. Archives of Sexual Behavior 2002; 31(1), 123–127.

ideia de que homossexuais masculinos foram submetidos a uma exposição reduzida de esteroides sexuais durante seu desenvolvimento fetal e que mulheres homossexuais foram submetidas a taxas mais elevadas de hormônios esteroides que mulheres heterossexuais, ou, alternativamente, que a sensibilidade a esses hormônios é diferente em relação à orientação sexual.

Diante da crença popular (e por vezes entre cientistas), que analisa a sexualidade como uma questão da ação de hormônios, Castañeda considera, com propriedade:

> "(...) eles não podem, por si mesmos, produzir nem o desejo, nem as fantasias, nem as condutas, nem os prazeres sexuais. O elemento psicológico desenvolve um papel central na sexualidade, e, como dizem os sexólogos, o órgão sexual mais importante no ser humano é a cabeça".[71]

O pensamento espírita está em acordo com tal assertiva e entende que o sexo é mental em seus impulsos, vertendo do ser espiritual, sendo o contexto hormonal e bioquímico do corpo físico efeito, e não causa.

---

71. Marina Castañeda, *A experiência homossexual – explicações e conselhos para os homossexuais, suas famílias e terapeutas*, p. 59.

Análises genéticas

Blanchard R.[72] demonstrou, em uma análise de 14 estudos com mais de 10 mil sujeitos, que existe uma correlação entre o número de irmãos homens mais velhos de um determinado indivíduo e a possibilidade de este ser homossexual. A cada irmão mais velho, ou seja, gerado antes no mesmo útero, aumenta em 33% a chance de o indivíduo ser homossexual. O mesmo não acontece se houver irmãs mais velhas, e tal predisposição independe do número de irmãs ou mesmo irmãos mais novos. Essa correlação não foi observada para mulheres homossexuais.

A hipótese explicativa é imunológica, derivada da genética. A cada irmão gerado, a mãe se sensibilizaria mais e mais, ficando maior a chance de serem produzidos anticorpos que afetem certos aspectos do cérebro implicados na orientação sexual.

Em acordo com essa ideia, o mesmo autor demonstrou, em 2001,[73] que, no momento do nascimento, há uma diferença de peso nos meninos com irmãos mais velhos quando comparado com meninos com irmãs mais velhas. Igualmente, homens homossexuais teriam um menor peso ao nascer que homens heterossexuais (cerca de 170 g em média). Apesar da teoria, o mecanismo imunitário permanece desconhecido.[74]

---

72. Banchard, R. "*Quantitative and theoretical analyses of the relation between old brothers and homosexuality in men*". Journal of Theoretical Biology, 2004; 230(2), 173–187.
73. Banchard, R. "*Fraternal birth order and the maternal immune hypothesis of male homosexuality*". Horm Behav, 2001; 40(2), 105–114.
74. Jacques Balthazart, *Biologie de l'homosexualité – on naît homosexuel, on ne choisit pas de l'être*, pp. 240 a 243. Tradução livre do autor.

Em 1993, Dean Harmer[75] e colaboradores pesquisaram 76 homossexuais e seus pais e encontraram 2% de homossexuais na linhagem paterna e 7,5% de homossexuais na linhagem materna, o que os levou a crer que havia algum fator genético ligado ao cromossomo x, materno.

> "No entanto, LeVay critica o estudo em questão apontando vários erros metodológicos que fazem duvidar de suas conclusões: por exemplo, encontrou a característica genética em pares de irmãos homossexuais, mas não controlou se existia também em seus irmãos heterossexuais. Portanto, é possível que todos os irmãos a tenham, e não somente os homossexuais. Além disso, Harmer escolheu homens que se autodenominaram homossexuais, o que torna difícil saber exatamente o que estava sendo medido pelo estudo: desejos, condutas, autodefinição?"[76]

Em 1994, Castro, da equipe de Harmer, conduziu uma pesquisa com 40 irmãos homossexuais e descobriu que 82,5% tinham a mesma sequência de DNA de uma parte do cromossomo x da mãe, o que reforçou a sua tese.

Richard Pillard, professor de psiquiatria da Universidade de Boston, apresentou pesquisa[77] cujos resultados apontam para uma real probabilidade de haver fatores genéticos envolvidos na gênese da experiência homossexual. Em pesquisa com

---

75. Dean harmer et al., "*A linkage between DNA markers on the X cromossome and male sexual orientation*". Science, 1993; 261(321–327).
76. Marina Castañeda, *A experiência homossexual – explicações e conselhos para os homossexuais, suas famílias e terapeutas*, pp. 61 e 62.
77. J. Michael Bailey e Richard C. Pillard. "*A genetic study of male sexual orientation*". Archives of General Psychiatry, 1991; 48 (1089–1096).

gêmeos ele demonstrou maior incidência de homossexualidade entre univitelinos do que em bivitelinos.

"Ele comparou 56 pares de gêmeos idênticos (monozigóticos) com 54 pares de gêmeos fraternos (dizigóticos) e 57 pares de irmãos adotivos e descobriu que, se um homem é homossexual e tem um gêmeo idêntico, existem 52% de chance de que o irmão gêmeo seja também homossexual; se tiver um gêmeo fraterno, existem 22% de chance. E se tiver um irmão adotivo (com os mesmos pais, mas não com os mesmos genes), essa possibilidade cai para 11%. Em contrapartida, um heterossexual só tem 4% de chance de ter um irmão homossexual. A correlação entre gêmeos está, portanto, muito elevada, e parece indicar que existe um componente genético na homossexualidade".[78]

Contudo, esse componente genético não é condição determinante, observa Castañeda, já que 50% dos gêmeos idênticos não são homossexuais, o que nos remete a algo mais além da genética...

Saliente-se que a amostragem é formada apenas por homens, portanto a homossexualidade feminina não está representada nessa amostra.

Levantou-se, então, a questão do ambiente em que esses gêmeos teriam sido criados, e novas pesquisas foram realizadas.

---

[78]. Marina Castañeda, *A experiência homossexual – explicações e conselhos para os homossexuais, suas famílias e terapeutas*, pp. 61 e 62.

Uma delas foi conduzida por Thomas Bouchard,[79] de Minessota. Ele avaliou 55 pares de gêmeos idênticos, separados no nascimento e criados, portanto, por famílias e contextos socioculturais diferentes. Descobriu que 80% deles, masculinos, eram igualmente homossexuais, o que reforça a hipótese de que fatores genéticos ou biológicos pré-natais estão correlacionados com a gênese da homossexualidade. LeVay concorda com a conclusão desse estudo, embora reforce que não houve correlação entre os pares de gêmeas e que os resultados se aplicam somente a homossexuais masculinos.[80]

Nenhum gene relacionado à homossexualidade foi isolado, até o momento. E segundo os pesquisadores provavelmente não o será, pois se trata de uma característica multifatorial e, portanto, multigenética.[81]

Análises anatômicas

Swaab e Hoffman,[82] em 1990, foram os primeiros a perceber alguma alteração anatômica entre homossexuais e heterossexuais: o tamanho do núcleo supraquiasmástico, um grupo de células do hipotálamo, que são significativamente menores em homens homossexuais em comparação a homens

---

79. T.J. Bouchard et al., "*Homosexuality in monozygotic twins reared apart*". Br J Psychiatry. Abr/1986; 148:421–5.
80. Simon LeVay, *Gay, straight and the reason why: the science of sexual orientation*, p. 166.
81. Jacques Balthazart, *Biologie de L'homosexualité – on nait homosexuel, on ne choisit pas de l'être*, p. 247. Tradução livre do autor.
82. Swaab e Hoffman, "*An enlarged suprachiasmatic nucleus in homosexual men*". Brain Research, 1990; 537, 141–148.

heterossexuais. No entanto, outros autores[83] discutem que tal achado não tem significação, pois esse núcleo não tem diferenciação por ação dos hormônios sexuais, nem nenhuma função no controle da sexualidade ou do afeto.

Allen e Gorski,[84] em 1992, demonstraram que a comissura anterior cerebral, feixe de fibras que conecta os dois hemisférios, é significativamente maior em homens homossexuais, superando em 34% a dos homens heterossexuais e em 18% a das mulheres heterossexuais (que, por sua vez, têm essa estrutura maior que a dos homens heterossexuais). Isso está correlacionado a diversas habilidades cognitivas, tais como as visuoespaciais e verbais, assim como o funcionamento da lateralização cerebral. Essas capacidades cognitivas não foram encontradas diferenciadas entre homossexuais e heterossexuais por outros estudos.[85]

Witelson[86] e colaboradores, em 2007, fizeram um estudo com 12 homossexuais e 10 heterossexuais destros, para avaliar, por ressonância nuclear magnética, o tamanho do istmo do corpo caloso, a parte posterior da conexão inter-hemisférica mais importante do cérebro humano, responsável pela utilização das mãos. Os pesquisadores estavam interessados em saber se a lateralização mais pronunciada dos homossexuais

---

83. Kruijver et al., *"Lesions of the suprachiasmatic nucleus do not disturb sexual orientation of the adult male rat"*. Brain Research, 624, 342–346.
84. Allen e Gorski et al., *"Sexual orientation and the size of the anterior comissure in the human brain"*. Proc Natl Acad Sci USA, 89, 7199–7202.
85. Jacques Balthazart, *Biologie de L'homosexualité – on nait homosexuel, on ne choisit pas de l'être*, p. 200.
86. Witelson et al., *"Corpus callosum anatomy in right-handed homosexual and heterosexual men"*. Archives of Sexual Behavior, 2008; 37:857–863

masculinos estava correlacionada com o aumento do tamanho do istmo. Eles observaram que o istmo de homossexuais é significativamente maior e que estes, assim como as mulheres heterossexuais, têm uma assimetria cerebral mais pronunciada que os homens heterossexuais, e a lateralização motora é parcialmente dissociada em homossexuais.

Simon LeVay,[87] em 1991, estudando as células do hipotálamo (núcleos intersticiais do hipotálamo anterior – área pré-óptica) de homossexuais e heterossexuais masculinos e femininos, descobriu que elas tinham tamanhos diferentes para cada grupo, sendo menores nos homens homossexuais em comparação aos homens heterossexuais. Quando publicou seus achados, na renomada revista *Science*, a mídia leiga apressadamente anunciou a descoberta do "cérebro *gay*".

No entanto, LeVay e equipe, bem como outros pesquisadores, logo expressaram cautela com relação aos resultados, devido a problemas de amostragem e análise de dados. Os homossexuais selecionados por LeVay eram indivíduos com aids que foram classificados como homossexuais por terem se contaminado sexualmente, e os que não se contaminaram sexualmente foram inadvertidamente classificados como heterossexuais, sem que se possa ter nenhuma certeza de sua orientação.

Além disso, como eram indivíduos portadores de aids, as alterações anatômicas observadas podem ser efeitos da doença, e não característica estrutural de um cérebro sadio homo ou heterossexual.

---

87. Simon LeVay et al., "*A difference in hypothalamic structure between heterosexual and homosexual men*". *Science*, 1991; 253, 1034–1037.

No intuito de replicar os achados de LeVay, Byne et alii,[88] em 2001, descobriram que, apesar do núcleos intersticiais 2 e 3 do hipotálamo de homossexuais masculinos serem menores que o de heterossexuais masculinos, mostram maior densidade celular, estando os neurônios mais próximos uns dos outros, resultado, provavelmente, de menor número de sinapses. Esses achados necessitam ser confirmados.

Em 2004, uma equipe de cientistas[89] estudando o comportamento de carneiros com a finalidade reprodutiva observou que 56 (8%) de 700 carneiros testados não se interessava por fêmeas (embora os carneiros sejam bastante ativos e capazes de ejacular 5 ou 6 vezes em 30min de relação com diferentes fêmeas), e sim por machos. Esses carneiros foram necropsiados, e a área cerebral responsável pela atividade sexual em machos, analisada. Esta se chama núcleo dimórfico sexual (NDS) e se localiza junto à área pré-óptica, no hipotálamo. Observou-se que o NDS dos carneiros homossexuais é de menor volume que o dos heterossexuais da mesma espécie e possui quantidade de neurônios semelhante à da fêmea.

O NDS, assim como outras áreas cerebrais do hipotálamo, interessa às pesquisas com homens homossexuais por ser a área responsável pelo comportamento sexual masculino, formada durante a ontogênese, sofrendo a influência dos hormônios

---

88. Byne et al., "*The interstitial nuclei of the human anterior hypothalamus: an investigation of variation with sex, sexual orientation and HIV status*". Horm Behav 40(2), 86–92.
89. Roselli et al., "*The volume of a sexually dimorphic nucleus in the ovine medial preoptic area/anterior hypothalamus varies with sexual partner preference*". Endocrinology, 2004; 145(2), 478–483.

esteroides durante sua formação e a ativação, pela testosterona, ao longo da vida.

Análises cognitivas

Em alguns estudos, foram demonstradas *performances* visuoespaciais menores em homens homossexuais comparados com homens heterossexuais, com nível semelhante ao das mulheres heterossexuais.

Homens homossexuais foram classificados como menos agressivos que homens heterossexuais, mas não houve qualquer diferença entre mulheres homo ou heterossexuais.

Um estudo[90] demonstrou que homens homossexuais memorizam e localizam objetos mais facilmente que homens heterossexuais, bem como têm maior fluência verbal. Não houve diferença entre as mulheres homo ou heterossexuais. Esses achados reforçam a ideia de uma menor masculinização cerebral intrauterina em homens homossexuais.

Vários estudos demonstraram que os homossexuais são mais frequentemente canhotos ou ambidestros que os heterossexuais.

Conclusões

Baseado nas pesquisas mencionadas e em outras da literatura científica, os pesquisadores se dividem nas conclusões e interpretações dos achados.

---

90. Rahman et al., *"Sexual orientation-related differences in verbal fluency"*. *Neuropsychology* 17(2), 240–246 e *"Sexual orientation related differences in spatial memories"*. *J Int Neuropsychol Soc* 9(3), 376–383.

O que se torna evidente é o que afirma a psicóloga Marina Castañeda:

> "A biologia não é suficiente para explicar nem para predizer a homossexualidade. Os fatores sociais, familiares e psicológicos têm um peso certamente igual, se não superior, a qualquer componente físico encontrado até agora".[91]

No entanto o biólogo belga Jacques Balthazart, autor do livro *Biologie de l'homosexualité*, publicado em março de 2010, advoga a ideia de que há suficientes evidências científicas para se dizer aquilo que ele, corajosamente, como cientista e heterossexual, afirma no subtítulo do livro: "Nasce-se homossexual, não se escolhe sê-lo".[92]

O autor se vale dos complexos resultados de pesquisas em animais e humanos, como os que apresentamos e outros, que tratam desde características genéticas, como as variações do cromossomo X materno, passando pelos efeitos dos hormônios esteroides na formação do cérebro e das estruturas sexuais (efeito estruturador) e sua ativação ao longo da vida (efeito ativador), até as características epidemiológicas e familiares.[93]

Conclui Balthazart:

> "(...) nos parece inegável que o balanço entre fatores biológicos ou culturais suscetíveis de explicar a homossexualidade pende

---

91. Marina Castañeda, *A experiência homossexual – explicações e conselhos para os homossexuais, suas famílias e terapeutas*, p. 63.
92. Jacques Balthazart, *Biologie de L'homosexualité – on nait homosexuel, on ne choisit pas de l'être*, Mardaga – Bruxelas, 2010.
93. Idem, pp. 261 a 264.

notavelmente em favor dos fatores biológicos, agindo de maneira preponderante durante a vida embrionária. A homossexualidade humana (e animal) seria o resultado de uma interação entre fatores genéticos e hormonais embrionários com, talvez, uma contribuição menor dos efeitos de experiências sociais e sexuais pós-natais".[94]

No entanto, as limitações, tanto da metodologia científica, quanto das interpretações e generalizações dos resultados, têm impedido a obtenção de evidências que expliquem totalmente a homossexualidade ou todos os tipos de experiência. Não há dúvida de que não há conclusão definitiva até o momento na ciência para explicar a natureza da gênese e manifestação da orientação afetivo-sexual homossexual (mesmo a heterossexual permanece um desafio, em verdade).

Balthazar, no entanto, faz questão de reafirmar, em várias passagens de sua obra, que os resultados, combinados, reforçam a ideia de que a homossexualidade não é, de forma nenhuma, uma escolha de vida, embora haja aquelas pessoas que experimentem o comportamento homossexual por curiosidade (adolescentes, sobretudo mulheres) ou perversão (sintoma psiquiátrico).[95]

Na impossibilidade de explicar a riqueza e a complexidade da experiência sexual humana a partir de pressupostos biológicos exclusivos, concluímos concordando com André Luiz, que, na obra *Evolução em dois mundos*, utiliza-se de algumas

---

94. Jacques Balthazart, *Biologie de l'homosexualité – on nait homosexuel, on ne choisit pas de l'être*, pp. 272. Tradução livre do autor.
95. Idem, pp. 178, 200, 273, dentre outras.

referências biológicas extraídas de experimentos científicos com a finalidade de explicar o instinto sexual. Ele conclui:

> "Todas as nossas referências a semelhantes peças do trabalho biológico, nos reinos da Natureza, objetivam simplesmente demonstrar que, além da trama de recursos somáticos, a alma guarda a sua individualidade sexual intrínseca, a definir-se na feminilidade ou na masculinidade, conforme os característicos acentuadamente passivos ou claramente ativos que lhe sejam próprios.
>
> A sede real do sexo não se acha, dessa maneira, no veiculo físico, mas sim na entidade espiritual, em sua estrutura complexa".[96]

---

96. Francisco Cândido Xavier, Waldo Vieira e Espírito André Luiz, *Evolução em dois mundos*, cap. 18, p. 138.

CAPÍTULO

As contribuições da psicologia e da psiquiatria

"A Psicologia, como saber e prática, tem papel importante, na medida em que pode garantir a legitimidade de um desejo – homossexual – não como desvio ou patologia, mas sim como uma expressão da diversidade humana (...) A Psicologia deve contribuir para uma reflexão sobre as diferentes formas de expressão da sexualidade humana, desconstruindo estereótipos, preconceitos e um discurso de homogeneização dos homossexuais."

ISADORA GARCIA e MARCOS NASCIMENTO (psicólogos)

(Isadora Garcia e Marcos Nascimento, in *Psicologia e diversidade sexual*, jornal do Conselho Regional de Psicologia, Rio de Janeiro, p. 4, 2008.)

Andrei Moreira

homossexualidade
SOB A ÓTICA DO ESPÍRITO IMORTAL

A PSICOLOGIA, ENQUANTO CIÊNCIA, É RELATIVAMENTE NOVA. Surgiu na segunda metade do século XIX e iniciou seu interesse pelo estudo da sexualidade com Sigmund Freud (1856–1939), neurologista austríaco, fundador da psicanálise.

Psicanálise

"A Psicanálise destruiu a imagem do homem assexual (e também hipócrita) da era vitoriana e descortinou um homem repleto de pulsões, instintos e desejos. Um homem guiado não mais somente pela razão sóbria, comedida e repressora, mas transtornado pela tempestade de emoções do Inconsciente, sede de anseios inconfessáveis. As teorias psicanalíticas serviram de esteio para a mudança dos costumes e dos paradigmas morais".[97]

---

97. Mateus – e-mail em grupo de discussão GLBT-espírita na internet, 2002.

Para Freud, o desenvolvimento psicossexual normal do ser humano é algo complexo e que ele não limita, atendo-se a estudar as etapas percebidas em comum nos indivíduos avaliados, mostrando a heterossexualidade como a tendência provável do desenvolvimento normal. No entanto, ele mesmo postula:

"Em um sentido psicanalítico, o interesse sexual exclusivo do homem pela mulher constitui também um problema e não algo muito natural, baseado, no fim das contas, em uma atração química".[98]

Para Freud, a homossexualidade surge a partir da experiência mal resolvida do complexo de Édipo, que interromperia o desenvolvimento psicossexual normal. O complexo de Édipo surge na fase em que a criança se apaixona pelo sexo oposto, segundo Marina Castañeda:

"O menino, apaixonado pela mãe e com ciúme do seu pai, deseja (inconscientemente) matá-lo a fim de ter a sua mãe só para si. Mas seu medo de ser punido (castrado) é tal que acaba por renunciar à mãe e orienta seu desejo em direção a outras mulheres. Em alguns casos, as coisas não se passam assim, e o menino se guarda em seu desejo em relação à mãe. Como esse desejo é impossível de realizar (por causa do tabu do incesto e do medo que tem do pai), ele acaba por renunciar a todas as mulheres e se retrai na homossexualidade".[99]

---

[98]. Sigmund Freud, *Três ensaios sobre a teoria da sexualidade*, 1905. Edições eletrônicas das obras completas de Sigmund Freud, vol. II.
[99]. Marina Castañeda, *A experiência homossexual – explicações e conselhos para os homossexuais, suas famílias e terapeutas*, p. 78.

Isso explicaria, em parte, a experiência homossexual masculina, segundo Freud.

Mas a ideia do fundador da psicanálise não se limita a esse conhecimento e ele reconhece diferentes tipos de homossexuais:[100]

1. Os absolutos, que chamamos de homossexuais exclusivos.
2. Os hermafroditas psicossexuais, que são os bissexuais.
3. Os ocasionais, que somente eventualmente entrariam em relações com pessoas do mesmo sexo e que, na moderna classificação, não são chamados de homossexuais, mas reconhecidos como heterossexuais com comportamento homossexual episódico, como os confinados em prisões, guerras, etc.

Freud apresenta, em textos esparsos, outras ideias para explicar a psicogênese da experiência homossexual:

1. Fixação do menino em sua mãe e identificação posterior com ela, de forma a escolher objetos sexuais masculinos.
2. Pai distante e castrador com mãe forte e dominadora.
3. Narcisismo, que faz com que a pessoa procure objetos sexuais idênticos a ela.
4. Medo em relação a pessoas do sexo oposto.

Além dessas condições apresentadas por Freud, linhas psicanalíticas posteriores desenvolveram outras teorias, conforme esclarece o psicólogo alemão Wunibald Müller:

---

100. Idem, ibidem.

"Como uma possível razão para o desenvolvimento da homossexualidade feminina, a linha psicanalítica menciona a falta de amor na relação entre mãe e filha. De acordo com essa linha, a homossexualidade feminina representa uma tentativa de, através de relações íntimas com outras mulheres, obter o amor e a compreensão que lhe são negadas na relação com a mãe. Na opinião de alguns psicanalistas, um distanciamento entre pai e filha pode provocar na filha o sentimento de ser rejeitada pelo pai. A suposição de que poderá experimentar o mesmo por parte de outros homens pode levar ao desenvolvimento da homossexualidade. Segundo outros psicanalistas, o desenvolvimento heterossexual normal é prejudicado quando o pai se comporta possessivamente em relação à filha ou quando está sexualmente interessado nela. Outras teorias psicanalíticas atribuem à relação entre irmãos um importante papel no desenvolvimento da homossexualidade masculina e feminina".[101]

Os psicanalistas que ampliaram a teoria freudiana é que estabeleceram que o desenvolvimento psicossexual normal se dá em direção à heterossexualidade e qualquer perturbação nesse sentido é vista como alteração patológica ou neurótica.[102] Reuniram-se os textos esparsos de Freud e, em conjunto com a ideia psiquiátrica que, desde 1870, considerava a homossexualidade como doença, formulou-se uma teoria patológica da homossexualidade.

---

101. Wunibald Müller, *Pessoas homossexuais*, p. 13
102. Ver: Kenneth Lewes. *The psychoanalytic theory of male homosexuality*. New York: Simon and Schuster, 1998.

Na segunda metade do séc. XX, dois proeminentes psicanalistas se destacaram nessa abordagem, Edmund Bergler e Irving Bieber, publicando obras e trabalhos que apresentavam e reforçavam a ideia da homossexualidade como doença.

"Não existem homossexuais sãos",[103] postulava Bergler e complementava Bieber:

> "A homossexualidade adulta é um estado psicopatológico (...) a heterossexualidade é a norma biológica (...) se não houver interferências, todos os indivíduos são heterossexuais".[104]

O psiquiatra e psicanalista Bergler, que foi festejado em sua época, ia ainda mais longe:

> "A homossexualidade nunca é simplesmente uma área doente na pessoa. Toda a pessoa do homossexual é neurótica. O homossexual é um masoquista psíquico".[105]

Essa visão está em desacordo com a visão freudiana original. O pensamento freudiano era não só muito mais tolerante quanto abrangente:

---

103. Edmund Bergler, *Homosexuality: disease or way of life?* Nova York, Hill and Wang, 1956, p. 9, apud Marina Castañeda, *A experiência Homossexual – explicações e conselhos para os homossexuais, suas famílias e terapeutas*, p. 80.
104. Bieber et al., *Homosexuality: a psychoanalytic study of male homosexuals*, Nova York, Basic Books, 1962, apud Marina Castañeda, op. cit.
105. Edmund Bergler, *Counterfeit-sex: homosexuality, impotence, frigidity*, Nova Iorque, 1961, 205s, apud Wunibald Müller, *Pessoas homossexuais*. p. 9, Vozes, Petrópolis, 2000.

"Vários fatores permitem ver que os invertidos não são degenerados nesse sentido legítimo da palavra: 1) Encontra-se a inversão em pessoas que não exibem nenhum outro desvio grave da norma; 2) Do mesmo modo, encontramo-la em pessoas cuja eficiência não está prejudicada e que inclusive se destacaram por um desenvolvimento intelectual e uma cultura particularmente elevados (...) É preciso considerar que nos povos antigos, no auge de sua cultura, a inversão era um fenômeno frequente, quase que uma instituição dotada de importantes funções".[106]

Mas a abordagem dos psicanalistas pós-freudianos estava em sintonia com o pensamento psiquiátrico da época, que considerava a homossexualidade uma perversão, seguindo o pensamento religioso, mais tarde igualmente defendido pelo Estado e pela ciência, sendo esta ainda incipiente.

A psiquiatria nascente considerava a homossexualidade uma degenerescência, no mesmo plano de outras doenças psicóticas ou do alcoolismo e das viciações, e muitos tratamentos foram empreendidos para tentar "curar" o homossexual.

"O método mais aberrante, usado nos anos 1950 e 60, era baseado no condicionamento aversivo: mostravam-se ao homossexual imagens de homens nus, ao mesmo tempo em que se aplicava um choque elétrico toda vez que aparecia uma imagem suscetível de despertar o seu desejo. Também se tentou a castração, a histerectomia, a lobotomia e diversas drogas. Claro, os

---

[106]. Sigmund Freud, *As aberrações sexuais, 1905*, em *Três ensaios sobre a teoria da sexualidade*. Edições eletrônicas das obras completas de Freud, vol. VII.

'tratamentos' desse tipo fracassaram e atualmente não são mais praticados".[107]

Além desses "tratamentos", tentou-se hipnoterapia, método muito empregado pelo médico vienense Krafft-Ebing, que era um obstinado por promover casamentos heterossexuais como sinal de eficácia de sua controvertida terapêutica. Fez-se ainda substituição de testículos de homossexuais pelos de heterossexuais e até por testículos de macacos, na tentativa de alterar a bioquímica que se acreditava responsável pela orientação homossexual. Os danos foram extensos, e muitos homossexuais sofreram desnecessária e cruelmente os efeitos de uma ciência incipiente e ainda escrava do pensamento religioso, que apregoava a sexualidade reprodutiva como a única natural e tudo o que disso se afastasse como desvio patológico ou demoníaco.

Em 1973, a partir da pressão dos movimentos homossexuais organizados, que surgiam nos EUA, e após longo debate entre psiquiatras e psicanalistas, a Associação Americana de Psiquiatria revisou a literatura científica e retirou a homossexualidade da lista de doenças psiquiátricas, por falta de dados e evidências empíricas que a mantivessem classificada como tal, passando a considerá-la uma variante do comportamento sexual humano. No ano seguinte, os psiquiatras americanos confirmaram a decisão. Em 1975 a Associação Americana de Psicologia fez o mesmo, seguida, em 1985, pelo Conselho Federal Brasileiro de Psicologia.

---

[107]. Marina Castañeda, *A experiência homossexual – explicações e conselhos para os homossexuais, suas famílias e terapeutas*, pp. 30 e 31.

Essas instituições, reunidas, assim se pronunciaram em 2007, em documento a favor da aprovação do casamento *gay* na Califórnia, contando a história de suas decisões:

> "Em 1952, quando a Associação Americana de Psiquiatria publicou seu 'Manual diagnóstico e estatístico de doenças mentais' (DSM), a homossexualidade foi incluída como uma desordem. Quase imediatamente, entretanto, a classificação começou a ser submetida a um escrutínio crítico pela pesquisa patrocinada pelo Instituto Nacional de Saúde Mental. Esses estudos e a pesquisa subsequente falharam em produzir quaisquer evidência empírica ou base científica para considerar a homossexualidade como desordem ou anormalidade, mas sim como uma orientação sexual normal e sadia.
>
> Como os resultados dessas pesquisas se acumularam, profissionais de medicina, saúde mental e ciências sociais e do comportamento chegaram à conclusão de que foi incorreto classificar a homossexualidade como doença mental e que a classificação do DSM refletia opiniões não testadas, baseadas em normas prevalentes sociais e impressões clínicas de amostras não representativas de pacientes, os quais procuravam terapia, e indivíduos cujos comportamentos os conduziram ao sistema de justiça criminal.
>
> Em reconhecimento da evidência científica, a Associação Americana de Psiquiatria removeu a homossexualidade do DSM em 1973, atestando que 'a homossexualidade *per si* não implica em prejuízo do julgamento, estabilidade, confiabilidade ou capacidades gerais sociais ou vocacionais'.
>
> Após revisar as informações científicas, a Associação Americana de Psicologia adotou a mesma posição, em 1975, e conclamou todos os profissionais da saúde mental a se empenhar em

remover o estigma de doença mental que tem sido associado com a orientação homossexual".[108]

Concluindo, afirmam as Associações Americanas de Saúde Mental:

"Os profissionais de saúde e pesquisadores reconheceram que ser homossexual não coloca nenhum obstáculo inerente a uma vida feliz, saudável e produtiva, e que a vasta maioria de *gays* e lésbicas funcionam bem em todo o conjunto de instituições sociais e relacionamentos interpessoais".[109]

É importante perceber a herança da ideia da homossexualidade como doença e a influência dessa situação no imaginário popular. Mitos como "o homossexual é 'pervertido', 'sem caráter', 'promíscuo', 'degenerado'" e daí por diante se originaram da associação do pensamento religioso pré-desenvolvimento científico, mantido até os dias atuais em muitas correntes, ao pensamento (equivocado) da psiquiatria e psicologia da segunda metade do séc. XX, fazendo um enorme estrago na mentalidade popular e originando inúmeros preconceitos.

---

108. *Supreme Court of the State of California – Case N.º S147999 – Application for leave to file brief amici curiae in support of the parties challenging the marriage exclusion and brief amici curiae of the American Psychological Association, California Psychological Association, American Psychiatric Association, National Association of Social Workers, and National Association of Social Workers, California Chapter in support of the parties challenging the marriage exclusion*, 2007. Disponível em: www.courts.ca.gov. Tradução livre do autor.
109. Idem.

Muitos pais sofrem, nos dias atuais, ao saber da homossexualidade do filho, devido à interpretação psicanalítica da má resolução do complexo de Édipo. Essa ideia foi ampliada pelo imaginário popular e genericamente classificada como "erros de educação". Tal situação traz angústia, busca de tratamento psicológico dos filhos e acusação mútua entre casais e familiares, em busca da culpa pela "desgraça e vergonha" da homossexualidade dos filhos.

Com muita propriedade o Prof. Alípio de Sousa Filho, professor adjunto do Departamento de Ciências Sociais da Universidade Federal do Rio Grande do Norte, tece os seguintes esclarecimentos:

> "Desde Freud e sua teoria do inconsciente, seguido por Lacan, sabemos, se há alguma razão para se falar de causa, que se aceite que todo desejo é causado e, mais ainda, que todo desejo é uma causa: a causa do sujeito do desejo, isto é, aquilo pelo que cada um se empenha, embora sem saber. Deve-se saber, portanto, que a causa da homossexualidade é a mesma da heterossexualidade e da bissexualidade: a escolha inconsciente do objeto do desejo".[110]

Em virtude dessa multiplicidade de teorias e explicações, bem como da multiplicidade de crenças do imaginário popular, verdadeiras ou falsas, a psicóloga mexicana Marina Castañeda propõe aos colegas no trabalho terapêutico com homossexuais:

---

110. Alípio de Sousa Filho, "Homossexualidade e preconceito": www.espiritualidades.com.br (acesso 11/Set/2011).

"Quando se trabalha a identidade homossexual, é muito importante pesquisar as razões que cada pessoa fornece a respeito de sua orientação. Estas podem se basear em conhecimentos, preconceitos ou fantasias; podem ser verdadeiras ou falsas. Isso não importa. Não se trata de procurar causas reais, o que seria de qualquer modo ilusório, levaria muito tempo e não serviria para muita coisa. O objetivo é ajudar a pessoa a desenvolver a sua própria explicação e a história singular de sua homossexualidade em uma abordagem que não é científica, mas propriamente narrativa".[111]

E o terapeuta junguiano Gustavo Barcellos acrescenta, com propriedade:

"Alguns psicanalistas, todavia, parecem não reconhecer a importância de seus papéis de ajudar os pacientes homossexuais a alcançar o estágio de ter uma visão positiva deles mesmos e da aceitação de suas orientações sexuais.

Não tendo elaborado a sua própria homofobia, poderia um analista ajudar seus pacientes a elaborarem suas homofobias internalizadas? A esse problema acrescenta-se o da competência e o da *homo-ignorance*, que é o termo criado para indicar o total desconhecimento do tema da homossexualidade, algo que caracteriza muitos analistas e não só analistas heterossexuais".[112]

---

111. Marina Castañeda, *A experiência homossexual – explicações e conselhos para os homossexuais, suas famílias e terapeutas*, p. 70.
112. Gustavo Barcellos, "O amor entre parceiros do mesmo sexo e a grande tragédia da homofobia", in Carlos Alberto Salles e Jussara Maria de Fátima César e Melo, *Estudos sobre a homossexualidade – debates junguianos*, p. 33.

De acordo com a moderna psiquiatria, nada há a tratar no homossexual devido à sua orientação afetivo-sexual, senão o sofrimento e a distonia em relação a essa orientação, que representa o sofrimento decorrente da não aceitação e da não adaptação a ela. Isso recebe o nome de "Orientação sexual egodistônica" no CID-10 F66.1 e é classificado entre os "Transtornos de identidade de preferência sexual".

O objetivo é auxiliar o indivíduo a tornar sua orientação sexual egossintônica, ou seja, se transformar em um indivíduo adaptado e em paz com aquilo que observa como sendo a sua condição afetivo-sexual real, o que demanda autoconhecimento e autoaceitação.

Psicologia analítica junguiana

Carl Gustav Jung, suíço, foi discípulo e dissidente de Freud, que criou a psicologia analítica. Os pilares da psicologia analítica junguiana, hoje bastante conhecida e muito utilizada no meio espírita, devido a afinidades e pontos de contato entre ela e a ideia espírita, são as noções dos arquétipos e seus símbolos, do inconsciente coletivo e da individuação, como um processo de desenvolvimento da totalidade psíquica.

Não há uma teoria da homossexualidade completa na visão junguiana, assim como na visão freudiana. Mas muitos estudiosos têm dado sua colaboração nesse tema, mostrando a possibilidade da individuação na experiência homoafetiva.

Segundo o psiquiatra Vittorio Lingiardi:

> "Se procurarmos reconstruir o ponto de vista de Jung sobre a homossexualidade masculina, poderemos dizer que pelo menos

até 1930 ele a considerou como resultante de uma relação especial com o feminino na qualidade de problema de identificação com a anima e o resultado de um poder matriarcal atuando sobre o inconsciente. Esse modo de ver seria, mais ou menos, análogo à visão freudiana de um estado psíquico de desenvolvimento inacabado. O que não exclui, entretanto, a presença de algumas características psicológicas positivas".[113]

E ele continua:

"Mais tarde, Jung se volta para os estudos do imaginário alquímico e a homossexualidade se configura como o resultado de um distanciamento incompleto do arquétipo do Hermafrodita: um estado de indiferenciação, cuja relação com a bissexualidade original seria evidente".[114]

Jung não considera a homossexualidade como perversão e passa a analisar a personalidade do indivíduo independentemente de sua orientação, para a partir daí fazer julgamentos morais.[115] Jung deixa de considerar a homossexualidade um quadro patológico para colocá-la na condição de identidade psíquica.[116]

---

113. Vittorio Lingiardi, *"Ars erótica ou scientia sexualis?* Análise e amor pelo mesmo sexo", in Carlos Alberto Salles e Jussara Maria de Fátima César e Melo, *Estudos sobre a homossexualidade – debates junguianos*, p. 38.
114. Idem, p. 39.
115. Robert H. Hopcke, *Jung, junguianos e a homossexualidade*, São Paulo, Siciliano, 1993.
116. P.F. Pieri, *Dicionário junguiano*. São Paulo, Cultrix, 2002.

Enquanto a psicanálise se debate em torno da ideia da má resolução do complexo de Édipo e dos demais significantes da homossexualidade, a psicologia analítica se debruça sobre a identidade psíquica em relação com os arquétipos *anima* (feminino) e *animus* (masculino e com o arquétipo do andrógino ou do duplo).

Os terapeutas junguianos se mostram mais tolerantes e abertos, em sintonia com a própria característica do pensamento junguiano, que seguiu essas linhas. Para Jung, não havia conceitos rígidos de homossexualidade ou heterossexualidade, e a dinâmica psíquica precisava ser avaliada tendo-se em vista a mobilidade dos componentes da personalidade. Segundo o analista suíço, haveria uma alternância entre um e outro: quando um estivesse no palco, o outro estaria nos bastidores, mas ambos atuariam na mesma peça ou responderiam pela autoria da cena.[117]

A psicologia analítica lança um olhar respeitoso à identidade do indivíduo e se propõe a auxiliá-lo a reconhecer e integrar em si os arquétipos fundamentais no processo de individuação, em direção à sua verdade fundamental e à unicidade.[118]

A respeito desse assunto, conclui o psiquiatra e terapeuta junguiano Carlos Alberto Salles:

---

[117]. Adaptação livre de: Carl Gustav Jung. *Civilization in transition*. Princeton: Princeton University Press, 1976, vol. 4, p. 109.
[118]. Adaptação livre de: Mariana Mondelli et al., "*Além do arco-íris – relacionamentos entre pessoas do mesmo sexo como possibilidade de individuação*", in Anais da 4.ª Jornada Junguiana de Bauru e região, Instituto de psicologia Junguiana de Bauru, Bauru, 2007.

"Uma vez que relações e fantasias eróticas entre pessoas do mesmo sexo sempre ocorreram, em todas as épocas, o que verdadeiramente importa é como um indivíduo se forma e se torna o ser único e diferenciado que realmente é sem que venha a sucumbir aos preceitos ditados pelas normas e convenções sociais. Pois o que chamamos de processo de individuação significa 'ser aquilo que se é', sem quaisquer adjetivos de conotação positiva ou negativa, independentemente de qualquer orientação sexual".[119]

Essas ideias inclusivas e respeitosas, Carlos Alberto as escreve a partir da inspiração proporcionada por Jung, quando diz:

"(...) nunca pergunte o que uma pessoa faz, mas como o faz. Se o faz por amor, ou seguindo os princípios do amor, está servindo a algum deus. E não cabe a nós estabelecer quaisquer julgamentos, por se tratar de algo nobre".[120]

Psicologia espírita

"Na nossa visão, a psicologia é a ciência dos mecanismos de relação consigo, com o outro e acima de tudo com Deus. Nos nossos estudos, Deus sempre regerá as intercomunicações dos seres através de suas Leis; abandoná-Lo é criar teorias passageiras

---

[119]. Carlos Alberto Salles, "Estudos sobre a homossexualidade: debates junguianos", in Carlos Alberto Salles e Jussara Maria de Fátima César e Melo, *Estudos sobre a homossexualidade – debates junguianos* p. 19.
[120]. Carl Gustav Jung, *Civilization in transition,* p. 112.

reduzidas a alguns aspectos e empobrecidas de recursos terapêuticos reais.

O novo psicólogo deve ser acima de tudo um guia até Deus; guia que, saído de templos seculares e místicos, consiga transpor as barreiras do egoísmo e demonstrar a grande teoria do amor e a regra máxima do amar como solução dos nossos entraves atuais". — Carlos[121]

Para a psicologia espírita, os conceitos da escola freudiana, bem como da escola junguiana e outras correntes psicológicas, são levados em consideração como elementos de construção da ideia do homem sobre uma base fundamental: o ser como criatura divina, imortal.

Como informa Adenáuer Novaes:

"Psicologia e Espiritismo são conhecimentos que tratam do mesmo princípio: a natureza essencial do ser humano. Juntos poderão cumprir o destino de tornar conhecido o desconhecido: o Espírito imortal".[122]

No entendimento da homossexualidade na visão imortalista espírita, deve-se levar em consideração não somente os condicionantes do processo de desenvolvimento psicossexual da vida atual, mas também, e sobretudo, as vinculações e construções transatas do ser, no processo das vidas sucessivas, no

---

[121]. Alcione Albuquerque, Roberto Lúcio Vieira de Souza e Espíritos diversos, *O homem sadio – uma nova visão*, p. 34.
[122]. Adenáuer Novaes, *Psicologia e espiritualidade*, p. 176.

exercício da liberdade e da responsabilidade dadas por Deus às suas criaturas.

Vamos conhecer esse tema em maiores detalhes nos próximos capítulos. No momento, é importante fazermos algumas considerações sobre termos utilizados no movimento espírita e seus significados psicológicos, bem como sobre as influências psicológicas das opiniões de alguns eminentes espíritas ao longo do tempo na construção da ideia corrente da homossexualidade.

Invertidos

> "(...) todas as lesões afetivas que tenhamos imposto a alguém repercutem sobre nós, criando lesões consequentes e análogas em nosso campo espiritual. (...) outro perseguiu criaturas irmãs do sexo oposto, mergulhando-as em desespero e delinquência e terá voltado à Terra em condições inversivas; outras terão solicitado a própria internação em celas morfológicas de formação contrária aos seus impulsos mais íntimos".[123]

É interessante observar que o termo *invertido* é amplamente citado na literatura espírita, devido ao seu uso por Emmanuel e André Luiz, pela psicografia de Chico Xavier, como se os benfeitores espirituais houvessem cunhado o termo. Na verdade, o termo é de Freud, de 1905, referindo-se aos homossexuais

---

123. Francisco Cândido Xavier e Espírito Emmanuel, *Na era do Espírito*, p. 145.

como indivíduos com aspectos psicológicos invertidos em relação à sua biologia.

Os mentores utilizam o termo na obra psicográfica de Francisco Cândido Xavier para referir-se aos homossexuais como Espíritos internados (na reencarnação) em corpos morfológicos contrários ao seu psiquismo. Essa situação, que nos parece verdadeira para uma parte dos homossexuais, tem sido considerada como regra em nosso movimento, e os homossexuais confundidos, por vezes, com os transexuais.

A inversão psicológica é característica marcante e diagnóstica dos transexuais, que podem ser homossexuais ou não, e não dos homossexuais em geral.[124]

Faz-se importante observar a diferença de termos em cada época. O texto de Emmanuel induz-nos a essa confusão conceitual no excelente capítulo 21, "Homossexualidade", do livro *Vida e sexo* (em minha opinião, o melhor livro sobre sexualidade da Doutrina Espírita), quando afirma:

> Grifos nossos.
>
> "A homossexualidade, *também hoje chamada transexualidade*, em alguns círculos de ciência".[125]

Infelizmente ainda não houve revisão dessa afirmativa, que estava em sintonia com o pensamento da época, porém hoje está equivocada. A confusão talvez ocorra porque Emmanuel faz a colocação no presente: "também chamada hoje", mas essa afirmação precisa ser contextualizada para se compreender a psicologia do homossexual.

---

124. Ver diferenciação conceitual no capítulo 1 desta obra.
125. Francisco Cândido Xavier e Espírito Emmanuel, *Vida e sexo*, cap. 21, p. 19.

Chamar o homossexual sempre de "invertido" induz à ideia de que a normalidade é sempre a heterossexualidade, o que a observação da natureza questiona, desde o reino animal, afirmando a homossexualidade como variante do comportamento sexual natural. Além disso, reforça o preconceito de que o homossexual seria alguém insatisfeito em um determinado sexo, desejando os característicos do outro sexo, o que é falso e amplamente questionável.

Há homossexuais de todos os tipos, gostos e tendências. A maior parte está absolutamente em sintonia com os gostos e comportamentos de seu sexo biológico. Isso porque a identidade sexual do homossexual é a do seu sexo biológico. Somente a sua orientação do desejo é que se direciona para o mesmo sexo.

O homem que deseja ser mulher ou a mulher que deseja ser homem é uma situação que leva esse indivíduo a ser classificado como transexual, e este pode ser ainda heterossexual, homossexual, bissexual ou assexual, como vimos. Isso não significa que não haja homossexuais masculinos efeminados ou homossexuais femininas masculinizadas. Evidentemente os há, e inclusive representam as figuras caricatas do imaginário popular, motivo de chacotas e piadas, principalmente entre heterossexuais.

Isso se deve não à identidade, mas às identificações psicológicas ao longo da vida e do desenvolvimento infantil, às identificações de grupo da adolescência e aos padrões estereotipados que muitos homossexuais adotam em fase inicial de definição de identidade e individuação.

É importante, dessa forma, ter isso em mente ao se analisarem os textos espíritas, a fim de compreender que a expressão homossexual é ainda mais complexa do que a que ressalta da suposição da inversão sexual, seja na sequência do processo reencarnatório, seja na internação expiatória e provacional determinada pelas leis divinas, conforme veremos adiante.

Posicionamentos de eminentes espíritas

Vale a pena conhecer, para melhor avaliar, o contexto científico em que se formaram as opiniões a respeito da homossexualidade de eminentes e respeitáveis pesquisadores e estudiosos espíritas, que se tornaram referência no tema.

O psiquiatra Jorge Andrea e o jornalista Herculano Pires são dois espíritas que se fizeram destacados pelos seus trabalhos notáveis em variados temas.

Jorge Andrea é autor do excelente livro *As forças sexuais da alma*, que, apesar de trazer um trabalho riquíssimo com relação ao psiquismo e à energia sexual, traz igualmente opiniões incisivas e questionáveis do autor a respeito da homossexualidade. Ele afirma, como opinião pessoal, que a homossexualidade é um "desvio patológico",[126] e a prática sexual homossexual uma prática "deformada, com sequelas doentias para o psiquismo".[127] Aconselha como tratamento a "castidade absoluta e o direcionamento das energias para trabalhos construtivos".[128]

Andrea nasceu em 1916, e o livro em questão vem à luz em 1987, sendo apresentadas subliminarmente as teorias da escola psicanalítica e psiquiátrica da época de sua formação

---
126. Jorge Andrea, *Forças sexuais da alma*, p. 116.
127. Idem, ibidem.
128. Idem, p. 134.

acadêmica, que consideravam a homossexualidade como doença. Ao abrir o capítulo sobre o tema, ele anota: "No terceiro grupo, do homossexualismo, o ponto de interesse científico é a conotação patológica".[129] Mais adiante afirma: "O homossexual, pela condição patológica, é um sofredor por excelência e pelas 'emoções esgarçadas' é um solitário", o que está em pleno acordo com as posições dos psiquiatras e psicanalistas Bieber e Bergler, da velha escola, citados anteriormente. Naturalmente, competente como é, as ideias de Jorge Andrea estavam embasadas no conhecimento científico da época, embora ele não use citações em sua obra.

Herculano Pires, um dos estudiosos mais respeitáveis na história do Espiritismo, expressou opiniões fortes e pessoais a respeito da homossexualidade, na mesma época e no mesmo contexto histórico. Para ele, a maioria dos casos de homossexualismo (ele usou este mesmo, o termo médico) está ligada à obsessão e particularmente ao vampirismo:

> "A Psiquiatria materialista, impotente diante da enxurrada, incapaz de perceber a ação parasitária dos vampiros, desiste da cura dos desequilíbrios sexuais e cai vergonhosamente na aceitação desses casos como normais, estimulando as vítimas no desgaste desesperado de suas energias vitais, em favor do vampirismo. Não obstante, mesmo ignorando as causas profundas do fenômeno ameaçador, poderia ela contribuir para o socorro a essas criaturas, através de teorias equilibradas sobre os desvios sexuais. Ao invés de dar-lhes a falsa cidadania da normalidade, podiam os psiquiatras da libertinagem recorrer às teorias

---
129. Idem, p. 132.

da dignidade humana, que se não são espirituais, pelo menos defendem os direitos dos Espíritos. Mas preferem deixar-se envolver, que é mais fácil e mais rendoso, tornando-se os camelôs ilustres da homossexualidade, os protetores e incentivadores pseudocientíficos da depravação".[130]

Para Herculano Pires, assim como para Jorge Andrea, a homossexualidade é doença, e a abstinência sexual e afetiva, obrigatória, como tratamento...

O grande problema é que essas opiniões pessoais, embasadas nos conceitos da psicanálise e da psiquiatria da época, viraram fortes referências e são amplamente repetidas no movimento espírita, mesmo após as modificações das ideias pelas Associações de Psiquiatria e Psicologia Americana e Brasileira. Isso denota um posicionamento preocupante, o de se afirmar o pensamento espírita baseado em eminências, e não em evidências, as quais, no caso da ciência e filosofia espíritas, são obtidas pelo livre pensar, pela capacidade de se chegar às próprias conclusões, a partir da análise das informações mediúnicas e da lógica de cada uma delas em separado e em combinação com as demais informações da literatura espírita e científica.

Nesse sentido, acrescenta o psiquiatra espírita Roberto Lúcio Vieira de Souza:

> "Fica claro, para todos, que o tema está longe de ter uma definição científica clara, o que abre espaço para as mais diversas abordagens, em especial para as que envolvem posturas filosóficas e religiosas de caráter preconceituoso e repressor, complicando

---

[130]. Herculano Pires, *Mediunidade*, cap. VIII.

ainda mais a situação dos homossexuais. Surgem, a partir de tais fatos, mais e mais quadros psicológicos de comprometimento importante, exigindo postura efetiva e salutar dos profissionais que trabalham nesse campo".[131]

Diante dos temas polêmicos e inconclusivos na Doutrina Espírita, que dizem respeito à experiência de cada um, e do desafio de se chegar às próprias conclusões, amadurecer e individuar-se, a sabedoria de Jung vem em auxílio do progresso, dizendo:

> "O progresso sempre começa quando um indivíduo só, consciente do seu isolamento, toma um novo caminho e passa por lugares nunca dantes percorridos. E, para fazê-lo, cada um deve, antes de tudo, refletir sobre a realidade fundamental e sua vida sexual, prescindindo completamente de quaisquer autoridades e de quaisquer tradições, para tornar consciente sua diversidade".[132]

---

131. Autores diversos, *Das patologias aos transtornos espirituais*, p. 163.
132. Carl Gustav Jung, apud Vittorio Lingiardi, "Ars erótica ou scientia sexualis? Análise e amor pelo mesmo sexo", in Carlos Alberto Salles e Jussara Maria de Fátima César e Melo, *Estudos sobre a homossexualidade – debates junguianos*, p. 40.

CAPÍTULO

Uma visão espírita
uma análise sob a ótica
do espírito imortal

> "Quando errante, que prefere o Espírito: encarnar no corpo de um homem, ou no de uma mulher?
> — Isso pouco lhe importa. O que o guia na escolha são as provas por que haja de passar."
> ALLAN KARDEC
> (*O livro dos Espíritos*, questão 202)

Andrei Moreira

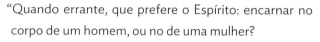

homossexualidade
SOB A ÓTICA DO ESPÍRITO IMORTAL

O MODELO PERSONALISTA ESPÍRITA NOS APRESENTA UMA visão do ser humano como Espírito imortal. Criado simples e ignorante, o princípio espiritual estagia nos reinos inferiores da natureza, onde se desenvolve sob a tutela de Deus, como a criança que é conduzida pelos pais enquanto não tem consciência de si e conserva a incapacidade de escolha e de autogerenciamento. No reino mineral, o ser aprende a interação entre os elementos; no reino vegetal, principia o processo de despertar da sensibilidade e da troca com o meio, com rudimentos de metabolismo; no reino animal inferior, desenvolve o instinto, a inteligência rudimentar e inicia o desenvolvimento do pensamento e das emoções, ainda descontínuos. Léon Denis, eminente filósofo espírita, sintetiza esse processo dizendo que o homem "dorme no mineral, agita-se no vegetal, sonha no animal, desperta no reino animal hominal e sublima-se no angelical".

Como o Espiritismo entende o ser humano e sua natureza.

Frase atribuída ao filósofo espírita Léon Denis.

7

Energia sexual

A energia sexual é energia criadora, presente no ser desde os primórdios da criação e proveniente do reservatório divino infinito. Acompanha o ser desde o momento primeiro, no reino mineral, até as culminâncias da angelitude, quando o Espírito se integra na cocriação divina.

> "Em nenhum caso, ser-nos-á lícito subestimar a importância da energia sexual que, na essência, verte da Criação Divina para a constituição e sustentação de todas as criaturas".[133]

Segundo os orientadores espirituais da Associação Médico-Espírita de Minas Gerais, a energia sexual é a segunda maior força do orbe, perdendo somente para o amor, que é a manifestação absoluta do Criador.

É a mesma energia que está presente nas ligações químicas do reino mineral, no vitalismo do reino animal, com seu metabolismo e sua troca com o meio, com o início da reprodução sexuada e o instinto, inteligência rudimentar, associado aos fragmentos de pensamento e emoção, que já se mostram nos animais irracionais.

O princípio espiritual é o elo que liga todos esses reinos, na experimentação e no desenvolvimento gradual do ser divino, que se exercita na conquista da matéria e no domínio e desenvolvimento dos mecanismos automatizados no homem.

---

[133]. Francisco Cândido Xavier e Espírito Emmanuel, *Vida e sexo*, cap. 5, p. 27.

"Pergunta – É a mesma a força que une os elementos da matéria nos corpos orgânicos e nos inorgânicos?
Resposta – Sim, a lei de atração é a mesma para todos, item n.º 60, de *O livro dos Espíritos*. A energia sexual, como recurso da lei de atração, na perpetuidade do Universo, é inerente à própria vida, gerando cargas magnéticas em todos os seres, à face das potencialidades criativas de que se reveste. Nos seres primitivos, situados nos primeiros degraus da emoção e do raciocínio, e, ainda, em todas as criaturas que se demoram voluntariamente no nível dos brutos, a descarga de semelhante energia se opera inconsideradamente".[134]

Hominização e polaridade

Ao hominizar-se, o princípio espiritual desperta o pensamento contínuo, a inteligência, sendo chamado então Espírito, "o princípio inteligente do universo". Durante todo o processo – e a partir desse momento com consciência –, o Espírito evolui através do fenômeno da reencarnação, que significa o retorno sucessivo à vida na matéria mais densa, com o propósito do desenvolvimento contínuo. Permanece ele nesse processo até que, tendo o sentimento desenvolvido e estando completamente desmaterializado, não tem mais necessidade do contato intenso com a matéria, prosseguindo em outros níveis e com outras experiências o despertar do divino em si.

É necessário ressaltar, aqui, que a energia sexual, acompanhando a evolução do Espírito, atende a divinos e sagrados

---

[134]. Idem, p. 4.

propósitos, para que o ser espiritual cumpra seu papel cocriador, realizando-se no que faz.

No ser humano a energia sexual promove a busca pelo prazer de todas as formas que o integrem às leis divinas, ou seja, tudo que lhe forneça alegria de alma e lhe vitalize o sentimento e o afeto. Isso, desde as sensações da erótica até a criatividade no exercício do pensar, passando por todo trabalho útil que promova progresso e lhe forneça sentido e significado para o existir.

A sexualidade diz respeito a uma instância psíquica mais ampla que o simples prazer sexual ou genital. Diz respeito a todas as formas de obtenção de prazer na vida a que o sujeito se dedica. A mesma energia sexual dispensada na relação a dois é a que é utilizada para o trabalho do dia a dia, para as ideias, para os esforços físicos. Diz-se que o ser sublima a energia sexual votando-a àquilo que lhe preenche o interesse nobre, pois em tudo que realizamos a energia sexual está presente. O indivíduo que trabalha sem parar, preenchendo sua vida e seu tempo com o exercício físico ou intelectual, consome a energia sexual no trabalho; quando se aposenta, frequentemente apresenta uma libido desconhecida, porque a energia sublimada no trabalho agora se volta para os interesses do prazer sensorial e afetivo, antes desvalorizado.

No desenvolvimento humano a sexualidade aparece desde o nascimento, com o prazer obtido pela criança no cuidado recebido de seus pais e com o prazer fornecido à mãe no processo de amamentação. O olho no olho entre mãe e filho, durante a amamentação, a pele com pele durante o cuidado, com todo o processo de prazer sensorial bilateral, é exercício da energia sexual que promove o contato, a integração, o senso de pertencimento e a ligação afetiva profunda.

Ao longo do crescimento e desenvolvimento da criança em direção à vida adulta, essa energia cambiará sua expressão, modificando interesses, desejos e seguindo o direcionamento dado pela vontade que a organiza e direciona – o Espírito imortal.

Como o sujeito é um ser reencarnado, egresso de um passado multimilenar, trará já impressos em seu corpo espiritual os efeitos do uso da energia sexual no passado, determinando impulsos físicos e mentais na vida presente. Assim, a grande maioria de indivíduos homossexuais relata ter observado o aparecimento do interesse pelo mesmo sexo, de uma maneira um pouco mais profunda que a determinada pela experimentação infantil, já nos primeiros anos de vida de que tem lembrança.

Ao longo do desenvolvimento para a vida adulta, a energia sexual direcionará o interesse em paralelo com o desenvolvimento físico, até que na adolescência, com o despertar da glândula pineal, o ser acordará para as trocas sexuais de forma mais intensa.

A glândula pineal é, ao mesmo tempo, a que desperta a sexualidade no adolescente, por meio de seu hormônio, a melatonina, e a que se responsabiliza pela vida mental do indivíduo, sendo a porta de contato com o corpo mental, por onde flui o pensamento de forma mais intensa. Segundo André Luiz, em *Missionários da luz*, é ela também a glândula da mediunidade, que permite ao ser o recebimento das ondas magnéticas do pensamento e do sentimento, direcionando-as para as regiões específicas do córtex cerebral ou aos chacras competentes para cada função.

A energia sexual desperta mais intensamente na vida do indivíduo juntamente com a vida mental e a mediunidade, sentido natural do ser humano, que alguns trazem mais ostensivamente desenvolvido. Isso se dá após o período de amnésia reencarnatória, ocasião em que o reencarnante esteve maleável às impressões do processo educacional, recebido da sociedade em geral, mas sobretudo dos pais, pelo exemplo, e que agora confrontará com os impulsos trazidos do passado.

É um período de natural conflito para o adolescente, que na presente encarnação experimenta a passagem da imaturidade da infância para as responsabilidades da vida adulta, vendo seu corpo se transformar durante a puberdade e seu psiquismo se acender, com impulsos desconhecidos e novos, que se somam aos milhares de estímulos do mundo externo.

Muitos adolescentes, nessa fase, revelam processos obsessivos que estavam contidos, muitos deles relacionados às vivências sexuais do passado, onde o indivíduo fracassou no domínio das relações afetivas e do uso da energia sexual.

A energia sexual, estuante nesse estágio, deve ser direcionada também às atividades produtivas. Como a sexualidade diz respeito a variadas fontes de prazer, o jovem deve ser estimulado no esporte, nas atividades caritativas, artísticas e criativas, bem como orientado na educação sexual por meio da informação, do diálogo e sobretudo do exemplo, a fim de bem aproveitar o momento de despertar da energia sexual, preparando um futuro de realizações sadias.

A energia sexual é, pois, divina em suas funções.

A visão do sexo, na vida adulta, tem sido marcada por um olhar pecaminoso, fruto das ideologias religiosas do passado que afetaram profundamente a sociedade. No entanto, Paulo de Tarso assevera com muita propriedade:

"Eu sei, e estou certo no Senhor Jesus, que nada é de si mesmo imundo a não ser para aquele que assim o considera; para esse é imundo". (Rm 14:14)

A sexualidade é fonte de bênçãos, e a relação entre dois seres, quando baseada no respeito e na consideração, é fonte de alegrias revitalizadoras do afeto e da emoção, mantendo o indivíduo conectado com o melhor exercício cocriador. É importante aprendermos a valorizar essa construção sagrada divina a fim de respeitarmos a grandeza da criação.

A despeito dos problemas das obsessões sexuais, pandêmicas em nossa sociedade, a energia sexual permanece como fonte de nutrição espiritual revitalizante para todos aqueles que aprenderem a exaltar-lhe o valor em suas vidas.

Bissexualidade psíquica

O Espírito passa por fieira imensa de reencarnações e alterna, de tempos em tempos, o sexo biológico no qual estagia:

"Quando errante, que prefere o Espírito: encarnar no corpo de um homem, ou no de uma mulher?

— Isso pouco lhe importa. O que o guia na escolha são as provas por que haja de passar".[135]

---

[135]. Allan Kardec, *O livro dos Espíritos*, questão 202.

O Espírito encarna ora mulher, ora homem, visando obter experiência mais completa. Se encarnasse somente em um sexo, sua experiência seria limitada, e seu conhecimento restrito. Lembramos que, na língua portuguesa, *saber* e *sabor* têm a mesma raiz etimológica. Conhece-se aquilo que se vivencia. O homem, por mais que ouça a mulher narrar sua experiência e tente ser empático, não poderá penetrar no domínio da experiência feminina senão vivenciando-a, através da reencarnação, e vice-versa.

O Espírito em si mesmo não tem sexo biológico macho e fêmea, pois estes correspondem ao corpo somático. No entanto, não é assexuado, visto que a energia sexual está presente em todas as etapas de vida do ser espiritual como força motora do progresso e geradora de vida e realização criativa.

O fenômeno de alternância dos sexos biológicos faz com que o Espírito sedimente em si a bissexualidade psíquica, como nos diz Emmanuel:

> "A vida espiritual pura e simples se rege por afinidades eletivas essenciais; no entanto, através de milênios e milênios, o Espírito passa por fileira imensa de reencarnações, ora em posição de feminilidade, ora em condições de masculinidade, o que sedimenta o fenômeno da bissexualidade, mais ou menos pronunciado, em quase todas as criaturas. O homem e a mulher serão, desse modo, de maneira respectiva, acentuadamente masculino ou acentuadamente feminina, sem especificação psicológica absoluta".[136]

---

136. Francisco Cândido Xavier e Espírito Emmanuel, *Vida e sexo*, cap. 21, p. 90.

É importante observar que Freud já salientava que o homem é potencialmente bissexual:

"Em todos nós, no decorrer da vida, a libido oscila normalmente entre objetos masculinos e femininos (...) A psicanálise possui uma base comum com a biologia, ao pressupor uma bissexualidade original nos seres humanos (como nos animais)".[137]

Alfred Kinsey,[138] biólogo norte-americano, fez uma extensa pesquisa na América do Norte, durante a década de 60 do séc. XX, sobre o comportamento sexual do macho e da fêmea humanos. Seu objetivo era entender e observar o comportamento sexual desprovido de críticas morais, assim como analisar a complexidade do comportamento sexual do ser humano, mamífero superior. Durante cinco anos, estudou o comportamento de 17 mil homens brancos.

Seus achados[139] são dignos de atenção e demonstram, por exemplo, que 30% dos homens adultos relataram experiências homossexuais com orgasmo, pelo menos incidentalmente, pelo período mínimo de três anos. Destes, cerca de 10% tiveram experiências quase exclusivamente homossexuais. No entanto, somente 4% se classificou como exclusivamente homossexual.

---

137. Sigmund Freud, *Psicogênese de um caso de homossexualidade feminina*, volume VXIII.
138. Alfred C. Kinsey, Wardell B. Pomeroy e Clyde E. Martin, *Sexual Behavior in the human male*. Philadelphia and London: W. B. Saunders Company, 1948.
139. Idem, pp. 290 e 291.

Além disso, ele observou que:

> Aproximadamente 50 % dos homens não tiveram qualquer experiência homossexual abertamente (nem física, nem psíquica), desde o início da adolescência.
> Do total da população masculina estudada, 37 % tiveram pelo menos uma experiência abertamente homossexual, até o orgasmo, entre a adolescência e a idade adulta.
> Cerca de 13 % dos homens tiveram reação erótica diante de outros homens sem manter qualquer experiência abertamente homossexual, desde o início da adolescência.
> De 9 a 13 % dos homens no ensino secundário (*high school level*) continuaram a ter relações homossexuais após o casamento.
> Nos não casados até os 30 anos, um quarto das relações sexuais, no *high school level*, era homossexual, superando o número de relações com prostitutas, e 40 % nos que cursavam faculdade.

Diante dessa observação, Kinsey estabeleceu uma tabela na qual classificava o nível da experiência heterossexual e/ou homossexual do indivíduo.

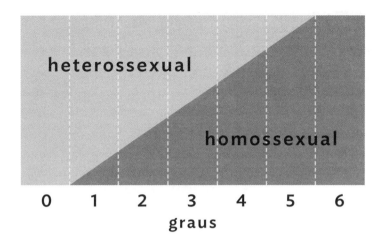

Ele ainda observou que, entre o exclusivamente heterossexual e o exclusivamente homossexual, existem níveis variados do desejo, podendo coexistir a atração homoafetiva e a heteroafetiva, embora o indivíduo não necessariamente a pratique.

Jorge Andrea,[140] estudando o psiquismo e a energia sexual humana, elaborou um modelo que demonstra algo semelhante. Narra-nos ele que todo ser humano traz dentro de si as energias sexuais masculinas e femininas. A presença quase exclusiva de qualquer uma das duas é característico de processo evolutivo em fase inicial, visto que o Espírito, vivenciando ambos os sexos, vai armazenando em si a memória da experiência e a qualidade energética que lhe formata o psiquismo.

---

140. Jorge Andrea, *Forças sexuais da alma*, p. 65.

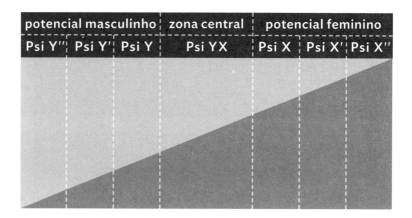

Muitos expositores e escritores espíritas utilizam o argumento de que não pode haver felicidade em um relacionamento homossexual, pois não haveria completude energética. Esse argumento carece de fundamento à luz dos conhecimentos espíritas, pois todo indivíduo, homo ou heterossexual, traz em si as energias masculinas e femininas, em gradações variadas, o que permite múltiplos arranjos e encontros entre dois seres.

Mesmo em casais heterossexuais, observam-se com frequência homens com predominância da energia feminina e mulheres com energia masculina em maior soma, casando-se e complementando-se perfeitamente, a despeito dos sexos biológicos em que se encontrem. É equivocado considerar que somente a mulher possui a energia feminina e o homem a masculina, ou mesmo que o encontro só possa se dar em um relacionamento heterossexual. Vemos na sociedade inúmeros casais homossexuais perfeitamente equilibrados em sua relação de casal, complementando-se na permuta energética afetiva e sexual sem que haja nenhum curto-circuito, como se afirma frequentemente no meio espírita, bem como vemos inúmeros casais heterossexuais em franca incompletude energética.

Causalidade

Procurar a causa da homossexualidade, exclusivamente, e não da variedade da expressão afetivo-sexual, já é taxar a experiência como anormal. Como vimos, a homossexualidade é natural, presente na natureza e múltipla em suas expressões. Encontramos informações esparsas na literatura espírita a respeito da origem ou do propósito dessa experiência evolutiva. São elas:

1. Consequência natural do reflexo mental e emocional condicionado na vivência no mesmo sexo por muitas encarnações.
2. Condição facilitadora da execução da missão espiritual.
3. Situação provacional e expiacional decorrente do abuso das faculdades genésicas e do sentimento alheio.
4. Reflexo mental condicionado decorrente de situações obsessivas.
5. Condição reativa decorrente do processo educacional atual e/ou de traumas infantoadolescentes.

Consequência natural do reflexo mental e emocional condicionado na vivência no mesmo sexo por muitas encarnações

Vivenciando múltiplas experiências em um mesmo sexo, o Espírito passa por um período de natural fixação nas características do sexo em que estagiou e só lentamente se refaz ou se descondiciona, como nos informa Allan Kardec:

> "(...) pode ocorrer que o Espírito percorra uma série de existências num mesmo sexo, o que faz que, durante muito tempo, ele possa conservar, no estado de Espírito, o caráter de homem ou de mulher do qual a marca permaneceu nele. Não é senão o que ocorre a um certo grau de adiantamento e desmaterialização que a influência da matéria se apaga completamente, e com ela o caráter dos sexos".[141]

Alguns Espíritos, por meio de uma necessidade que guarda causalidade variada (prova específica ou missão espiritual, entre outras), podem não somente guardar as impressões do sexo que deixaram, mas também manter a atração sexual e afetiva por indivíduos do sexo oposto ao da última encarnação, o mesmo da atual, em uma experiência homossexual.

Continua Allan Kardec:

> "(...) Mudando de sexo, poderá, pois, sob essa impressão e em sua nova encarnação, conservar os gostos, as tendências e o caráter inerente ao sexo que acaba de deixar. Assim se explicam

---

141. Allan Kardec, *Revista Espírita*, 1866 (janeiro), p. 7.

certas anomalias aparentes que se notam no caráter de certos homens e de certas mulheres".[142]

Pode-se interpretar que as anomalias aparentes a que se refere Kardec, em postura vanguardista, dizem respeito à homossexualidade (ou até mesmo à transexualidade), que, ainda hoje, mais de 160 anos depois, continua sendo um desafio de entendimento.

O que necessita ser pensado, à luz do conhecimento espírita de uma forma mais aprofundada, é o motivo pelo qual o indivíduo mantém o desejo das encarnações pregressas e o que isso pode significar em termos de movimento espiritual mais profundo.

Auxilia-nos Emmanuel, confirmando Kardec:

> "(...) À face disso, a individualidade em trânsito, da experiência feminina para a masculina ou vice-versa, ao envergar o casulo físico, demonstrará fatalmente os traços da feminilidade em que terá estagiado por muitos séculos, em que pese ao corpo de formação masculina que o segregue, verificando-se análogo processo com referência à mulher nas mesmas circunstâncias. Obviamente compreensível, em vista do exposto, que o Espírito no renascimento, entre os homens, pode tomar um corpo feminino ou masculino, não apenas atendendo-se ao imperativo de encargos particulares em determinado setor de ação, como também no que concerne a obrigações regenerativas".[143]

---

142. Idem.
143. Francisco Cândido Xavier e Espírito Emmanuel, *Vida e sexo*, cap. 21, p. 91.

Condição facilitadora da execução da missão espiritual

Afirma-nos Emmanuel, como visto anteriormente, que o Espírito pode assumir a condição homossexual na encarnação como elemento facilitador da execução de encargos específicos. André Luiz, após referir-se às circunstâncias regenerativas do Espírito na experiência homossexual, assim complementa:

> "Nessa definição, porém, não incluímos os grandes corações e os belos caracteres que, em muitas circunstâncias, reencarnam em corpos que lhes não correspondem aos mais recônditos sentimentos, posição solicitada por eles próprios, no intuito de operarem com mais segurança e valor não só o acrisolamento moral de si mesmos como também a execução de tarefas especializadas, através de estágios perigosos de solidão, em favor do campo social terrestre que se lhes vale da renúncia construtiva para acelerar o passo no entendimento da vida e no progresso espiritual".[144]

Emmanuel acrescenta:

> "E, ainda, em muitos outros casos, Espíritos cultos e sensíveis, aspirando a realizar tarefas específicas na elevação de agrupamentos humanos e, consequentemente, na elevação de si próprios, rogam dos Instrutores da Vida Maior que os assistem a própria internação no campo físico, em vestimenta carnal oposta à estrutura psicológica pela qual transitoriamente se definem. Escolhem com isso viver temporariamente ocultos na armadura carnal, com o que se garantem contra arrastamentos irreversíveis,

---

[144]. Francisco Cândido Xavier e Espírito André Luiz, *Ação e reação*, cap. 15, pp. 205 e 206.

no mundo afetivo, de maneira a perseverarem, sem maiores dificuldades, nos objetivos que abraçam".[145]

Essa seria a condição de Espíritos evoluídos que escolhem a renúncia da vivência afetivo-sexual em favor de tarefas variadas de benefício coletivo.

Vale a pena observar que o livro de André Luiz *Ação e reação*, no qual essa situação é narrada, foi escrito na década de 1950, quando a experiência homossexual era amplamente reprimida e ainda não havia ocorrido a revolução sexual homossexual, que só veio nos anos 70, portanto não havia sido conquistado o espaço para a expressão das pessoas homossexuais em nossa sociedade. Hoje a situação é diferente, pois a visão social sofreu grande remodelação com as conquistas dos direitos homossexuais, e essa vivência afetivo-sexual é comumente encontrada e tolerada nas sociedades ocidentais. O que antes contribuía para a renúncia sexual pode hoje converter-se em grande desafio para o Espírito que escolha encarnar nessa condição.

Isso nos leva a refletir sobre o fato de que deve haver, na experiência homossexual, algo mais que a simples possibilidade de sublimação sexual diante de uma sociedade repressora, ocasião em que a energia seria canalizada para obras meritórias. Terapeutas holísticos heterossexuais, comentando a vida e a postura de seus pacientes, frequentemente se referem à expressão homossexual como uma manifestação de amorosidade que eles desconheciam. Naturalmente não se pode generalizar esse fato, pois, como ocorre com qualquer gênero sexual, existem homossexuais de variados níveis evolutivos,

---

[145]. Francisco Cândido Xavier e Espírito Emmanuel, *Vida e sexo*, cap. 21, p. 91.

que são capazes de demonstrar expressões afetivas desenvolvidas ou que as trazem embotadas. Mas essa observação subjetiva é uma constante e merece análise atenta. Talvez essa amorosidade expressa por alguns (ou muitos) e percebida pelos terapeutas ocorra devido à construção sociológica derivada da luta por afirmar a identidade em uma sociedade hostil. Ou seria algo que o Espírito traria do passado e a condição facilitaria a expressão? O fato é que a crítica à homossexualidade já está tão automatizada em grande parte da sociedade e do movimento espírita que muitas pessoas não conseguem conceber um homossexual como fonte de amorosidade, senão de perturbação espiritual.

A amorosidade, assim como a sensibilidade, característica do feminino, presente em muitos homossexuais masculinos, pode ser também característica facilitadora do cumprimento de tarefas específicas em benefício da coletividade.

Vale a pena salientar a informação de André Luiz e Emmanuel, que transcrevemos anteriormente, de que a homossexualidade é escolhida e, portanto, planejada como auxiliar a uma tarefa específica. Isso reforça a ideia de que deve mesmo haver um ou vários componentes biológicos importantes nessa expressão afetiva e sexual, visto que Espíritos de diferentes classes e características a vivenciam. Isso reforça, também, a assertiva e a constatação de que essa condição afetivo-sexual é uma variante natural do comportamento sexual humano.

Situação provacional e expiacional decorrente do abuso das faculdades genésicas e do sentimento alheio

Uma das causalidades apontadas pelo médico espiritual André Luiz para a condição homossexual é o retorno do Espírito à reencarnação em situação de prova, no sexo oposto àquele em que falhou perante a lei divina, com o propósito de regeneração:

> "(...) a mulher criminosa que, depois de arrastar o homem à devassidão e à delinquência, cria para si mesma terrível alienação mental para além do sepulcro, requisitando, quase sempre, a internação em corpo masculino, a fim de que, nas teias do infortúnio de sua emotividade, saiba edificar no seu ser o respeito que deve ao homem, perante o Senhor".[146]

Observe-se que, aqui, André Luiz refere-se às "teias do infortúnio de sua emotividade", expressão que engloba tanto a luta interna do indivíduo por compreender-se e afirmar-se nessa condição, buscando o autoconhecimento e o entendimento de sua experiência evolutiva, quanto à condição de dor emocional decorrente da carência afetiva.

Continua André Luiz:

> "(...) Em muitas ocasiões, quando o homem tiraniza a mulher, furtando-lhe os direitos e cometendo abusos, em nome de sua pretensa superioridade, desorganiza-se ele próprio a tal ponto que, inconsciente e desequilibrado, é conduzido pelos agentes

---

146. Francisco Cândido Xavier e Espírito André Luiz, *Ação e reação*, cap. 15, pp. 205 e 206.

da lei divina a renascimento doloroso, em corpo feminino, para que, no extremo desconforto íntimo, aprenda a venerar na mulher sua irmã e companheira, filha e mãe, diante de Deus (...)"[147]

Emmanuel confirma essa observação, relatando:

"O homem que abusou das faculdades genésicas, arruinando a existência de outras pessoas com a destruição de uniões construtivas e lares diversos, em muitos casos é induzido a buscar nova posição, no renascimento físico, em corpo morfologicamente feminino, aprendendo, em regime de prisão, a reajustar os próprios sentimentos, e a mulher que agiu de igual modo é impulsionada à reencarnação em corpo morfologicamente masculino, com idênticos fins".[148]

Esse regime de prisão reeducativo pode ser entendido como a condição íntima de luta, sem livre expressão, muitas vezes carregada de culpa e autopunição, que o Espírito vive no processo de aceitação de si mesmo e do desenvolvimento do amor por si e pelo outro. Muitas vezes, essa metáfora da prisão é utilizada para justificar o argumento de que o ser deveria manter-se em castidade absoluta, sem vivência afetivo-sexual, apresentada como desequilibrante e agravante da condição moral do ser.

---

[147]. Francisco Cândido Xavier e Espírito André Luiz, *Ação e reação,* cap. 15, p. 206.
[148]. Francisco Cândido Xavier e Espírito Emmanuel, *Vida e sexo*, cap. 21, p. 91.

É importante esclarecer que o problema evolutivo aqui apresentado é o desrespeito e o abuso reiterado do sentimento e da vida alheia, e não a condição afetiva em si. O simples fato de estar em uma condição homossexual, em uma sociedade repressora e heterossexista, já induz o Espírito à condição de prova acerba, agravada por comorbidades mentais como a ansiedade, a depressão e outros transtornos psíquicos que podem advir de um passado de equívocos e da consciência culpada, bem como das sequelas da repressão promovida pelo preconceito humano.

Parece-nos que boa parte dos homossexuais visíveis na sociedade vive essa condição reeducativa expressa por André Luiz e Emmanuel. É fundamental salientar, contudo, que o indivíduo deve caminhar sempre, em qualquer experiência evolutiva, para o autoconhecimento e a autoaceitação, procurando compreender o significado daquela experiência em sua história de vida presente e passada, observando com muita honestidade os impulsos de seu coração. Quando presente a tendência à promiscuidade ou ao abuso afetivo, manifesto na desconsideração do sentimento alheio, deve o indivíduo questionar sua conduta e buscar trabalhar sua decisão moral no sentido do respeito ao seu corpo, ao do outro e, sobretudo, aos compromissos afetivos assumidos, para que o objetivo de reeducação seja alcançado. Falaremos mais sobre isso nos capítulos seguintes.

Ver uma interessante e sensível narrativa de experiências homossexuais, romanceada, em: Mônica Castro e Espírito Leonel. *O preço de ser diferente*. São Paulo: Vida e consciência, 2004.

Reflexo mental e afetivo condicionado decorrente do processo de simbiose mental e emocional

Sabemos que o processo obsessivo é a influência nociva e recíproca de duas mentes, encarnadas ou desencarnadas, determinado pela afinidade e sintonia nos aspectos menos positivos da vida. Durante esse processo, tanto o Espírito que determina quanto o que sofre a obsessão, parceiros amplamente envolvidos e comprometidos um com o outro, passam a viver a vida mental e emocional daquele que está a ele ligado, sofrendo a influência de seus caracteres.

Os Espíritos orientadores da AMEMG nos informaram, certa ocasião, que Espíritos que vivenciam longo processo de simbiose mental e emocional, como a dos processos obsessivos, podem acabar por incorporar o desejo afetivo-sexual do Espírito ao qual estão ou estiveram profundamente vinculados, experimentando uma influência em seu interesse afetivo-sexual, sendo a homossexualidade uma das possibilidades de vivência, nesse caso.

Uma vez compreendida a condição de bissexualidade psíquica, apresentada por Emmanuel, como decorrente do processo evolutivo, fica fácil compreender que a simbiose mental e emocional pode ser um gatilho que desperte núcleos psíquicos e afetivos adormecidos no Espírito, decorrentes de suas vivências transatas nos diferentes sexos.

Condição reativa decorrente do processo educacional atual e/ou de traumas infantoadolescentes

Na sociedade moderna, observa-se grande número de jovens optando pela experiência homossexual como símbolo

Espírito Carlos, pela psicografia de Roberto Lúcio Vieira de Souza – acervo AMEMG não publicado.

de modernidade, de identificação com o grupo, sobretudo entre as mulheres, ou ainda como condição reativa perante a venda de uma imagem estereotipada de alegria ou felicidade na vivência da homossexualidade, expressa nas mídias e nas propagandas do movimento *gay*, marcadamente guiado pelo comércio que o explora.

Muitos indivíduos podem expressar desejos ou comportamentos homossexuais como sintoma de abuso sofrido na infância e mal elaborado na vida adulta, sobretudo em homens, segundo mostram as pesquisas.[149] Nesses casos, como sintoma, a terapia regressiva pode auxiliar aqueles que não se sintam em sintonia com essa identidade sexual, no equacionamento do núcleo traumático, com consequente modificação do comportamento. É importante ressaltar que não se pode chamar esse processo de cura da homossexualidade, pois que não o é, visto que a condição sexual não necessita ser curada, mas a expressão e o direcionamento do desejo, quando motivados por um núcleo patológico, como no caso de abuso, podem ser reorientados em função da cura do trauma, dada a bissexualidade psíquica do ser humano.

Segundo o psiquiatra mineiro Roberto Lúcio Vieira de Souza:

> "As causas educacionais da homossexualidade poderiam ser agrupadas em atávica e atuais. Sendo a atávica resultante de vivências repetitivas dos Espíritos em culturas e comunidades onde a prática homossexual seria aceita e até estimulada, como na Grécia antiga e em tribos indígenas, nos diversos continentes, ou nas

---

[149]. Holmes et al., *"Sexual abuse of boys – definition, prevalence, correlates, sequelae, and management"*. JAMA, dezembro 2, 1998(280), 21.

sociedades culturais e religiosas, que segregavam ou segregam seus membros, facilitando nas criaturas esse comportamento..."[150]

Nesse caso, o indivíduo mantém o hábito condicionado de vivência bissexual de antigas culturas, que será direcionado nesta vida de acordo com o estímulo que receber, as identificações que tenha, o momento da vida, etc.

Experiências em terapias regressivas revelam que muitos indivíduos vivenciam a identidade homossexual ou bissexual por vidas sucessivas, em diferentes culturas, o que representa um desafio de disciplina emocional quando ocorre o desejo de vivenciar a heterossexualidade na formação da família tradicional e no compromisso de reencontro com os Espíritos afins, em diferentes sexos.

Individualização

Vale a pena observar que as causalidades expostas referem-se, majoritariamente, aos homossexuais exclusivos ou predominantes. No entanto, inúmeros indivíduos têm longas experiências ou curtas fases de vivência homossexual, com causas psicológicas tão variadas cujo estudo não poderíamos (nem pretendemos) esgotar nessa obra.

Temos que considerar as experiências homossexuais escolhidas por indivíduos bissexuais, sobretudo as mulheres, por razões afetivas ou culturais, tais como o conflito de gêneros, a

---

[150]. Roberto Lúcio Vieira de Souza, "Homossexualidade – Desafios em psicoterapia", in autores diversos, *Saúde e Espiritismo*, São Paulo: AME Brasil, 2000.

aprovação social ou da turma e o desejo de ser moderno (no caso de adolescentes, sobretudo as mulheres, como se observa na prática clínica), o incentivo de figuras da mídia (identificações psicológicas e projeções) ou mesmo do movimento *gay*, etc. Ressalte-se que não há aqui nenhum juízo de valor sobre tais experiências, senão o interesse de melhor caracterizar o amplo espectro das vivências homossexuais e seus significados psicológicos para o espírito reencarnado.

A definição do masculino e do feminino tem passado por grande transformação e questionamento ao longo do tempo. O conflito de gêneros, sempre presente na história da humanidade, expressa-se por diferentes sintomas no comportamento sexual e afetivo do homem e da mulher modernos.

Algumas mulheres escolhem priorizar o desejo e a experiência homossexual em virtude da liberdade e da empatia que sentem em uma relação entre iguais, a despeito das dificuldades que enfrenta o casal homossexual em sua particularidade.

Marina Castañeda observa que a relação homossexual tem peculiaridades:

> "O casal homossexual é muito mais livre: não está preso ao modelo de comunicação homem-mulher que limita tanto a intimidade no casal heterossexual. Como explica uma lésbica de 44 anos, que foi heterossexual em sua juventude:
>
> 'Eu posso sentir prazer tanto em uma relação sexual com um homem quanto com uma mulher. Mas eu escolhi tê-las com

as mulheres muito cedo, por razões afetivas. É muito mais fácil viver com uma mulher (...)"[151]

A psicóloga Junguiana Denise Amorelli discorre sobre os possíveis significados de uma relação entre mulheres:

"Algumas buscam o feminino das companheiras para experimentar uma possibilidade de proximidade com o próprio feminino. (...) Existem as que procuram na relação com mulheres masculinas adoçar, em si mesmas, o masculino endurecido pela relação com os homens de suas vidas, porque por mais dura que seja uma mulher masculina ainda conserva alguma doçura de sua condição de mulher. Outras encontram em mulheres de comportamento andrógino uma comunicação mais profunda entre masculino e feminino, em si mesmos, comunicação, muitas vezes, dificultada ou interrompida nas relações anteriores".[152]

Diante desse quadro, salientamos que a experiência homossexual será equilibrada ou não, emocional e espiritualmente nutritiva ou não, dependendo da postura do indivíduo, da forma como lidar com os significados da experiência e seus pontos positivos ou desafiadores.

---

[151]. Marina Castañeda, *A experiência homossexual – explicações e conselhos para os homossexuais, suas famílias e terapeutas*, p. 197.
[152]. Denise Amorelli da Silveira, "O amor entre parceiros do mesmo sexo: outras formas de amor", in Carlos Alberto Salles e Jussara Maria de Fátima César e Melo, *Estudos sobre a homossexualidade – debates junguianos*, p. 97.

Dentro do fenômeno encarnatório, diferentes momentos de vida e necessidades psicológicas fazem com que haja ativação de núcleos psíquicos com vinculação ao passado espiritual, relacionados ao desejo e à atração afetivo-sexual, de forma variada e pessoal.

Há indivíduos que têm comportamento afetivo-sexual heterossexual predominante ou exclusivo, até que conhecem alguém do mesmo sexo que os encanta e por quem ficam apaixonados e fortemente atraídos sexualmente. Muitas vezes se envolvem com essa pessoa, até mesmo em relações extraconjugais, surpreendidos por uma atração desconhecida e de forte intensidade. Podem permanecer assim por longo tempo, embora não consigam sentir interesse por nenhuma outra pessoa do mesmo sexo e até mesmo sentindo certa repulsa em visualizar-se em uma relação homossexual. No entanto, com aquela pessoa em particular, por quem se apaixonaram, sentem-se estranhamente arrebatados. Há muitos significados psicológicos para esse encontro, que se inscreve na biografia do sujeito. Freud chega a avaliar um caso parecido, uma garota de 18 anos trazida forçosamente por seus pais à terapia.[153]

Para além do significado psicológico atual, dentro da visão reencarnacionista, temos que considerar os reencontros de almas afins, atraídas por sintonia, bem como o reencontro de ex-parceiros sexuais e amorosos, muitas vezes enredados em profundos compromissos morais um com o outro.

Quando o indivíduo reencontra alguém do mesmo sexo, a quem amou ou com quem teve relacionamento afetivo-sexual

---

[153]. Sigmund Freud, *Psicogênese de um caso de homossexualidade feminina*, vol. VXIII.

no passado, o desejo pode aflorar vivamente, dada a bissexualidade psíquica do sujeito, ativando núcleos adormecidos ou desconhecidos na experiência reencarnatória atual, muitas vezes provocando conflitos de identidade no indivíduo. A repercussão dessa ligação se dará de acordo com a disponibilidade ou não da pessoa para uma relação compromissada, com seu interesse nessa relação, com as perdas e os ganhos intra e interpessoais, os quais deverão sempre ser levados em conta na no uso integrado da razão e do sentimento.

Nessa situação, o indivíduo, tomado de surpresa diante de seus sentimentos, necessita do amparo de amigos e terapeutas especializados a fim de lidar de forma consciente e segura com seus sentimentos e desejos. Não tem de necessariamente dar vazão a eles, sobretudo quando já compromissado com família formada por si, mantendo-se fiel àquilo que ditar a sua consciência perante seus direitos e deveres à luz da reencarnação, que deverão sempre levar em consideração os direitos e deveres dos demais envolvidos com os quais está compromissado.

O Espírito Ermance Dufaux orienta com relação às atrações que surgem na vida de todos os indivíduos, sobretudo os já compromissados:

> "Quando fores surpreendido por atrações e apelos, olha para teu mundo interior com piedade. Sem dar asas a mentalizações inferiores, procura a posição mental do observador imparcial e atento, imbuído de respeito e compaixão para com teu 'homem

velho'. Essa postura é a atitude da mente alerta em direção à consciência lúcida".[154]

Quando não comprometido, o indivíduo pode experimentar, pela primeira vez em sua encarnação, um arrebatamento intenso e profundo que o faz rever seus conceitos e posturas perante si mesmo e o outro. Isso poderá ser o início de uma fase de realização íntima, bem como o gatilho para crises psíquicas, dependendo da forma como a pessoa lidar consigo mesma e com o outro.

Síntese

Sintetizando, a causalidade da homossexualidade, como vimos, é multifatorial e deve ser individualizada para cada experiência. Compete a cada indivíduo que viva a condição homossexual reconhecer em si a extensão dessa identidade, em virtude da bissexualidade psíquica a que já nos referimos, a repercussão em sua vida emocional, o nível do interesse e da demanda interna, a fim de melhor capacitar-se a responder às necessidades expressas pela alma.

Reconhecendo que o uso do termo *homossexualidade* em nossa sociedade é um guarda-chuva onde se abrigam desde os comportamentos episódicos até a identidade homossexual exclusiva, passando pelas variadas expressões do comportamento bissexual, amplia-se o entendimento da natureza dessa experiência na vida de cada um. É violento dizer, como por

---

[154]. Wanderley Soares Oliveira e Espíritos Ermance Dufaux e Cícero Pereira, *Unidos pelo amor*, p. 91.

vezes se ouve no movimento espírita, que o indivíduo homossexual não deve viver a homossexualidade, pois nega-se ao indivíduo o direito à expressão natural de sua condição afetivo-sexual, que, por si só, não caracteriza a personalidade nem o comportamento moral. Mas é igualmente violento dizer que todos devem viver a homossexualidade, pois essa expressão do desejo e do afeto pode se apresentar na vida do indivíduo como sintoma ou ainda como momento, em função de não ser a condição predominante do afeto, requerendo do indivíduo consciência do seu momento e de seus objetivos para decidir sobre a ação.

Imaginemos, por exemplo, um homem que perceba, na complexidade da sua expressão do desejo sexual, 80% de atração heterossexual e 20% de atração homossexual. Esse homem, guiado pela atração heterossexual predominante, pode apaixonar-se, casar-se e decidir viver uma vida heterossexual, formar família, ter filhos, construir uma vida social baseada nessa imagem, que, em essência, representa a guiança de sua consciência diante de seu planejamento reencarnatório. Ao longo da vida e do processo de autoconhecimento, poderá fazer contato com seu desejo homossexual, que pode aparecer desde a infância, mas se expressar somente na vida adulta, em qualquer de suas fases, encontrando-o engajado em um relacionamento heterossexual.

Isso frequentemente é fonte de conflitos para o indivíduo e agrava muitos outros conflitos presentes na vida conjugal. Mas a vivência em família é para ele um valor importante, que o realiza, e ele deseja ser fiel àquilo que lhe diz o seu coração. Para esse indivíduo, assumir e viver a homossexualidade não serão um movimento de libertação, nem de fidelidade a si mesmo, como apregoam frequentemente alguns ativistas *gays* ou psicólogos. Nesse caso, a contenção da vivência homossexual, educando-se, é um ato de esforço semelhante ao da contenção da sedução por parte de homem heterossexual, diante do desejo que naturalmente aparece por outra mulher que não seja aquela eleita por si para a partilha profunda de vida e alma. Então, dizer que esse indivíduo, pelo simples fato de reconhecer o desejo, deve viver a homossexualidade é algo violento e desrespeitoso do ponto de vista espiritual. Isso é decisão íntima de cada um.

Muitos homens e mulheres vivem essa condição, muitos deles sem conseguir entender bem o que sentem e permitindo-se múltiplas relações extraconjugais de graves consequências psicológicas para si e na vida a dois, lesando os parceiros afetivos, o que perpetua ou inicia um ciclo de compromissos de graves repercussões.

É necessário, portanto, que aprendamos com a Doutrina Espírita que o objetivo do estudo em conjunto, da exposição doutrinária ou do atendimento fraterno e terapêutico não é dar respostas, e sim indicar caminhos para que o ser encontre as respostas em si mesmo, em um processo de autoconhecimento guiado pelo autoamor e pela fidelidade a si mesmo e aos compromissos da alma.

Mas, até atingir esse ponto, a pessoa poderá passar por longo processo de conflitos e dúvidas, e é nesse estado de sofrimento que busca a casa espírita, na maior parte das vezes desejando ser acolhida, escutada, compreendida e respeitada, o que só será possível se a casa espírita adotar a postura da alteridade e da fraternidade.

A consciência do processo e o entendimento da sexualidade e do afeto à luz da reencarnação farão com que o indivíduo reconheça em que estado se encontra a identidade e a experiência, tomando a decisão que seu coração guiar.

O indivíduo que se reconhecer homossexual predominante ou exclusivo e se encontrar livre para viver essa experiência poderá fazer dela um caminho de construção do amor, de liberdade, autenticidade e plenitude, assim como o heterossexual o pode na heterossexualidade. De qualquer modo, é preciso observar que, vivendo a condição da minoria e da diferença, o homossexual, em sua maior parte, passará pelo deserto da experiência individual até se reconhecer um ser digno de amor e de amar. Terá que afirmar a sua individualidade perante si mesmo, reconhecendo seus desejos e interesses, trabalhando sua relação com a família e com a sociedade e suas crenças, entre muitas outras etapas.

Conclui André Luiz:

> "Erro lamentável é supor que só a perfeita normalidade sexual, consoante as respeitáveis convenções humanas, possa servir de templo às manifestações afetivas. O campo do amor é infinito em sua essência e manifestação. Insta fugir às aberrações e aos excessos; contudo é imperioso reconhecer que todos os seres nasceram no Universo para amar e serem amados".[155]

---

[155]. Francisco Cândido Xavier e Espírito André Luiz, *No mundo maior,* cap. 11, p. 161.

Normalidade e anormalidade

A identidade afetivo-sexual não caracteriza o comportamento moral do sujeito.

O estado de normalidade, como vimos, diz respeito às normas de uma determinada sociedade e cultura em um determinado contexto espaço temporal.

Aprendemos com a Doutrina Espírita, à luz da imortalidade da alma, que o homem é um ser divino criado à imagem e semelhança do Criador. Este, por sua vez, é entendido como "a Inteligência suprema do universo, causa primária de todas as coisas",[156] e se expressa por meio de suas leis perfeitas e imutáveis, que podem ser resumidas na palavra *amor*. O amor é a própria essência do Criador, e aquele que ama naturalmente O conhece ou identifica-se com Ele, em qualquer experiência. "Aquele que não ama não conhece a Deus, porque Deus é amor", afirmou João. (1Jo 4:8)

O comportamento normal ou anormal, à luz dessa realidade espiritual, passa por novas e importantes definições:

> "A coletividade humana aprenderá, gradativamente, a compreender que os conceitos de normalidade e de anormalidade deixam a desejar quando se trate simplesmente de sinais morfológicos, para se erguerem como agentes mais elevados de definição da dignidade humana, de vez que a individualidade, em si, exalta a vida comunitária pelo próprio comportamento na sustentação do bem de todos ou a deprime pelo mal que causa com a parte que assume no jogo da delinquência".[157]

---

156. Allan Kardec, *O livro dos Espíritos*, questão 1.
157. Francisco Cândido Xavier e Espírito Emmanuel, *Vida e sexo*, lição 21, p. 90.

O indivíduo homossexual, portanto, assim como o heterossexual, é alguém capaz de comportar-se com dignidade ou indignidade na vida, e entre estes encontraremos pessoas normais ou anormais, dignas ou indignas, pois que seu comportamento na esfera social, que expressa sua visão de si mesmo e do outro, sua saúde psicológica ou a ausência desta, determinarão seu proceder e, consequentemente, sua maior ou menor aceitação pela sociedade.

Desde que identificado com o amor por si mesmo e pelo próximo, dentro de suas capacidades e no cumprimento de sua proposta encarnatória, o homossexual, assim como o heterossexual, encontrará respeito, valorização, simpatia e afeto, preenchendo sua alma de sentido e significado.

Autoaceitação

> "A pior situação que podemos viver é passar toda uma existência sem nos dar o devido amor e respeito, fazendo coisas completamente diferentes do que sentimos. Se não nos aceitarmos, quem nos aceitará? Se nós não nos amarmos, quem nos amará? Somente optando pelo autorrespeito é que conseguiremos o respeito alheio".[158]

---

[158]. Francisco do Espírito Santo Neto e Espírito Hammed, *Os prazeres da alma*, p. 69.

A homossexualidade, enquanto condição predominante ou exclusiva do ser, apresenta-se como uma variante do comportamento sexual natural humano. Portanto, uma condição passível de construção da felicidade, na dependência das decisões íntimas da pessoa homossexual e do seu consequente comportamento social.

A autoaceitação é o primeiro passo para uma vida plena. Aceitar quem se é, o que se vive, é o passo fundamental, a base sobre a qual se constrói o edifício da vida realizada no amor. Um indivíduo em luta contínua consigo mesmo, abrigando processos autodestrutivos, perde a oportunidade de reconhecer que cada um tem um brilho próprio no universo e é uma experiência de amor singular do Criador.

Diz-nos Hammed:

> "Em certas circunstâncias evolutivas, encarnamos como homem; em outras, como mulher. E, ainda, em determinadas oportunidades de aprendizagem e de renovação, o Espírito pode vir ocupar uma vestimenta corporal oposta à tendência íntima que vivencia. O fenômeno é análogo ao que se refere à área masculina tanto quanto à feminina.
>
> Independentemente da forma de sexualidade que estamos vivenciando no presente, procuremos aceitá-la em plenitude, visto que há sempre, em qualquer condição, a oportunidade de adquirirmos experiências e, por consequência, progredirmos espiritualmente, vencendo desafios e promovendo realizações.

Devemos, assim, viver em paz com nossa experiência sexual atual, valorizando nosso aprendizado e, em tempo algum, culpar-nos ou atribuir culpa a alguém".[159]

Muitos experienciam o uso de drogas[160] e/ou o comportamento sexual compulsivo, como forma de fugirem de si mesmos e da dor de seus corações.

Assumir e viver a homossexualidade não significa necessariamente se amar.

Há muitos homossexuais vivendo relacionamentos destrutivos, buscando a realização e o valor próprio no número de parceiros que conseguem seduzir ou apaixonar, desconectando a vivência sexual do afeto e desperdiçando a energia sexual sagrada em experiências que os distanciam cada vez mais de si mesmos, porque não os nutrem afetivamente nem os fazem mais pacificados e conscientes. Muitos apresentam-se estereotipadamente, colocando o rótulo na testa e tratando de se afirmar como tal para toda e qualquer pessoa que conhecem, como um gesto ambivalente de busca de aceitação e agressão social. No fundo, rejeitam a si mesmos, buscando a aprovação do outro para aprovarem-se. A postura agressiva pode ser entendida como forma de impor-se ao outro e forçar, implorando, a aceitação.

---

159. Francisco do Espírito Santo Neto e Espírito Hammed, *As dores da alma*, p. 54.
160. M.P. Marshal, M.S. Friedman, R. Stall, K.M. King, J. Miles et al., "Sexual orientation and adolescent substance use: A meta-analysis and methodological review". *Addiction* 2008; 103:546–556.

Autoaceitação representa autoconhecimento e relação amorosa, pacificada, consigo mesmo. Autoaceitar-se é reconhecer que ninguém pode ser nada mais, nada menos que ele mesmo e que a beleza da vida está não em espelhar-se no outro, mas em reconhecer a própria unicidade, inspirando-se na experiência complementar e enriquecedora da convivência social, para o crescimento contínuo em direção ao progresso moral e intelectual.

Cada um reencarna trazendo do passado a condição fundamental de luta, dor e prova por que haja de passar. Em linhas gerais, conhecemos a natureza de nossos desafios e tendências:

> "Quando na erraticidade, antes de começar nova existência corporal, tem o Espírito consciência e previsão do que lhe sucederá no curso da vida terrena?
>
> — Ele próprio escolhe o gênero de provas por que há de passar e nisso consiste o seu livre-arbítrio".[161]

No entanto, conhecer não significa necessariamente gostar, nem valorizar.

Muitos, diante da constatação das características do próprio corpo, da condição afetivo-sexual, das lutas pelas subsistência, das qualidades e dos defeitos, desenvolvem a revolta por não serem o que gostariam de ser ou por não terem o que gostariam de ter, entrando em franco litígio consigo mesmos, o que resulta em posturas autodestrutivas.

---

161. Allan Kardec, *O livro dos Espíritos*, questão 258.

O autoamor inicia-se pela aceitação de quem se é, na jornada em busca do que se deseja ser. Isso passa pela hierarquização de valores, colocando em primeiro plano a honestidade emocional do esforço e da vontade direcionada a atitudes em prol do bem, do amar-se.

No caso da homossexualidade, não se trata de um defeito moral, embora muitas vezes seja entendida assim, mas o indivíduo se vê triste e insatisfeito diante da constatação de sua diferença, de não fazer parte da maioria e de ter características que trazem decepção, raiva e muitas vezes violência do meio em que se encontra.

Para aceitar a homossexualidade, o homossexual terá que fazer o luto da identidade heterossexual, que lhe foi inculcada desde pequeno, como nos ensina Marina Castañeda:

> "Com efeito, todas as crianças crescem com a ideia de que um dia vão se casar e formar família: é o que lhes repetem incansavelmente seus pais, a escola, a cultura e a sociedade em geral. Dar-se conta de que isso, provavelmente, não acontecerá, e que será preciso renunciar a um projeto de vida longamente preparado, é um processo extremamente lento e doloroso. Trata-se de uma perda importante e, como em qualquer perda, há um trabalho de luto a ser feito".[162]

---

162. Marina Castañeda, *A experiência homossexual – explicações e conselhos para os homossexuais, suas famílias e terapeutas*, p. 91.

O trabalho de luto, diante de qualquer perda, passa por diversas e diferentes fases. A psiquiatra suíça, radicada nos Estados Unidos, Elisabeth Kubler Ross,[163] propôs que há estágios no processo da perda, quando estudou os indivíduos no leito de morte, ouvindo-lhes as confissões e reconhecendo os processos psicológicos comuns a todos os indivíduos. Ela afirma que há cinco fases comuns aos processos de perda ou luto: negação, raiva, barganha, depressão e aceitação.

Frente à descoberta da homossexualidade, muitos indivíduos vivenciam o paradoxo de emoções, como a vitalidade e a energia do desejo sexual autêntico, aliado à raiva por si mesmo por não ser o heterossexual que desejaria ser. São situações contraditórias e ambivalentes que coexistem no indivíduo em processo de individuação, em qualquer fase da vida. As fases da perda não são vividas uma após a outra, em uma linearidade absoluta. Podem ser vividas (e geralmente o são) ao mesmo tempo, e em porcentagens diferenciadas. Assim, o homossexual pode reconhecer-se, ao mesmo tempo, deprimido e barganhando com a vida.

Na fase de negação, muitas pessoas homossexuais repudiam a vivência da afetividade e da sexualidade, dedicando-se exclusivamente ao trabalho, às atividades caritativas ou mesmo ao serviço religioso. Essa é uma situação comum entre alguns espíritas que entendem a homossexualidade como castigo pelo abuso em vidas passadas, e a abstinência afetivo-sexual como tratamento, e que não se permitem viver a alegria vitalizadora de uma relação a dois. Dedicam-se dia e noite à

---

[163]. Elisabeth Kubler Ross, *Sobre a morte e o morrer*, São Paulo: Martins Fontes, 1992.

tarefa da direção de casas espíritas, de exposição doutrinária, do bem ao próximo, sem permitir que o bem vivido em favor do outro seja também direcionado para si mesmo. Estes se encontram na repressão, e não na sublimação consciente em função de uma tarefa nobilitante.

É que no fundo, no inconsciente, pode haver baixa autoestima acentuada e um senso de perigo direcionando a vida mental, talvez consequência dos abusos do passado, o que impede o indivíduo de se permitir tentar novamente a felicidade afetiva e o faz alimentar crenças limitantes ou castradoras como forma de autocontrole. Ou, ainda, ocorre o medo de afrontar as convenções institucionalizadas ao afirmar a individualidade, o que pode representar mais profundamente a carência afetiva e o temor da perda do afeto do outro, com a necessidade de aprovação alheia e do grupo.

> "A pior consequência da falta de autonomia é medir o valor pela avaliação que as pessoas fazem de nós. Por medo de rejeição, em muitas situações, agimos contra os sentimentos apenas para agradar e sentirmo-nos incluídos, aceitos. Quem se define pelo outro, necessariamente tombará em conflitos e decepções, mágoas e agastamentos. Imperioso saber quem somos, pois, do contrário, seremos quem querem que sejamos".[164]

---

[164]. Wanderley Soares Oliveira e Espírito Ermance Dufaux, *Escutando sentimentos*, cap. 13, p. 150.

Quando a negação predomina ou se apresenta como solução, associada à autorrejeição, muitos homossexuais escolhem tentar as vivências heterossexuais, no desejo de adequar-se à norma ou de se sentirem normais, o que abre campo para múltiplas e complexas situações, envolvendo frequentemente relações extraconjugais, vício em pornografia e relações virtuais, entre outros.

Na fase da raiva, o indivíduo volta-se contra si mesmo ou contra a sociedade e é então que muitas vezes recorre a comportamentos autodestrutivos. Muitos exageram e adotam características estereotipadas, identificando-se com o meio homossexual dos guetos ou das apresentações televisivas. Trata-se de uma forma inconsciente de agredir ou punir a família ou a sociedade da qual fazem parte, a qual acredita seja a responsável pela sua infelicidade de não ser o que devia ser, já que frequentemente se apregoa que a homossexualidade é consequência de um defeito educacional, o que é fruto da interpretação equivocada das teorias freudianas. Nessa fase e na da depressão, encontramos o risco acentuado de autoextermínio, o que infelizmente acontece com muitos indivíduos.

Segundo estudo[165] britânico de revisão da literatura científica, pessoas homossexuais estão mais propensas a doenças mentais, ideação suicida, abuso de substâncias e autoagressão deliberada que pessoas heterossexuais. Essa maior propensão é multifatorial e poderia ser explicada, em parte, pela dificuldade de autoaceitação do indivíduo, por conflitos familiares e sociais devido à homofobia, que aumentaria o nível de

---

165. King et al., "A systematic review of mental disorder, suicide, and deliberate self harm in lesbian, gay and bisexual people". BMC Psychiatry, 2008; 8:70.

estresse psicológico, identificação do indivíduo com o gueto *gay* e disponibilidade de álcool e drogas.

Na fase da barganha, o indivíduo começa a fazer trocas com a vida, desejando deixar de sentir o que sente ou ser o que é. Começa a fazer promessas, trocas com Deus ou com os Espíritos superiores. Muitos se voltam para as religiões e as tarefas espíritas, como a desejar que o trabalho os liberte do inferno interior causado pelo desejo "pecaminoso" que os faz infelizes, ou que os liberte dos processos obsessivos, que acreditam ser a causa da homossexualidade, e lhes dê a "glória" do desejo heterossexual, que os faça pessoas normais e aceitas por si mesmos e no meio social.

Quando nada disso ou nenhum outro método atinge seu objetivo e o indivíduo se percebe com a identidade homossexual, muitas vezes sem o apoio da família e dos amigos, e mesmo do meio religioso de qualquer credo a que esteja vinculado, ele se sente profundamente só e triste, caminhando para a depressão, que é a cronificação da tristeza associada à ausência do prazer de viver. Essa condição tem repercussões físicas e psíquicas intensas, podendo associar-se a quadros de fobias, ansiedade e pânico, além de tentativas de autoextermínio, como frequentemente se observa na prática clínica.

A visão negativa da homossexualidade, presente com frequência nos estereótipos e sarcasmos da mídia e da cultura popular, favorecem a autorrejeição, dificultando o processo de autoaceitação e autoamor. Daniela, mãe do jovem Diego, 20 anos, conta que o filho vivia processo de grande angústia íntima, em que os conflitos com a própria sexualidade representavam uma parte importante. Apesar da aceitação da família e do acolhimento amoroso que recebia, frequentemente

> Os nomes foram trocados para preservar a identidade das pessoas que partilharam conosco sua história.

perguntava à mãe: "Mãe, você já viu um casal gay envelhecer junto?" Quando pensava em relacionamentos e filhos, dizia "Como alguém vai querer abrir mão de sua vida profissional para acompanhar o outro quando o trabalho assim exigir?"; "Quem vai me ajudar a cuidar dos meus filhos?" Tinha dificuldades de aceitar que era diferente e que essa diferença poderia ser uma riqueza interior ao invés de um símbolo de falência ou infelicidade. Infelizmente, devido a esses e outros conflitos, terminou por retirar a sua vida precocemente, interrompendo um caminho que poderia ter sido de realizações e crescimento interior se houvesse encarado e suportado as suas dores e conflitos, equacionando-os pelo conhecimento e autoaceitação. "Se ele tivesse tido acesso ao conhecimento espírita, talvez isso não tivesse acontecido", reflete a mãe.

Pesquisas[166] mostram que assumir publicamente ou revelar a condição sexual e afetiva, para aqueles que se identificam internamente como pessoas homossexuais, é um fator de alívio do estresse psicológico, de adaptação à sua condição real, de obtenção de suporte familiar e social e de aumento da autoestima.

Todo esse processo que envolve conflitos e decisões internas pode ou não culminar na autoaceitação, dependendo da forma como o indivíduo lidar consigo mesmo e com o meio social. O conflito pode durar toda uma vida e o estado depressivo tornar-se a condição considerada normal do indivíduo,

"Pesquisa do periódico *The Boston Globe*, em maio de 2005, com 752 casais *gays* revelou que a grande maioria dos casais eram de longa duração: 29% estavam juntos entre 5 a 10 anos, 19% entre 10 e 15 anos, 12% entre 15 e 20 anos e 6% mais de 25 anos. Somente 26% estavam juntos há menos de 5 anos". In: Marina Castañeda, *La nueva homosexualidad*, p. 86. Tradução livre do autor.

---

166. P.W. Corrigan, A.K. Matthews, "*Stigma and disclosure: Implications for coming out of the closet*". *Journal of Mental Health* 2003; 12:235–248.

Para o auxílio na construção do autoamor e da autoaceitação, ver: Kimeron N. Hardin. *Autoestima para homossexuais – um guia para o amor próprio*. São Paulo: GLS (Summus), 2000 e Richard A. Isay. *Tornar-se gay, o caminho da autoaceitação*. São Paulo: GLS (Summus), 1996.

até que ele decida se encarar com autenticidade, enfrentar seus medos e recalques e dar o passo decisivo para a vitória: o autoamor.

O luto da heterossexualidade dura longo tempo e é atualizado de tempos em tempos, de acordo com as vivências sociais.

"Quanto tempo dura esse processo? Para certas pessoas, nunca tem fim – e talvez seja a diferença mais importante entre os homossexuais felizes e aqueles que nunca terminam de fazer o luto do casamento, das crianças que poderiam ter tido e da aceitação familiar e social que nunca terão. Claro que entre esses dois extremos há muitos homossexuais para os quais esses aspectos não são importantes, e que não têm nenhum arrependimento em relação à vida heterossexual – aparentemente. Mas a maioria dos homossexuais passa por um luto da heterossexualidade, mesmo que não seja totalmente consciente.

Esse luto desenvolve-se, geralmente, em etapas, e desemboca em uma aceitação da homossexualidade – mas essa aceitação raramente é inteira ou definitiva. Um arrependimento surge novamente nos momentos importantes da vida, e o homossexual deve então reexaminar e aceitar em novos termos a sua orientação sexual".[167]

Esses momentos cruciais, diz Castañeda, ocorrem todas as vezes em que alguém se casa, tem filhos ou nos momentos mais felizes da vida, como aniversários, *réveillon*, férias, sucessos profissionais, etc.

---

[167]. Marina Castañeda, *A experiência homossexual – explicações e conselhos para os homossexuais, suas famílias e terapeutas*, pp. 91 e 92.

Embora a autoaceitação constitua um processo mais amplo, assumir a própria condição sexual perante os outros pode ser parte importante dela.

> "Segundo o antropólogo Luiz Mott, dos 17 milhões de homossexuais existentes no Brasil, segundo pesquisa do Instituto Kinsey de Sexualidade, apenas 5% assumiu sua orientação sexual".[168]

Assumir a orientação sexual pode ser um passo importante no estabelecimento da saúde mental, segundo Alex de Toledo, em tese de mestrado apresentada na Faculdade de Ciências Médicas de Campinas, com orientação do renomado psiquiatra Paulo Dalgalarrondo:

> "Interessantemente, notou-se uma forte associação, significativa estatisticamente, entre a presença de transtornos mentais e a não revelação da orientação sexual, manifestando-a parcialmente na vida social (P=0,0001).
>
> De fato, dos 15 (37,5%) casos positivos com algum transtorno mental entre os Sujeitos de Orientação Homossexual, 11 deles (73%) esforçavam-se em encobrir a orientação homossexual em diversos setores de suas vidas.
>
> Essa forte associação sinaliza que esse esforço em não se revelar, como expressão de uma crise de identidade perante a orientação sexual, estendendo-se ao longo da vida até fases

---

168. Janaína Fidalgo, *"Assumir a homossexualidade não é erro e só ajuda, dizem médicos"*, Folha Online de 27/Jun/2001.

adultas mais avançadas e velhice, pode proporcionar altos níveis de estresse psicológico".[169]

Embora assumir a condição afetivo-sexual seja uma etapa determinante para a maturidade daqueles que se sentem predominante ou exclusivamente homossexuais, esse passo representa o começo de uma longa jornada em que o indivíduo terá que se esforçar dia após dia para lidar com os desafios de autoafirmação e do respeito nos diferentes meios sociais com que vier a lidar, o que será mais simples para alguns e um grande desafio para outros.

Terá ainda de redefinir toda uma imagem de vida,[170] enfrentando as múltiplas perdas das idealizações e a redefinição da autoimagem, para a construção de uma nova visão de si mesmo e da vida, com os consequentes ganhos, desde que guiado pela verdade do seu coração.

Como disse certa vez um jovem homossexual: "Para ser *gay* é preciso ser muito macho!"

De fato, é preciso ter muita coragem, que não significa ausência de medo. A palavra *coragem* é formada por *cor* + *agis*, e pode ser entendida como a "ação guiada pelo coração".[171] O medo é uma emoção natural de autopreservação e proteção,

---

169. Alex de Toledo Ceará, *Saúde mental, identidade, qualidade de vida e religiosidade em homossexuais na maturidade e velhice*, p. 94.
170. Craig O'Neil and Kathleen Ritter, *Coming out within: stages of spiritual awakening for lesbians and gay men – the journey from loss to transformation*, p. 2.
171. pt.wiktionary.org/wiki/coragem.

que pode ser inibido ou exacerbado, gerando patologias psíquicas em ambos os casos. O corajoso é um medroso no nível saudável, que se guia pelo coração.

Para assumir a homossexualidade, o indivíduo deve encontrar forças e motivação na própria alma para iniciar a jornada de individuação e afirmação da própria singularidade.

Segundo Castañeda, estudiosa da psicologia da homossexualidade:

> "Para viver assim a homossexualidade [assumidamente, com identidade], cada pessoa deve desenvolver uma identidade *gay*, passando por todas as etapas, desde a primeira tomada de consciência, a primeira experiência sexual e a primeira relação amorosa, até poder viver sua orientação com plenitude e dignidade. O objetivo não é entrar na homossexualidade como em um país estrangeiro, mas torná-la sua; não adotar, porém inventar sua própria homossexualidade".[172]

Mas a motivação para assumir a orientação sexual e afetiva homossexual é interna, pessoal, e ninguém deve nutrir a ilusão de que será plenamente compreendido ou aceito. A necessidade de aceitação absoluta é uma neurose que produz danos consideráveis. Na vida adulta, a discordância e a multiplicidade de opiniões é uma constante, e cada um se guiará de acordo com suas necessidades psicológicas, suas crenças e sua história

---

Importante não confundir a orientação do coração com a orientação da emocionalidade. A emoção é movimento passageiro, que pode ser muito destruidor e estar em desacordo com o sentimento em nível profundo. Guiar-se pelo coração é deixar fluir a consciência do self, o ser divino mais profundo, a se exprimir pelos sentimentos positivos integrados à razão, em um exercício de individualidade e autenticidade.

---

172. Marina Castañeda, *A experiência homossexual – explicações e conselhos para os homossexuais, suas famílias e terapeutas*, p. 69.

pessoal. Frequentemente, o homossexual criará verdadeiras "rachaduras" no sistema de crença familiar ou profissional, gerando desconforto e reações variadas. Por isso, assumir a homossexualidade, quando esta for a decisão da razão e do coração, deve ser uma atitude de amor-próprio e busca de autenticidade para consigo mesmo, em busca de uma vida mais autêntica e plena, em um contexto de lutas e desafios que a condição impõe e que fazem parte do contexto expiatório e reeducativo do indivíduo reencarnado, aprendendo a respeitar a sua identidade e as opiniões dos outros a respeito dela.

Os terapeutas americanos Craig O'Neill e Kathleen Ritter sugerem que o indivíduo deve se assumir lentamente, criando intimidade com cada pessoa a seu tempo e uma rede de suporte que lhe permita se sentir amparado.[173]

Esclarece-nos o psicólogo espírita carioca Gibson Bastos, autor do excelente livro *Além do rosa e do azul*:

> "Assumir a homossexualidade é uma atitude que requer não só coragem, mas também consciência sobre as mudanças que essa atitude provoca na vida daquele que resolve tomar essa decisão, para que se possa enfrentar com determinação, segurança e equilíbrio o preconceito e a homofobia, ainda presentes na nossa sociedade. Num grupo de pessoas homofóbicas, como o

---

[173]. Craig O'Neill and Kathleen Ritter, *Coming out within: stages of spiritual awakening for lesbians and gay men – the journey from loss to transformation*, p. 228.

nosso, são grandes os desafios a serem enfrentados pelos pais de filhos homossexuais, pelos pais *gays*, pelos casais *gays* e pelos filhos de *gays*, porém todos os obstáculos poderão ser superados quando o respeito e o amor se constituem nos elementos chaves no relacionamento familiar".[174]

---

[174]. Gibson Bastos, *Além do rosa e do azul*, p. 177.

CAPÍTULO

Relacionamentos homossexuais

"Qual o resultado dos obstáculos postos à liberdade de consciência?

— Constranger os homens a agir de modo diferente do que pensam é torná-los hipócritas. A liberdade de consciência é uma das características da verdadeira civilização e do progresso."

ALLAN KARDEC

(*O livro dos Espíritos,* questão 837)

Andrei Moreira

homossexualidade
SOB A ÓTICA DO ESPÍRITO IMORTAL

UMA VEZ ASSUMIDA A CONDIÇÃO AFETIVO-SEXUAL HOMOSsexual, é natural que os indivíduos busquem realizar-se em parcerias afetivas que lhes alimentem corpo e alma. A partilha afetiva é fonte de nutrição espiritual de alta qualidade entre dois seres que se amam e se respeitam, como nos ensina André Luiz:

> "O instinto sexual não é apenas agente de reprodução entre as formas superiores, mas, acima de tudo, é o reconstituinte das forças espirituais, pelo qual as criaturas encarnadas ou desencarnadas se alimentam mutuamente, na permuta de raios psíquico-magnéticos que lhes são necessários ao progresso".[175]

---

[175]. Francisco Cândido Xavier e Espírito André Luiz, *Evolução em dois mundos*, cap. 18, p. 140.

Observam-se posicionamentos contraditórios a esse respeito no movimento espírita. Muitos advogam que a homossexualidade é doença e que o homossexual deveria tratar-se espiritualmente, em franca contradição com os conhecimentos científicos e mesmo com os postulados espíritas. Outros afirmam que o homossexual deve aceitar-se, amar-se, assumir-se, ser aceito na casa espírita, porém não estabelecer relações afetivas e muito menos sexuais, optando pela renúncia e abstinência sexual, com a qual, dizem, haveriam de se reequilibrar, diante dos efeitos deletérios dos abusos do passado. Esse posicionamento é fonte de angústia para muitos homossexuais, que se afastam dos grupos e das atividades espíritas, muitos deles magoados. Temos tido a oportunidade de ouvir alguns após seminários no Brasil e na Europa, constatando o dano que lhes foi infligido sem intenção por afirmações preconceituosas.

O homossexual tem direito a uma vida afetiva e sexual plena, competindo a cada um o reconhecimento do que lhe convém ou não, em termos de prática e conduta.

> "Cada homem e cada mulher que ainda não se angelizou ou que não se encontre em processo de bloqueio das possibilidades criativas, no corpo ou na alma, traz, evidentemente, maior ou menor percentagem de anseios sexuais, a se expressarem por sede de apoio afetivo; e é claramente, nas lavras da experiência, errando e acertando e tornando a errar para acertar com mais segurança, que cada um de nós – os filhos de Deus em evolução na Terra – conseguirá sublimar os sentimentos que nos são

próprios, de modo a erguer-nos em definitivo para a conquista da felicidade celeste e do Amor Universal".[176]

O discurso de repressão da sexualidade, mascarado de "sublimação", tem raízes profundas na noite dos séculos e tem sido utilizado ao longo dos tempos com finalidades de manipulação e controle social, sem o despertar consciencial necessário.

Certamente, não nos referimos aqui aos problemas da compulsão sexual ou dos desvios patológicos e muito menos às questões das relações descompromissadas, e sim à expressão sexual sadia entre indivíduos adultos, de comum acordo e livres para a vinculação afetivo-sexual.

A repressão sexual é responsável, como bem explica a psicologia, por um sem-número de desordens psicológicas e psiquiátricas, pois a energia sexual está na base da expressão da vida mental, física e emocional, conforme esclarece Emmanuel:

> "Desarrazoado subtrair-lhe as manifestações aos seres humanos, a pretexto de elevação compulsória, de vez que as sugestões da erótica se entranham na estrutura da alma, ao mesmo tempo em que seria absurdo deslocá-lo de sua posição venerável, a fim de arremessá-lo ao campo da aventura menos digna, com a desculpa de se lhe garantir a libertação".[177]

Abstinência não significa equilíbrio. Pode ser parte importante de um processo de reeducação de um indivíduo que se reconheça necessitado de adestramento das forças sexuais,

---

[176]. Francisco Cândido Xavier e Espírito Emmanuel, *Vida e sexo*, cap. 24, p. 104.
[177]. Idem, cap. 1, p. 10.

e por vezes a vida impõe essa condição ao ser reencarnado, colocando-lhe impedimentos físicos que obstaculizam a vivência da sexualidade. Não é o caso da maioria homossexual, que possui todos os implementos orgânicos e psíquicos necessários ao ato.

Caso se trate de um heterossexual ou homossexual com tendências compulsivas, a abstinência parcial pode ser parte de um processo de redirecionamento das energias, enquanto outras ações estimulam o indivíduo na alimentação psicoemocional em outras áreas nobres, gerando prazer de alma.

Prescrever aos homossexuais a abstinência como "medicação segura a um doente da alma", como habitualmente se diz, é manter velho preconceito que não atende nem às realidades e necessidades dos indivíduos, nem ao objetivo de reeducação do afeto, alvo de muitas das experiências homossexuais.

O simples fato de viver a condição homossexual com sua dificuldade de aceitação, com a limitação da expressão afetiva e, para alguns, a distonia entre corpo e psiquismo, já representa uma condição provacional e expiacional suficiente para a revisão de conceitos e posicionamentos, em um processo de ampliação de consciência.

Afirma Hammed:

> "Podemos cobrir os impulsos sexuais com o manto da simulação. Substituímo-los por outros, inventamos desculpas e álibis convincentes para ocultá-los de nós mesmos e dos outros; porém, eles não desaparecem. As mutilações de qualquer gênero são sempre uma repressão cruel e violenta às leis naturais da vida; no entanto, todos nós somos convocados a planejar uma vida sexual equilibrada.

Abstenção imposta gera desequilíbrio, mas a educação, aliada ao controle e à responsabilidade, será sempre a meta segura para o emprego respeitável e nobre das forças sexuais".[178]

Complementa Ermance Dufaux:

"Abstinência nem sempre é solução e pode ser apenas uma medida disciplinar sem que, necessariamente, signifique um ato educativo. Por educar devemos entender, sobretudo, a desenvoltura de qualidades íntimas capazes de nos habilitar ao trato moral seguro e proveitoso com a vida".[179]

O estabelecimento de laços afetivos, de relações profundas de respeito e valorização de si mesmo e do outro é o maior e melhor medicamento para indivíduos que se reconheçam desejosos do aprendizado do afeto. Não se aprende a jogar futebol senão no campo, não adiantam as teorias. Igualmente, o afeto se aprende e se desenvolve na convivência, com todos os seus desafios e alegrias.

O problema que muitas vezes incomoda a muitos é a prática sexual entre iguais, sobretudo a masculina, questão poucas vezes citada, mas presente subliminarmente na fala de muitos espíritas. O sexo anal ainda é tabu para a humanidade como um todo, e no meio religioso todas as práticas sexuais o são, essa mais ainda. É interessante observar que de vez em quando

---
[178]. Francisco do Espírito Santo Neto e Espírito Hammed, *As dores da alma*, p. 95.
[179]. Wanderley Soares Oliveira e Espíritos Ermance Dufaux e Cícero Pereira, *Unidos pelo amor* cap. 14, p. 88.

> ProSex: Projeto Sexualidade do Instituto de Psiquiatria do Hospital das Clínicas da Faculdade de Medicina da USP.

se levanta essa questão em relação aos homossexuais masculinos, mas esquece-se de que os heterossexuais também o praticam, e frequentemente. Segundo pesquisa de Carmita Abdo, o Prosex, 28% dos heterossexuais admitem praticar sexo anal regularmente em suas relações monogâmicas conjugais ou em relações extraconjugais (que 50% dos homens e 25% das mulheres heterossexuais admitem ter).[180] Trata-se, portanto, de uma questão que diz respeito a todos, heterossexuais e homossexuais.

A questão que aqui se evidencia e que é importante de ser ressaltada é que, independentemente de a prática sexual ser julgada anatômica ou não, adequada ou não, de acordo com padrões fisiológicos ou morais, não cabe a ninguém dizer ao outro o que deve ou não fazer em matéria de prática ou posicionamento sexual. Essa decisão é pessoal e reflete o caminho e a busca de cada um.

A Doutrina Espírita é ciência e filosofia de consequências religiosas que promove a expansão consciencial do indivíduo, fazendo-o compreender a natureza das circunstâncias e suas repercussões na vida futura, estimulando-o ao autoconhecimento e autodomínio em busca da autossuperação, referenciada no Evangelho e na consequente evolução.

Cabe, portanto, a cada qual conhecer seu corpo e sua fisiologia, decidindo o que lhe convém ou não, o que é adequado ou não, o que é aceitável e suportável em termos de vivência. E isso será sempre uma escolha particular que caberá a cada qual fazer.

---

180. Carmita Abdo, *Descobrimento sexual do Brasil – para curiosos e estudiosos*, p. 79.

A questão é que, ao ditar regras para o outro, a pessoa está falando de si mesma e de suas necessidades e tabus. Talvez por isso teria dito um espírita abalizado que a Terra precisa muito de educadores sexuais, o problema seria encontrar professores capacitados...

Sintetiza Ermance Dufaux:

> "A questão da sexualidade é pessoal, intransferível, consciencial, e a ética nesse campo passa por muitas e muitas adequações".[181]

Sublimação

Muitos afirmam que o homossexual deveria sublimar compulsoriamente as energias sexuais, dedicando-se às artes, a trabalhos criativos, à jardinagem, etc.

A sublimação da energia sexual, no entanto, representa processo de maturidade evolutiva de todo ser humano que se desprende consciente e naturalmente da matéria, dando lugar a expressões mais sublimes da energia sexual criadora, no processo cocriativo em nome de Deus. Isso, naturalmente, é fruto de sacrifícios e esforços contínuos em favor do bem coletivo, realizado por almas que se encontrem aptas para tal e que escolham voluntariamente essa finalidade, com o objetivo de progresso.

---

[181]. Wanderley Oliveira e Espíritos Ermance Dufaux e Cícero Pereira, *Unidos pelo amor,* cap. 14, p. 91.

Emmanuel auxilia na compreensão da sublimação, tal como exposta há pouco, e esclarece ainda que ela também pode ser vivida por aqueles que se encontrem na vivência da homossexualidade, que ele denomina "inversão":

> "Abstinência, em matéria de sexo e celibato, na vida de relação pressupõe experiências da criatura em duas faixas essenciais – a daqueles Espíritos que escolhem semelhantes posições voluntariamente para burilamento ou serviço, no curso de determinada reencarnação, daqueles outros que se veem forçados a adotá-las, por força de inibições diversas. Indubitavelmente, os que consigam abster-se da comunhão afetiva, embora possuindo em ordem todos os recursos instrumentais para se aterem ao conforto de uma existência a mais, com o fim de se fazerem mais úteis ao próximo, decerto que traçam a si mesmos escaladas mais rápidas aos cimos do aperfeiçoamento. Agindo assim, por amor, doando o corpo a serviço dos semelhantes, e, por esse modo, amparando os irmãos da Humanidade, através de variadas maneiras, convertem a existência, sem ligações sexuais, em caminho de acesso à sublimação, ambientando-se em climas diferentes de criatividade, porquanto a energia sexual neles não estancou o próprio fluxo; essa energia simplesmente se canaliza para outros objetivos – os de natureza espiritual. E, em concomitância com os que elegem conscientemente esse tipo de experiência, impondo-se duros regimes de vivência pessoal, encontramos aqueles outros, os que já renasceram no corpo físico induzidos ou obrigados à abstinência sexual, atendendo a inibições irreversíveis ou a processos de inversão pelos quais sanam erros do pretérito ou se recolhem a pesadas disciplinas que lhes facilitem a desincumbência de compromissos determinados, em

assuntos do Espírito. Num e noutro caso, identificamos aqueles que se fazem chamar, segundo os ensinamentos evangélicos, como sendo 'eunucos' por amor do Reino de Deus".[182]

A condição de abstinência forçosa em função da homossexualidade talvez fosse mais fácil e constituísse realidade mais concreta na época em que a obra foi escrita, no final da década de 60 do séc. XX, em que vigorava repressão sexual mais intensa, quando os indivíduos homossexuais, ou mesmo as mulheres heterossexuais, não tinham possibilidade de comunhão afetiva e sexual livre, segundo seus interesses.

No mundo moderno essa não é mais a realidade.

Muito pelo contrário, hoje a aceitação social da homoafetividade e o estímulo à sua vivência são muito grandes, dados os avanços na conquista dos direitos pessoais e coletivos das pessoas e comunidades homossexuais. Isso, contudo, não impede que o indivíduo aproveite a experiência dos conflitos psicológicos da homossexualidade para dedicar-se à sublimação consciente da energia sexual, caso essa seja a sua decisão íntima, dedicando-se ao bem coletivo, o que poderá trazer-lhe enormes benefícios, assim com aos heterossexuais que por isso se decidam, conforme nos explica Emmanuel, desde que vivido com consciência e maturidade, pois se trata de verdadeira luta interior.

No entanto, não se deve utilizar dessa possibilidade para prescrever a todos os homossexuais a ausência de contato afetivo ou sexual, como se esse contato fosse deletério e como se todos estivessem prontos para a experiência da sublimação

---

[182]. Francisco Cândido Xavier e Espírito Emmanuel, *Vida e sexo*, p. 22.

e o simples fato de ser homossexual condenasse o sujeito a essa experiência. Muito pelo contrário! Uma boa parte não só não está pronta para a sublimação como é egressa de um passado de abusos sexuais e só muito vagarosamente conseguirá a reeducação, assim como a maioria dos heterossexuais.

Além disso, a relação afetiva e sexual que busca o equilíbrio, de acordo com os limites, as possibilidades físicas e psicológicas de cada um, na presença do amor, em seus diversos níveis e expressões, é um caminho de conquista afetiva e progresso acentuado, independentemente da natureza da relação.

O discurso de abstinência forçosa tem afastado muitos homossexuais dos agrupamentos espíritas e da religião em geral, por não se sentirem nem inclinados nem desejosos dessa atitude, que lhes parece sem lógica quando generalizada.

Necessário se faz compreender, que nesse e em outros pontos, não cabe ditar regras gerais para os indivíduos que vivam a orientação afetivo-sexual homossexual, e sim acolher a todos, ofertando o conhecimento racional da Doutrina Espírita, a fim de que cada um decida o que é melhor e adequado para si, o que é suportável com equilíbrio e o que sua consciência lhe dita como sendo o certo ou o errado em sua vivência pessoal.

Fidelidade

"(...) reportamo-nos ao impositivo da lealdade que deve ser respondida com lealdade, seja qual for o tipo de união em que os parceiros se comuniquem sexualmente um com o outro, sustentando o equilíbrio recíproco".[183]

Estabelecida a união afetiva homossexual, em qualquer nível em que a relação se manifeste, é extremamente importante o estabelecimento de laços de respeito e cuidados recíprocos entres os parceiros. Para que a relação e a vivência sejam alimentadoras, importa que haja comunhão em todos os níveis.

Naturalmente, entre homossexuais se encontrarão os mesmos desafios que entre heterossexuais no que diz respeito à convivência e à nutrição afetiva. Carência, solidão, necessidade de aceitação e desejo de valorização pessoal estarão ainda mais presentes em virtude das circunstâncias de isolamento social em que se encontra a maioria dos homossexuais.

Importa considerar, aqui, que relação afetiva nenhuma será suficiente para aplacar a solidão fundamental de heterossexuais e homossexuais, pois que, em última instância, ela representa a ausência da relação amorosa com a fonte, o Criador. Essa falta do Pai em si responde pelo vazio interior que o ser humano tanto tenta aplacar na experiência com o outro. Sendo Deus o amor maior, busca-se a experiência do amor menor, onde Deus está, de certo modo, representado, na comunhão de duas almas que buscam o mesmo objetivo.

Ver o livro: *O homem sadio*, de autores diversos, psicografado por Roberto Lúcio Vieira de Souza e Alcione Reis Albuquerque, Belo Horizonte: AME, 2011.

---
183. Francisco Cândido Xavier e Espírito Emmanuel, *Vida e sexo*, p. 19.

Estabelecida a relação a dois, a fidelidade e o respeito se fazem fundamentais. A responsabilidade perante o outro e as repercussões de atitudes imaturas, irresponsáveis ou descompromissadas são as mesmas que entre heterossexuais, embora André Luiz nos informe que entre heterossexuais a responsabilidade é ainda maior, por respirarem estes no "clima estável da maioria".[184]

Esclarece Emmanuel:

> "Toda vez que determinada pessoa convide outra à comunhão sexual ou aceita de alguém um apelo neste sentido, em bases de afinidade e confiança, estabelece-se entre ambas um circuito de forças, pelo qual a dupla se alimenta psiquicamente de energias espirituais, em regime de reciprocidade. Quando um dos parceiros foge ao compromisso assumido, sem razão justa, lesa o outro na sustentação do equilíbrio emotivo, seja qual for o campo de circunstâncias em que esse compromisso venha a ser efetuado. Criada a ruptura no sistema de permuta das cargas magnéticas de manutenção, de alma para alma, o parceiro prejudicado, se não dispõe de conhecimentos superiores na autodefensiva, entra em pânico, sem que se lhe possa prever o descontrole que, muitas vezes, raia na delinquência. Tais resultados da imprudência e da invigilância repercutem no agressor, que partilhará das consequências desencadeadas por ele próprio, debitando-se-lhe ao caminho a sementeira partilhada de conflitos e frustrações que carreará para o futuro".[185]

---

184. Francisco Cândido Xavier e Espírito André Luiz, *Sexo e destino*, cap. 9, p. 155.
185. Idem, *Vida e sexo*, cap. 6, p. 30.

É útil ressaltar que o estabelecimento de laços afetivos reais e profundos, com a construção de uma vida a dois que permita não só a instituição da família, mas também projetos de beneficência e utilidade social são aspectos importantes a serem considerados pelo casal homossexual. Como obstáculos a essa concretização, encontramos a compulsão sexual, derivada dos impulsos poligâmicos e incentivada muitas vezes pela mídia *gay*, que leva ao descompromisso afetivo, já abordado, e a viciação em pornografia, sobretudo virtual.

CAPÍTULO

Monogamia, poligamia e promiscuidade nas relações homossexuais

"O Impulso Sexual Excessivo aparece na população geral em torno de 5%, segundo Coleman (1992). Essa prevalência pode estar subestimada, tendo em vista as limitações morais, por embaraço, vergonha e sigilo dos envolvidos (Black et al., 1998). Há discreta preponderância do sexo masculino (Goodman, 1993), o que também é questionável, levando-se em consideração possíveis interferências de cunho moral e cultural."
(www.virtualpsy.locaweb.com.br [acesso 28/Jun/2011].)

Andrei Moreira

homossexualidade
SOB A ÓTICA DO ESPÍRITO IMORTAL

Observa-se, no meio *gay*, que é comandado em grande parte pelas empresas de entretenimento, um grande estímulo à promiscuidade e à vivência do prazer destituído do afeto e sem limites, bem como ao consumo de material pornográfico.

Esse estímulo é, dentre outros motivos, uma reação a séculos de repressão da identidade homossexual, que passou a vivenciar, após os anos 70, o mesmo *boom* de liberdade sexual vivido pelas mulheres após a revolução sexual feminina.

Marina Castañeda observa que há peculiaridades no casal *gay*. O casal masculino, naturalmente mergulhado em culturas machistas que afirmam o valor da virilidade, apresenta maior dificuldade com o estabelecimento de relações afetivas, o que favorece a infidelidade, ao passo que as mulheres apresentam maiores entraves sexuais, porém estabelecem mais facilmente relações afetivas profundas.

A poligamia refere-se ao casamento entre mais de duas pessoas, mesmo que não legalizado, no caso de homossexuais. Difere-se da promiscuidade que é definida como a relação com múltiplos parceiros, isolada ou conjuntamente, ao longo da vida ou de um determinado espaço de tempo.

Muitos indivíduos hipertrofiam a busca de relações genitais desconectadas do afeto como forma de gratificação. Isso, no fundo, representa um movimento de autoboicote e desvalorização pessoal, levando-se em consideração que tais pessoas trazem grave baixa autoestima e culpa por serem homossexuais, a guiar as ações de autodepreciação, em atitudes auto e heterodestrutivas. Não se permitem relações mais aprofundadas, apesar da insatisfação e do vazio das relações descompromissadas. Mantêm-se na dependência de sexo virtual, de *sites* de relacionamentos, em que os corpos são oferecidos como produto, da frequência a saunas ou boates *gays*, onde o sexo livre acontece nos domínios dos *dark rooms*, e de toda uma série de atitudes que os desvalorizam como pessoa e não os auxiliam a atingir seu alvo de sentirem-se valorosos perante si mesmos.

Os comportamentos sexuais compulsivos são frequentemente mantidos por processos obsessivos simples ou complexos, que mantêm o alto desejo e excitação sexual. Isso ocorre por meio da simbiose mental e emocional entre os encarnados e desencarnados viciados nas sensações físicas – que funcionam como fuga e anestesia para as dores morais – e também pela ação de intervenções mais complexas dos cientistas do submundo astral. Estes frequentam os ambientes de prática sexual, como saunas e boates, aproximando-se daqueles que com eles se sintonizam, pela afinidade de sentimentos e comportamentos, ou acompanhando os indivíduos que são alvo de suas investidas devido a vinganças do passado e outras intenções inferiores.

Ver o caso de Randolfo em Robson Pinheiro, *Canção da esperança – diário de um jovem que viveu com aids*, cap. XII, pp. 147 a 153.

Por meio de técnica astral envolvendo mentalização e criação mental, plasmam larvas astrais, bem como viciam Espíritos elementais no consumo de substâncias e energias sexuais de baixo teor vibratório, introduzindo-os no corpo físico e astral de suas vítimas, o que faz com que estas se mantenham em estado de excitação mental e sexual superior à habitual. Dessa forma, para satisfazerem a si mesmos e aos parceiros espirituais, os indivíduos mantêm e aprofundam a busca de relações de prazer exclusivo, sem vinculação afetiva, com a ideia de que estão "curtindo e aproveitando a vida", que afirmam ser uma só, enquanto, na verdade, caminham a passos largos para o desequilibro, o desregramento e as consequências infelizes da solidão afetiva, das doenças sexualmente transmissíveis e da obsessão espiritual, com efeitos no presente e na vida espiritual futura.

Muitos indivíduos desenvolvem a síndrome de Don Juan, que consiste no vício da sedução, quando medem seu valor pelo número de pessoas que seduzem e deixam a seus pés, que conseguem levar para a cama ou que lhes solicitam a atenção, seja nas redes sociais, vício moderno, ou na vida de relação do dia a dia.

Tem crescido o número de casais *gays*, sobretudo masculinos, que optam por relacionamentos sexuais abertos, nos quais outras pessoas são bem-vindas para a prática sexual com um dos parceiros ou com os dois ao mesmo tempo. Observa-se o mesmo fenômeno entre heterossexuais, nas estatísticas que demonstram o crescimento da prática de *swing* ou troca de casais. Essa prática, centrada exclusivamente no prazer físico, tem sido responsável pela insatisfação de grande número de indivíduos que veem relacionamentos estáveis chegarem ao fim, deixando muitas vezes uma das partes magoada, com a outra criando novos relacionamentos.

A grande maioria da humanidade é egressa de um passado de poligamia, em que a sensualidade era a marca primordial, e o descompromisso afetivo uma constante. Essa herança psíquica e emocional das experiências poligâmicas do passado espiritual do indivíduo pode se expressar no presente sob a forma de tendências à promiscuidade.

Segundo informam os Espíritos, a monogamia é conquista evolutiva a que deve se dedicar o ser:

> "Qual das duas, a poligamia ou a monogamia, é mais conforme à lei da Natureza?
> — A poligamia é lei humana cuja abolição marca um progresso social. O casamento, segundo as vistas de Deus, tem que se fundar na afeição dos seres que se unem. Na poligamia não há afeição real: há apenas sensualidade".[186]

Ao longo do processo evolutivo, encontrando os vínculos de afeto e compromisso, o homem faceará, naturalmente, os impulsos poligâmicos do seu passado espiritual, em qualquer faixa de experiência que experimente.

Nas relações homossexuais, isso será um desafio adicional, pois a ausência de legitimação legal, e de filhos e de laços extras de compromisso, como a família, requisitará do homossexual um valor bem definido de respeito por si mesmo e pelo outro, bem como do objetivo da relação no processo

---

[186]. Allan Kardec, *O livro dos Espíritos*, questão 701.

de reeducação afetiva que a encarnação promove. Sem esse compromisso pessoal, será fácil ser levado no rol das experiências sensoriais, amplamente incentivadas pela pornografia e pelo entretenimento *gay*.

Informa Emmanuel:

> "A princípio, exposto aos lances adversos das aventuras poligâmicas, o homem avança, de ensinamento a ensinamento, para a sua própria instalação na monogamia, reconhecendo a necessidade de segurança e equilíbrio, em matéria de amor; no entanto, ainda aí, é impelido naturalmente a carregar o fardo dos estímulos sexuais, muita vez destrambelhados, que lhe enxameiam no sentimento, reclamando educação e sublimação. Depreende-se disso que toda criatura na Terra transporta em si mesma determinada taxa de carga erótica, de que, em verdade, não se libertará unicamente ao preço de palavras e votos brilhantes, mas à custa de experiência e trabalho".[187]

À luz da Doutrina Espírita, os relacionamentos abertos são porta de perturbação e canal fácil de atuação obsessiva, por serem exclusivamente baseados na sensualidade e no prazer físico. Sabe-se hoje que as obsessões de natureza sexual campeiam em toda parte, respondendo por grande parte dos desajustes psíquicos em nossa sociedade.

É importante, assim, refletir nessa questão e reconhecer que a reeducação afetiva, com a natural valorização da parceria afetiva e da construção a dois, é um desafio para heterossexuais e homossexuais, mas que se impõe como desafio e

---

[187]. Francisco Cândido Xavier e Espírito Emmanuel, *Vida e sexo*, cap. 24, p. 102.

necessidade suplementares a indivíduos que se reconheçam reencarnados na condição de reeducação do afeto nas alegrias e dificuldades da vivência homossexual.

A união de dois seres na atração afetivo-sexual homossexual, sob os laços de compromisso e construção conjunta, vivendo fidelidade, respeito e valorização recíprocos, pode ser campo abençoado de construção no terreno do Espírito e das "obras do coração", no caminho assinalado por André Luiz:

> "O instinto sexual, então, a desvairar-se na poligamia, traça para si mesmo largo roteiro de aprendizagem a que não escapará pela matemática do destino que nós mesmos criamos.
>
> Entretanto, quanto mais se integra a alma no plano da responsabilidade moral para com a vida, mais apreende o impositivo da disciplina própria, a fim de estabelecer, com o dom de amar que lhe é intrínseco, novos programas de trabalho que lhe facultem acesso aos planos superiores.
>
> O instinto sexual nessa fase da evolução não encontra alegria completa senão em contato com outro ser que demonstre plena afinidade, porquanto a liberação da energia, que lhe é peculiar, do ponto de vista do governo emotivo, solicita compensação de força igual, na escala das vibrações magnéticas.
>
> Em semelhante eminência, a monogamia é o clima espontâneo do ser humano, de vez que dentro dela realiza, naturalmente, com a alma eleita de suas aspirações a união ideal do raciocínio e do sentimento, com a perfeita associação dos recursos ativos e passivos, na constituição do binário de forças, capaz de criar

não apenas formas físicas, para a encarnação de outras almas na Terra, mas também as grandes obras do coração e da inteligência, suscitando a extensão da beleza e do amor, da sabedoria e da glória espiritual que vertem, constantes, da Criação Divina".[188]

---

188. Francisco Cândido Xavier, Waldo Vieira e Espírito André Luiz, *Evolução em dois mundos*, cap. 18, pp. 139 e 140.

CAPÍTULO

Casamento *gay* ou união homoafetiva

"Não assegurar qualquer garantia nem outorgar quaisquer direitos às uniões homoafetivas infringe o princípio constitucional da igualdade, revela discriminação sexual e violação aos direitos humanos, pois afronta o direito ao livre exercício da sexualidade, liberdade fundamental do ser humano que não admite restrições de quaisquer ordens."

MARIA BERENICE DIAS (desembargadora)

(Luiz Mott, *Homoafetividade e direitos humanos*. Revista de Estudos Feministas, vol. 14, n. 2.)

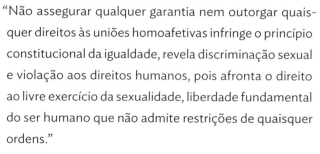

Andrei Moreira

homossexualidade
SOB A ÓTICA DO ESPÍRITO IMORTAL

S EGUNDO O CENSO 2010,[189] HÁ NO BRASIL MAIS DE 60 MIL casais homossexuais vivendo junto sob o mesmo teto.

"Em números absolutos, a região com mais casais homossexuais é o Sudeste, que abriga 32 202 casais, seguida pelo Nordeste, com 12 196 casais. O Norte tem o menor número de casais do mesmo sexo: 3 429, seguido do Centro-Oeste, com 4 141. A Região Sul tem pouco mais de 8 mil casais homossexuais. Entre os estados, São Paulo é o que tem a maior quantidade de casais homossexuais (16 872) e Roraima é o que tem menos, com apenas 96 casais que se declararam homossexuais".[190]

---

189. "Resultados do censo 2010": www.censo2010.ibge.gov.br (acesso 27/Dez/2011).
190. "Censo 2010 contabiliza mais de 60 mil casais homossexuais": www.g1.globo.com (acesso 27/Dez/2011).

Já nos EUA, segundo o Censo 2000, há quase 600 mil lares constituídos por casais homossexuais. Um quarto deles possui filhos.[191]

As conquistas dos direitos das pessoas homossexuais têm avançado largamente na Europa e nas Américas. Até 2011, já são 10 países que aprovaram o casamento *gay*, sendo que, nos EUA os estados de Connecticut, Iowa, New Hampshire, Vermont, Washington D.C. e, mais recentemente, a cidade de Nova Iorque o aprovaram.

No Brasil, em fevereiro de 2011, foi aprovada pelo Supremo Tribunal Federal a União estável entre pessoas do mesmo sexo, o que não garante todos os direitos do matrimônio, visto que exclui a adoção, mas permite a união civil, pois a união estável entre pessoas do mesmo sexo foi equiparada à heterossexual, com os mesmos direitos e deveres.

À luz da imortalidade da alma, a união de dois seres que se amam e se vinculam em regime de construção conjunta no campo social e afetivo é conquista evolutiva, e nesse quesito não nos parece relevante se essas duas pessoas são do mesmo sexo ou não.

Emmanuel foi questionado, certa vez, por pessoas interessadas em conhecer-lhe a opinião a respeito desse tópico:

"Será lícito duas pessoas do mesmo sexo viverem sob o mesmo teto, como marido e mulher?

A esta indagação o Codificador da Doutrina Espírita formulou a questão 695, em *O livro dos Espíritos*, com as seguintes palavras: 'O casamento, quer dizer, a união permanente de dois

---
[191]. www.census.gov (acesso 27/Dez/2011).

seres é contrário à lei natural?' Os orientadores dos fundamentos da Doutrina Espírita responderam com a seguinte afirmação: 'É um progresso na marcha da humanidade.' Os amigos encarnados no plano físico com a tarefa de sustentar e zelar pelo Cristianismo Redivivo, na Doutrina Espírita, estão aptos ao estudo e conclusão do texto em exame".[192]

Vale a pena observar a resposta do benfeitor. Ele apela para a capacidade de raciocínio dos espíritas, ao evocar o texto da Codificação a respeito do casamento e solicitar reflexão sobre o conhecimento à disposição da humanidade há mais de 150 anos.

Com essa atitude, ele reforça o princípio do trabalho do insigne codificador Allan Kardec, o Prof. Rivail, ao dizer, subliminarmente, que a verdade espírita não está na opinião de um ou outro Espírito, um ou outro médium ou estudioso destacado da doutrina, pois todos têm direito a opiniões pessoais, podendo, inclusive, equivocar-se. Com essa postura, Emmanuel reafirma a importância de se buscar a verdade espírita na coerência da informação, na fé raciocinada, a única que pode encarar a razão face a face em todas as épocas da humanidade, como nos ensinou Kardec.

"A união permanente de dois seres representa um progresso na marcha da humanidade", informam-nos os orientadores da codificação espírita. Esse pensamento atende à lógica reencarnacionista, pois dois seres que se vinculam em nome do amor fortalecem-se para as realizações sublimes na formação

---

[192]. Francisco Cândido Xavier e Espírito Emmanuel, *Jornal Folha Espírita*, do mês de julho de 1984.

da família, célula da sociedade, e nas realizações sociais fruto dos exercícios de fraternidade desse núcleo doméstico.

A união homoafetiva, quando baseada nos princípios do amor, do respeito, da afinidade e da honestidade emocional, pode gerar múltiplos resultados positivos tanto para o indivíduo, quanto para a sociedade. Dá origem a uma nova qualidade de família, chamada homoparental, que pode incluir, além dos filhos concebidos em relações heterossexuais anteriores, filhos gerados por inseminação artificial ou adotados, em exercício de amor aos órfãos de afeto e carinho na humanidade.

Vale a pena observar que o matrimônio *gay* é um tema critico, extremamente debatido em vários meios de comunicação em todo o mundo e que provoca debates acalorados. A propósito, questiona Marina Castañeda:

> "Por que isso se as pesquisas demonstram que somente 4 a 5% da sociedade é exclusiva ou declaradamente homossexual, apenas uma terceira parte dos homossexuais tem uma parceria afetiva fixa (segundo pesquisa nos EUA) e apenas metade deles desejam casar-se, sendo que nem todos tem condições sócio-econômicas para tal?"[193]

A questão, segunda ela, é que a discussão do matrimônio *gay* se converteu em um dos temas chaves, que definem aonde vai uma sociedade e onde estão suas linhas de fratura,[194] abrindo as portas para uma discussão de valores religiosos, morais e socioeconômicos de ampla repercussão.

---

193. Marina Castañeda, *La nueva homosexualidad*, p. 73. Tradução livre do autor.
194. Idem, p. 74.

Muitos se preocupam e se posicionam contrários à legalização do casamento *gay* no Brasil, comandados por propagandas religiosas que demonizam os indivíduos e as relações homossexuais, temendo que a instituição da família homoparental vá destruir a família tradicional heterossexual. Trata-se de preconceito e desinformação.

A garantia de direitos a qualquer pessoa ou categoria atende aos pressupostos constitucionais de igualdade para todos, independentemente de sua orientação sexual, condição econômica, partido político ou afiliação religiosa. O medo da destruição da família tradicional se assenta em uma falsa crença a respeito do indivíduo homossexual, por se acreditar que ele seja depravado, sedutor e destruidor de lares. A ideia por trás dessa atitude parece ser a de que o homossexual poderia seduzir os maridos ou as esposas (mais os maridos, pois o preconceito é mais voltado para o homossexual masculino), destruindo lares e promovendo o colapso da estrutura reinante em nossa sociedade.

"Nos EUA, ao casar-se, o casal heterossexual passa a gozar de 1138 direitos, proteções e responsabilidades que são negadas ao casal homossexual, nos estados onde o casamento *gay* não é autorizado". In: Marina Castañeda, *La nueva homosexualidad*, p. 89. Tradução livre do autor.

Essa falsa crença tem origem na história da sexualidade humana, repleta de culpas, medos e manipulações pela Igreja ao longo do tempo.

É útil perceber os conceitos e medos presentes no inconsciente coletivo, que retrata tanto a história de cada um como a da própria condição homossexual. Parece haver, por trás desse medo, a noção exata de que somos todos bissexuais psíquicos e, portanto, passíveis de sedução por qualquer dos sexos, independentemente da orientação do desejo atual. Parece haver, também, uma percepção de que na história de uma parte dos homossexuais se encontra um passado de abuso afetivo-sexual e de destruição de lares, conforme nos informa André Luiz no livro *Ação e reação*.

Parece haver, ainda, um medo secular de lidar com as questões que dizem respeito ao prazer, sobretudo na esfera da sexualidade. A homossexualidade é considerada por muitos como uma condição de esterilidade (embora não o seja); dessa forma, não estaria direcionada para a perpetuação da espécie e seria voltada para o prazer do indivíduo. Este, frequentemente, é visto como descompromissado e leviano, devido ao mito da promiscuidade do homossexual.

Outra questão que se levanta é que muitas pessoas acreditam que o homossexual, sendo Espírito que traz comprometimentos do passado, deva viver a abstinência sexual ou se esforçar por viver um relacionamento heterossexual, em busca da "normalização". Naturalmente, esse pensamento baseia-se numa cultura heterocentrada e na apologia do sofrimento como forma de expurgo do passado e de evolução, o que, subliminarmente, remete ao castigo divino de um Deus punitivo apresentado pelo pensamento judaico-cristão-ocidental.

É fundamental salientar que Espírito nenhum evolui exclusivamente por sofrer. O sofrimento é recurso pedagógico, e não finalidade. O que promove o crescimento no sofrimento é a maturidade conquistada no processo do bem sofrer.

Em qualquer experiência, o amor é o caminho por excelência. "Misericórdia quero, e não sacrifício" (Mt 9:13), disse o Cristo. "Eu vim para que tenham vida e vida em abundância" (Jo 10:10), asseverou o Mestre.

Já discutimos anteriormente a questão da abstinência sexual imposta. A relação homossexual baseada no amor e nos valores do respeito e do cuidado recíproco são fontes fartas de reeducação afetiva e aprendizado dos valores, objetivo de boa parte das experiências homossexuais. Para isso, não é preciso que o indivíduo tenha que lançar mão do sofrimento decorrente da solidão completa para reeducar-se, pois, via de regra, ela deforma o ser e o definha ao invés de renovar-lhe o coração.

As dificuldades de reconhecer-se homossexual, vivendo uma variante do comportamento afetivo e sexual dominante, já é desafio e sofrimento suficiente para estimular o ser a experienciar o autocuidado.

O homossexual tem direito, como todo ser humano, a uma vida plena de troca, partilha e comunhão afetiva, tão profunda quanto seja possível, perante a sociedade e a sua capacidade de adaptação e resiliência, diante da homofobia internalizada e do preconceito social.

Sabiamente, Emmanuel nos esclarece que:

> "O casamento ou a união permanente de dois seres, como é óbvio, implica o regime de vivência pelo qual duas criaturas se confiam uma à outra, no campo da assistência mútua. Essa união reflete as Leis Divinas que permitem seja dado um esposo para uma esposa, um companheiro para uma companheira, um coração para outro coração ou vice-versa, na criação e desenvolvimento de valores para a vida".[195]

Percebam a sutileza de Emmanuel em acrescentar "duas criaturas" e "um coração para outro coração", o que, em nossa interpretação, não se deve a recurso linguístico para dar maior ênfase à informação ou conferir poesia ao discurso. É, sim, recurso psicológico de cuidado e inclusão, para permitir que o texto, que sobreviveria ao progresso dos tempos, contivesse

---
195. Francisco Cândido Xavier e Espírito Emmanuel, *Vida e sexo*, cap. 7, p. 33.

uma informação inclusiva, em acordo com sua opinião expressa anteriormente e publicada na *Folha Espírita* de 1984.

Se pensarmos, ainda, que uma boa parte, senão a maioria das experiências homossexuais visa à reabilitação do afeto e ao reajustamento perante a responsabilidade pessoal e para com o outro, o casamento homossexual apresenta-se como recurso terapêutico por excelência, promovendo a oportunidade da consolidação dos laços profundos e sagrados da cumplicidade, do respeito e da amorosidade nas criaturas.

Ao longo de uma série de exposições doutrinárias na Europa, vimos pessoas e casais homossexuais na direção de casas espíritas, nas tarefas de exposição doutrinária e na mediunidade, integrados e equilibrados, sendo respeitados pelos seus parceiros de trabalho espíritas, valorizados e bastante produtivos, vivendo uniões ou casamentos dignos de respeito, que nos testemunham o valor do amor, independentemente da orientação sexual.

Por tudo isso exposto, acreditamos que o casamento homossexual seja não só um direito inalienável das minorias homossexuais, mas igualmente um progresso na marcha da humanidade, que não segue linearmente anulando o que veio atrás, mas somando às construções, que se complementam ao longo do tempo. O casamento homossexual, longe de anular os valores sagrados da família heterossexual, os consolidará ainda mais, fazendo com que a diferença e a multiplicidade forneçam a riqueza de uma sociedade alteritária e fraterna, característica de um mundo de regeneração.

Como afirmou com propriedade Luis Fernando Veríssimo:

"Os *gays* são mais conservadores do que seus críticos, pois lutam para preservar e prestigiar uma instituição que parecia estar agonizando, vítima da nova moral sexual. (...) Quando o casamento parecia a caminho de se tornar obsoleto, substituído pela coabitação sem nenhum significado maior, chegam os *gays* para acabar com essa pouca-vergonha".[196]

---

196. Luís Fernando Veríssimo, "Espíritos opostos": www.velhosamigos.com.br (acesso 17/Set/2011).

RAFAEL E MARCELO
UMA HISTÓRIA QUE DEU CERTO
por RAFAEL

Nos conhecemos no dia 28 de janeiro de 1994 na cidade de São Paulo.

Achamos até hoje que as coisas tomam forma mesmo que a gente não se dê conta e temos certeza de que nossa história tinha que dar certo...

Os dois somos paulistas, só que eu morava em Sampa e o Marcelo em Belo Horizonte. Um amigo dele, hoje nosso, o convidou a ir a São Paulo passar um final de semana na casa de outros amigos. Desde o início, o Marcelo não estava muito a fim de ir, mas acabou concordando, para fazer companhia aos amigos. Até o último momento queria desistir, mas enfim acabou indo.

Acabamos por nos conhecer em uma boate. Eu estava parado na beira da pista com um amigo, quando nossos olhares se cruzaram e o Marcelo se aproximou. Conversamos, nos conhecemos. Como no outro dia ele iria embora, trocamos telefones e combinamos de nos encontrar, talvez para um almoço. Esperei até às 13h30, e, como ele não ligou, saí para almoçar com uns amigos (naquela época não existia celular). À tarde, quando retornei, tinha um recado dele. Esperei até a segunda-feira para poder ligar. (Ele achou que nunca mais nos veríamos de novo. Ledo engano...)

Ele estava com viagem marcada de férias para o nordeste, por aproximadamente 15 dias. Resultado: mais 15 dias sem encontro, mas, em todas as cidades que chegava, ele me ligava. Quando voltou das férias, foi para Campinas, onde seus pais moram, e então combinamos de nos encontrar. Saímos para dançar, com amigos, e tivemos uma noite agradável.

No outro dia, o Marcelo, meio que querendo se despedir e por educação, me convidou para almoçar na casa dos pais dele. Eu topei de primeira e aí tudo começou pra valer. Ficamos mais ou menos uns 3 meses numa ponte aérea BH-Sampa, pois estava com trabalho pra terminar. Quando terminei, me desfiz das minhas coisas, arrumei uma "meia" mudança usando o carro, despachei o restante via transportadora e vim rumo a BH e ao Marcelo.

Os dois tiveram que se adaptar, pois todo começo é difícil, um abre mão de algumas coisas, o outro de outras, e assim fomos levando a vida. Mas, olhando para trás, temos a certeza de que tudo valeu a pena. Estamos juntos desde então, vivendo um para outro. Já se passaram 17 anos e até hoje parece que foi ontem. Nos amamos profundamente.

A receita para a duração de um relacionamento não existe, pois as pessoas são diferentes. O que podemos dizer é que, para se obter sucesso numa parceria de tantos anos, se faz necessário o respeito pelo outro, a gratidão, a humildade, a cumplicidade e principalmente o cultivo do amor, sempre, lembrando que as dificuldades sempre aparecem, mas temos que saber lidar com elas, e não simplesmente tomar o caminho mais fácil, que muitas vezes parece ser o da separação.

Acho ainda que um dos alicerces para que um relacionamento dê certo é que o casal deve criar algum vínculo. No nosso caso, além de nossos sentimentos, tivemos um vínculo importante, que foram as duas criaturas maravilhosas que fizeram parte de nossas vidas, Beethoven e Meg, cães da raça schnauzer, que foram verdadeiramente como filhos para nós.

Nossas famílias são amorosas e acolhedoras, participando de nossas vidas, frequentando nossa casa e convivendo em paz com nossa relação.

Em breve iremos assinar o documento da união estável, recentemente autorizada no Brasil, garantindo legalmente os direitos de uma vida partilhada em comunhão e igualdade, sobretudo amorosidade, há 17 anos.

CAPÍTULO

Testemunhos da vida real

"O Amor é que é essencial.
O sexo é só um acidente.
Pode ser igual
Ou diferente.
O homem não é um animal:
É uma carne inteligente (...)"
FERNANDO PESSOA

(Fernando Pessoa, *Obra poética e em prosa*, vol I, p. 414.)

Andrei Moreira

homossexualidade
SOB A ÓTICA DO ESPÍRITO IMORTAL

M UITOS INDIVÍDUOS NÃO ACREDITAM NA POSSIBILIDADE do amor entre iguais e afirmam desconhecer histórias positivas de pessoas e casais homossexuais.

Outros, além disso, desconhecem as dificuldades do processo de autoaceitação, as lutas interiores para vencerem a si mesmos, assim como desconhecem as alegrias genuínas do autoamor e do autorrespeito.

Devido a isso, foi solicitado a alguns homossexuais que compartilhassem conosco as suas histórias de vida, de luta e desenvolvimento pessoal.

Algumas fecham os capítulos desta obra, outras são apresentadas neste capítulo, como referências de histórias, com felicidades e infelicidades, alegrias e tristezas, como tantas outras... Histórias positivas de pessoas em busca da felicidade que sentem merecer, por serem dignos filhos e filhas de Deus.

Os testemunhos foram escritos pelas pessoas que os narraram e sintetizados pelo autor desta obra, mantendo-se a fidelidade às informações.

Alguns nomes e detalhes pessoais foram trocados, a pedido das pessoas que partilharam suas histórias.

PEDRO LÚCIO, 40 ANOS, MOTORISTA DE ÔNIBUS E METRÔ, E PAULO, GARÇOM
por PEDRO

Não sei dizer quando é que realmente me dei conta da minha homossexualidade. Desde criança tive 'brincadeiras de descobrimento', que penso são normais com ambos os sexos. No entanto me lembro de que com meninos o coração batia mais rápido, fosse pelo perigo ou por saber que 'estava errado' (os meus pais eram evangélicos e fui criado no ambiente religioso) ou por outro fato.

Talvez pelo fato de ser muito bonito (diziam), confundiam-me frequentemente com uma menina, o que não me agradava mesmo nada.

Os anos foram passando. Tive 2 ou 3 namoradas, mas nenhuma relação sexual.

O meu pai chegou mesmo ao ponto de me chamar a atenção para o fato de que o amor platônico não existe, e de que o sexo deve sempre estar envolvido em uma relação entre homem e mulher. Aos 18 anos fui forçado a ir estudar longe de casa, num ambiente onde havia alguns homossexuais, e foi aí que me descobri *gay*.

Quando terminei o curso de hotelaria, comecei a trabalhar, e chegou o serviço militar, onde encontrei o meu primeiro amor. Se dizia heterossexual (e tinha uma namorada), mas houve entre nós uma sintonia e atração enormes. Iniciamos uma relação, e alguns meses mais tarde os meus pais descobrem a minha condição homossexual, ao nos apanharem em flagrante. Foi um dos piores momentos da minha vida. Chorei como nunca antes tinha chorado. O meu pai, apoiando-me, disse-me: "Filho, não é o fim do mundo". Mas para mim era, tamanha a homofobia internalizada.

Cheguei mesmo a pensar no suicídio, e este só não se consumou porque a minha irmã de criação (uma vizinha criada conosco) foi mexer onde eu havia deixado a minha carta de despedida. E veio falar comigo chorando copiosamente, perguntando-me o que é que eu pretendia fazer.

E nesse turbilhão de paixões, sentimentos e dúvidas, meu pai resolveu levar-me para "tratamento". Fomos a um especialista, fizeram-se todos os tipos de exames físicos possíveis e imagináveis, inclusive DNA e cariótipos, e um ano depois o médico dizia que eu era um homem perfeito e que deveria ir a um psiquiatra. Entretanto, nesse ano, por ordens do médico, o meu pai ministrou-me 2 ou 3 doses de hormônios masculinos (o meu pai era químico farmacêutico).

O psiquiatra aconselhou-me a fazer psicoterapia, inicialmente todas as semanas, para "cura do problema". Disse ao meu pai que não. Não iria permitir que tivesse de dar metade do salário por causa de um problema que para mim não era um problema.

E disse-lhe: "Se o problema é psíquico, então resolvo-o sozinho. Vou tentar mudar!"

Estava triste com o meu relacionamento com o companheiro de exército, e alguns meses depois conheci aquela que seria meu novo amor, uma moça.

Tínhamos tanto em comum! Começamos a namorar e 11 meses depois nos casamos. Sem, no entanto, lhe omitir o meu passado.

O relacionamento foi bom; dois anos depois nasceu uma menina, e cinco anos depois um menino. Interessa dizer que, a partir do 5.º mês de gravidez, ela deixou de ter prazer sexual, e a "abstinência" começou. Ao fim de algum tempo, os desejos sexuais pelo sexo masculino reapareciam em mim, difíceis de conter. Depois do nascimento da minha filha, o sexo não voltou a ser o que era: a bebê ao lado, etc., até que eu lhe disse que estava farto de a procurar, que quando quisesse algo então que ela me procurasse. O que não aconteceu.

Após o nascimento do menino, então, foi o fim total do sexo no relacionamento.

Três anos depois o meu pai foi vítima de um câncer, um linfoma. Após falar com o médico dele, que me disse que ele teria entre três e doze meses de vida, comecei a pensar sobre tudo em minha vida.

Após a sua partida e uma paixão que me tirou do sério, apercebi-me de que a vida não me estava significando nada. E que teria de começar tudo de novo.

Conversei com a minha filha (então com 8 anos de idade) e saí de casa. Mantive bom relacionamento com a minha ex--eposa e desde então dou todo o apoio moral e educacional aos meus filhos.

Após o término da paixão e a desilusão amorosa, aparece--me a oportunidade de migrar de Portugal para a Suíça, com um amigo.

O meu futuro em Portugal não seria risonho, devido ao pagamento da falência que eu enfrentava e à pensão de alimentos dos meninos. Teria de ter mais de um emprego para poder pagar tudo.

Dois meses depois conheci um rapaz, e passados 10 meses vivíamos juntos. Um amor intenso feito de carinho, afeto, que durou 4 anos, até quando Deus chamou esse Espírito a retornar para o plano espiritual.

Mais um momento de sofrimento que me levou a fazer perguntas para as quais a igreja católica não tinha resposta, ou tinha respostas que não me bastavam. Assim, descobri o Espiritismo, o qual estudo e pratico desde então.

Quase logo a seguir conheço o meu companheiro atual, Paulo, com o qual vivo e mantenho uma relação de respeito, parceria e afetividade intensas. Meus filhos, os quais amo muito, convivem conosco com naturalidade, dentro de uma relação de ternura e acolhimento integral.

Olhando o meu passado apercebo-me do amor incondicional que Deus tem por mim, e dos amores que me permitiu, e penso que os meus filhos são Espíritos afins que decidiram vir fazer parte da minha vida para me apoiarem, recebendo de mim o meu melhor.

ADRIANA, ENFERMEIRA, 46 ANOS, E LÚCIA, ADVOGADA, 46 ANOS
por ADRIANA

Desde pequena adorava brincar de futebol, apesar de brincar também de bonecas. Na escola havia uma adolescente jovem que tinha uma tendência homossexual e que gostava de ficar próxima de mim. Porém, me afastei dela por achá-la "estranha" e também porque o estilo dela era masculino, e o que sempre me despertou é o feminino.

Namorei muitos rapazes, fui infiel a todos e não me apaixonei por nenhum.

Durante a adolescência, me envolvi com o grupo de jovens da igreja próxima a minha casa. Por causa disso, conheci umas freiras que lá participavam, as quais tinham uma creche no bairro. Comecei a me envolver com os trabalhos sociais.

Nesse período estava namorando um rapaz, achava-o interessante, bonito e etc. Porém, devido à minha dedicação ao movimento social junto às freiras, fiquei confusa, achei que tinha vocação religiosa. Me foi proposto ir para o seminário. Tive dúvida sobre pelo que optar: por meu namorado ou por Cristo. Escolhi Cristo, ou melhor, a igreja. Hoje penso que foi um passo importante para meu descobrimento homossexual, pois foi lá que percebi com clareza minha atração homoafetiva. Quando ficava ajudando na creche junto com uma determinada freira, sentia arrepios, atração, porém não tinha consciência desse desejo. Só mais tarde, em retrospectiva, vim a perceber que já era algo gritante.

Certo dia, a coordenadora da congregação chegou para o padre superior insinuando que "eu teria uma preferência homossexual". Ele me contou e perguntou o que eu achava disso. Lembro que a conversa foi à noite. Não consegui dormir e no outro dia levantei furiosa. Como ela poderia insinuar uma coisa dessas? (Eis a negação presente em mim.)

Fiquei furiosa com essa coordenadora, achei absurda a colocação dela. Como estava com problemas com meus familiares, que não aceitavam a minha opção religiosa, juntamente com a tristeza que estava enfrentando na casa onde trabalhava para a congregação, resolvi largar a vida religiosa.

Voltei para Belo Horizonte e resolvi participar de um movimento social envolvido com pastoral e política. Por meio dessa pastoral visitava bordéis da cidade, com o intuito de amparo às prostitutas. Conheci muitas prostitutas e travestis. Sempre andávamos em dupla, nunca entrávamos sozinhos. Certo dia, o amigo que me acompanhava sumiu e uma das prostitutas se insinuou para mim, dizendo que sabia da minha homossexualidade e que queria se envolver sem cobrar. Respondi que ela estava confundindo as coisas e passei o maior aperto. Minha condição era notória para os outros, menos para mim. Não me aceitava homossexual.

Assumi uma casa como coordenadora da arquidiocese de BH, com cinco movimentos sociais de áreas diferentes. Foi nessa casa que descobri a minha homoafetividade. Conheci uma mulher, que, certo dia, se aproximou e me beijou, de surpresa. Me envolvi com ela, me apaixonei. No entanto ela era casada e tinha filhos, o que inviabilizou o relacionamento.

Sofri, tive depressão. Achava que iria morrer.

Comecei a fazer filosofia, conheci pessoas que eram homossexuais, saí da casa dos meus familiares. Vivi as dúvidas da autoaceitação, o medo da revelação às pessoas, da rejeição... Morei com uma amiga, depois com outros amigos. Continuei me envolvendo com o grupo de jovens do bairro onde meus pais moraram e dali conheci mais amigos homossexuais; um deles também fazia filosofia. Saí com ele para bares e festas.

Foi em uma dessas festas que conheci a atual e eterna companheira Lúcia, que é advogada. Lembro-me de que, enquanto tocava violão, ela chegava e ficava olhando-me, e vice-versa. Aos poucos nos aproximamos, nos conhecemos, conversávamos por telefone horas a fio; marcamos um encontro junto com um casal de amigos. Saímos, dançamos e nos envolvemos. Ficamos um tempo afastadas, ela ainda em conflito, mas eu havia me apaixonado. Insisti e, com a ajuda de amigos, saímos novamente. Comparecemos a um baile juntas e até hoje estamos apaixonadas.

Em pouco tempo fomos morar juntas. Nosso casamento é uma relação tranquila, que tem, claro, altos e baixos como todo relacionamento de anos. Eu a amo. Conversamos, somos carinhosas uma com a outra, sentimos atração recíproca. Ela é uma pessoa muitíssimo especial. E sei que também o sou para ela. Gostamos de estar juntas, mas respeitamos nossa individualidade e solidão. Temos divergências e conversamos sobre isso. Confesso que é muito gostoso estar ao seu lado e que estou feliz com ela.

Já temos 14 anos de relacionamento, e espero vivermos juntas por muitos anos.

MANOEL E DIÓGENES
UM AMOR QUE SOBREVIVE À MORTE

"Dois homens se conhecem, dali nasce uma grande amizade e com esta uma linda história de amor entre iguais."

Com essas palavras se inicia o relato de Manoel, que compartilhou conosco sua história.

Manoel, artista plástico, artesão, e Diógenes, filósofo, violinista e tarólogo, conheceram-se em 2006. Em pouco tempo dividiam a mesma casa, e a cada dia crescia esta relação de amor, carinho, respeito, cumplicidade. Tinham uma vida de hábitos simples, muito feliz; muita paz os envolvia em uma vida saudável, física e espiritualmente. Assim foi por quase 5 anos.

Mas tudo tem seu tempo, e numa madrugada no início do mês de abril, Diógenes sofre um infarto fulminante, durante o sono. Pela manhã, Manoel vê que seu grande amor seguira para a pátria verdadeira.

Em meio a grande dor, procurou o auxilio da Sociedade Espírita Everilda Batista, onde ficou sabendo da reunião de cartas consoladoras que lá se realiza, ocasião em que são psicografadas mensagens de parentes desencarnados, dirigidas a seus afetos, com o controle dos orientadores espirituais do grupo. A ligação afetiva entre os dois era muito forte e Manoel tinha certeza de que o companheiro não seguiria sem dizer-lhe uma palavra. Mesmo com as pessoas dizendo que não conseguiria contato, devido ao pouco tempo do desencarne, seguiu para aquela instituição às 3h30 da manhã. Entre lágrimas e sentindo frio, orava e clamava a Deus a permissão de seu amor vir a seu encontro trazendo algum recadinho. Tinha a certeza de que conseguiria, pois o companheiro era espiritualizado e partira "da forma mais linda e tranquila que a espiritualidade pode proporcionar", relata.

Qual não foi a sua surpresa quando, ao final do estudo do Evangelho, ao iniciarem-se as leituras públicas das mensagens psicografadas naquela manhã, o médium começou a leitura de uma das cartas, dizendo:

"Meu querido companheiro, meu amor, meu namorado, que bom você estar aqui, nesta manhã.

Sou o Diógenes e venho aqui, Manoel, apenas para dizer o quanto meu carinho, dedicação e amor ainda estão vivos, embora a gente esteja em dimensões diferentes.

A dona Everilda Batista é quem me convida a escrever, e creia, não encontrei do lado de cá nenhum preconceito, absolutamente nada que tenha de alguma forma me impedido de externar o nosso amor e carinho.

Quero lhe pedir que não se esqueça de mim jamais, porém de forma alguma me esquecerei de você e de tudo que passamos juntos. Continuo tendo você como a âncora da minha vida, mas peço-te que reconstrua suas emoções e sua vida e não viva apenas de lembranças. Não sabemos quanto tempo levaremos para nos encontrar novamente, por isso deixe-se levar por emoções nobres e sadias e não deixe morrer sua capacidade de amar. Como dizem os Espíritos aqui presentes, 'não importa a forma de amar, o que importa é que amemos'.

Deixo aqui registrado o meu eterno amor a você, o carinho que jamais morrerá, e quero dizer que você será para sempre o grande amor de minha vida.

Um beijo terno em seu coração, com a saudade daquele que jamais te esquecerá". — Diógenes

Manoel conta que seu coração "parou no peito", tamanha a mistura de alegria e saudade, dor e esperança. Então, o amor sobrevive à morte! – concluiu ele.

O amado retorna, pelas mãos emprestadas de um médium, a escrever-lhe com o auxílio e a permissão dos orientadores espirituais, para atestar-lhe a sobrevivência da vida e do amor, quaisquer que sejam as suas manifestações.

Vemos nesse relato a beleza da ligação espiritual profunda de um relacionamento homoafetivo, que as provas individuais interromperam com intuitos educativos que não nos cabe considerar, porque pertencem ao domínio da necessidade evolutiva dos dois.

De qualquer maneira, suas vidas foram marcadas pela presença da alegria, da jovialidade, da ternura e do carinho recíprocos, no cuidado de cada dia, no amor partilhado. Essa experiência, sendo portadora da essência da vida, foi-lhes profundamente curativa, conectando-os ao Pai.

"Será para nós uma terna lembrança de um encontro feliz", ressalta Manoel.

Mensagem psicografada na manhã de 12/Jun/2011, na Sociedade Espírita Everilda Batista (Contagem, MG), pelo médium Robson Pinheiro.

CAPÍTULO

Adoção por pessoas ou casais *gays*

> "Família é Dom Divino da união de pessoas que se amam! Muito além de modelos, juramentos, contratos, interesses e conveniências."
> FÁBIO CUNHA SILVA

> "Não são os da consanguinidade os verdadeiros laços de família, e sim os da simpatia e da comunhão de ideias, os quais prendem os Espíritos *antes, durante e depois* de suas encarnações."
> ALLAN KARDEC
> (Allan Kardec, *O Evangelho segundo o Espiritismo*, p. 239.)

Andrei Moreira

homossexualidade
SOB A ÓTICA DO ESPÍRITO IMORTAL

A ADOÇÃO POR PESSOAS HOMOSSEXUAIS JÁ É UMA REALIDADE no Brasil. Já existe, inclusive, jurisprudência autorizando o companheiro de um homossexual que possuía a guarda de uma criança a compartilhá-la. A aprovação da adoção conjunta é questão de tempo, que seguirá, naturalmente, a do casamento *gay*, assim que caírem as barreiras alicerçadas no preconceito e que a força da pressão social a exigir.

Como dissemos no capítulo anterior, as uniões homoafetivas baseadas nos princípios do amor, do respeito, da afinidade e da honestidade emocional são uniões que podem gerar múltiplos resultados positivos tanto para o indivíduo, quanto para a sociedade. Dão origem a uma nova qualidade de família, chamada homoparental, que pode incluir filhos gerados por inseminação artificial ou adotados, em exercício de amor aos órfãos de afeto e carinho.

O casal Tony Reis e David Harrad teve a adoção conjunta autorizada, em 2008, pelo juiz da vara de infância e juventude de Curitiba, o que foi posteriormente confirmado e ampliado pelo Tribunal de Justiça do Paraná. Eles também se tornariam o primeiro casal *gay* a assinar a união estável, após a aprovação da autorização de uniões estáveis entre homossexuais, em fevereiro de 2011, pelo Supremo Tribunal Federal.

12

O conceito de família vem mudando ao logo do tempo e passando por revisões contínuas e ampliações. Primeiro, foram as mulheres solteiras que passaram a ter filhos, os pais que passaram a criar sozinhos os filhos, as mulheres que saíram do ambiente doméstico para garantir a subsistência enquanto os pais ficaram em casa cuidando da prole. Depois, vieram as adoções por um único indivíduo homossexual, e agora a busca pela aprovação da adoção por casais homossexuais.

> "Ao menos 80 mil crianças vivem com pais *gays* ou mães lésbicas, segundo estudos europeus e norte-americanos. Na Europa, cerca de 1% dos *gays* (e 15% das lésbicas) têm filhos. O estudo mais cauteloso elaborado nos EUA (Stacey e Biblarz, 2001) calculava que as crianças que cresciam nessa sociedade com casais homossexuais representam de 1% a 12% da população adolescente".[197]

Segundo o periódico *The Boston Globe*, que entrevistou a 752 casais *gays* nos EUA em maio de 2005, 30% deles criavam filhos.[198]

Muitos mitos e preconceitos envolvem a adoção por homossexuais.

Quando surgiram as primeiras adoções por pessoas e casais homossexuais na Europa, surgiu o temor de que os filhos de pais homossexuais crescessem confundidos a respeito de

---

[197]. "Falando em homoparentalidade": www.mariaberenice.com.br (acesso 11/Set/2011).
[198]. Marina Castañeda, *La nueva homosexualidad*, p. 87. Tradução livre do autor.

sua orientação sexual ou fossem induzidos a serem *gays*. Dois preconceitos em uma só crença: ser homossexual é um mal e os homossexuais induzem seus filhos na escolha sexual.

A psicanálise explica que uma condição necessária para o crescimento psicológico saudável é a presença das figuras masculina e feminina na família, em atitude complementar. Acontece que isso não precisa necessariamente vir dos genitores; uma dessas figuras pode ser exercida por um familiar presente na educação da criança. E ainda: mesmo no que se refere a um casal homossexual, um dos genitores exerce a figura masculina do controle, da ordem, da lei, enquanto o outro exerce o papel feminino do cuidado, do acolhimento, da maternagem.

Essa ideia mostrou-se correta, e as estatísticas hoje mostram que não há maior incidência de homossexuais entre os filhos criados por pais homossexuais que entre os criados por pais heterossexuais.

Acreditava-se ainda, por causa dos preconceitos que dizem respeito aos homossexuais, que estes fossem descompromissados, irresponsáveis, pervertidos e que, portanto, seus filhos seriam pessoas desajustadas socialmente.

As adoções na Europa iniciaram-se há mais de 20 anos, possibilitando a realização de pesquisas e o acompanhamento dos filhos de pais homossexuais. Importante pesquisa publicada na renomada revista indexada *Pediatrics*, órgão da Associação Americana de Pediatria, trouxe luz a essa questão, que permanecia sem dados científicos para que fosse analisada. O estudo[199] foi publicado em 2010 e avaliou o ajustamento psicológico de adolescentes de 17 anos criados por casais compostos por mulheres homossexuais.

Foram selecionadas famílias que se ofereceram como voluntárias para terem seus filhos acompanhados desde a concepção até a vida adulta. O estudo está em andamento, devido ao crescimento dos adolescentes, mas resultados preliminares significativos foram publicados.

A análise de dados se deu por meio de questionário respondido pelas mães e por seus próprios filhos, aos 10 e aos 17 anos. Analisado o relato materno, os filhos de 17 anos, meninas e meninos, foram classificados como tendo alto índice de adaptação social, acadêmica e escolar (em competências totais) e baixo índice de problemas sociais, de rebeldia, no que se refere a quebrar regras, e de comportamentos problemáticos, comparados ao grupo controle de jovens da mesma idade e localidade, filhos de pais heterossexuais.

A conclusão é que adolescentes que foram criados em famílias de mães lésbicas desde o nascimento demonstraram saudável ajustamento psicológico.

Outros estudos têm sido conduzidos para avaliar a adaptação social de crianças criadas por pais homossexuais. Em um mundo no qual o abandono gera graves problemas psicológicos nas crianças, muitos afirmam preferir que a criança permaneça

---

[199]. N. Gartrell e H. Bos, "US national longitudinal lesbian family study: psychological adjustment of 17-year-old adolescents". Pediatrics, 2010; 126(1) 28–36.

em um orfanato e sem lar a ser criada por pais homossexuais. Esse pensamento ocorre, em grande medida, por causa da demonização da condição homossexual pelas igrejas fundamentalistas, a qual, por vezes, é repetida no movimento espírita com o título de doença ou obsessão.

Estudo[200] realizado nos EUA, com dados do censo de 2000, analisou o progresso escolar e a repetência, chamada retenção escolar, de crianças criadas por casais heterossexuais e homossexuais. Os resultados mostram que crianças de casais homoafetivos progridem tão normalmente quanto as crianças criadas por casais heterossexuais de estrutura familiar variada. Filhos de heterossexuais foram os que demonstraram os menores índices de retenção escolar, e os pesquisadores atribuem isso ao alto poder socioeconômico dessas famílias. Crianças criadas por pais heterossexuais e homossexuais mostraram-se mais propensas ao progresso escolar normal que crianças criadas em orfanatos e asilos.

Convém observar que a "prerrogativa" de heterossexualidade não garante que os pais saibam criar ou educar seus filhos, muito menos que os preservem de conflitos psicológicos. Se assim o fosse, os filhos de pais heterossexuais não apresentariam as patologias que a psiquiatria cataloga e diagnostica com frequência. As doenças emocionais e os distúrbios educacionais sempre existiram em sociedades sem evidências da presença de casais homossexuais. Além disso, se a simples condição de serem os pais heterossexuais garantisse que os filhos fossem

---

200. M.J. Rosenfeld, "Nontraditional families and childhood progress through school". *Demography*, Ago/2010; 47(3):755-775.

heterossexuais, não existiriam homossexuais na sociedade. A heterossexualidade parental, mesmo em casais equilibrados, não determina que os filhos sejam todos heterossexuais.

Portanto, muitos mitos existem sobre pais homossexuais e sua capacidade de criar saudavelmente crianças geradas ou adotadas. Vejamos uma pequena lista de preconceitos:

"Verdade ou mentira?
› Os homossexuais são mentalmente incapazes de serem pais.
› Os filhos de pais homossexuais serão igualmente homossexuais.
› Os pais homossexuais são obcecados pelo sexo e não têm tempo para serem bons pais.
› Os filhos de pais homossexuais são mentalmente desequilibrados e vulneráveis a esgotamentos mentais.
› Os filhos de pais homossexuais crescem confundidos acerca da sua identidade e sentimentos sexuais.

Quando abordados de forma científica, nenhum destes mitos se revelou verdadeiro. Os pais homossexuais e os seus filhos não são diferentes, nestes domínios, das outras crianças e de seus pais heterossexuais".[201]

Segundo a Associação Americana de Psiquiatria:

---
201. aphm.no.sapo.pt/paishomo.html e Tasker F. *"Lesbian mothers, gay fathers, and their children: a review". J Dev Behav Pediatr.* 2005 Jun;26(3):224-40.

"A investigação científica ao largo os últimos 30 anos demonstra de maneira consistente que os filhos criados por pais *gays* ou mães lésbicas apresentam o mesmo nível de funcionamento emocional, cognitivo e sexual que os filhos de pais heterosexuais".[202]

Concorda e acrescenta a Academia America de Pediatria:

"Um corpo crescente de estudos científicos demonstram que as crianças que crescem com um ou dois pais *gays* ou uma ou duas mães lésbicas tem um desempenho emocional, cognitivo, social e sexual equivalente ao de crianças cujos pais são heterossexuais. O desenvolvimento ótimo das crianças parece ser influenciado mais pela natureza das relações e interrelações na unidade familiar, que pela forma estrutural que esta possa tomar".[203]

Em 2004, a Academia Americana de Psicologia tomou uma resolução[204] que apóia o casamento *gay*, condena a discriminação baseada em orientação sexual em tudo o que se refere a adoção, tutela, direitos de visitação e serviços de saúde reprodutivos.

---

202. American Psychiatric Academy, *"Adoption and co-parenting of children by same sex-couples"*, 2002, www.psych.org/archives/2001214.pdf. Tradução livre do autor.
203. American Academy of Pediatrics, Ellen C. Perrin and Committee on Psychosocial aspects of child and family health. *"Technical report: coparent or second-parent adoption by same sex parents"*. Pediatrics, 2002: 109, pp. 3339-340.
204. American Psychological Association, *"Apa policy statement: sexual orientation, parents and children"*, 2004, www.apa.org/pi/lgbc/policy/parents.html.

Naturalmente, as crianças criadas em um lar de pais homossexuais viverão situações particulares, mas as superarão como superam seus problemas aquelas crianças que vivem em lares de conjugalidade alternativa, com pais separados, recasados, com avós, com amigos sem laços de consanguinidade ou outros.

Na Holanda, país reconhecido pelo comportamento mais liberal em vários quesitos, foi apresentado na TV, no Dia das Crianças, um especial com canções. Uma delas, de muito impacto, foi interpretada por um adolescente que havia sido adotado com 1 ano de idade; era dirigida a seus pais homossexuais. A canção,[205] que foi escrita pelo jovem, tinha o refrão cantado em coro por várias crianças, filhas de pais heterossexuais. A letra dizia a certa altura: "minha vida não é muito normal, mas eu não ligo não". Isso representa a capacidade de adaptação e transformação. Aquele jovem, em rede nacional, afirmava seu amor aos pais e dizia, subliminarmente, que a diferença presente em sua vida não o fazia menor ou pior, apenas diferente, e que seu o amor pelos pais, e o deles por ele, isso sim, fazia toda a diferença.

---

[205]. "Twee Vaders, Dois Pais, Two Fathers (Letra em Português)": www.youtube.com (acesso 11/Set/2011).

Como afirma a jurista Ana Paula Ariston Peres:

"Não se desconsidera o fato de que a criança que viva num lar homossexual possa estar exposta a certas situações, mas ela encontrará na família adotiva o apoio necessário para enfrentá-las e superá-las, pois foram as qualidades dessas pessoas que as tornaram aptas à adoção".[206]

David Strah apresenta, em *Gay dads*,[207] 44 testemunhos de pais homossexuais, seus desafios e crescimentos como pessoas, cidadãos e casais, a partir da experiência da adoção nos EUA. Segundo Strah, os pais homossexuais foram classificados como "modelos de pais" em pesquisa de doutorado da psicóloga nova iorquina Stephanie Schacher,[208] devido à reflexão sobre o processo da paternidade, o significado profundo dessa condição e as adaptações no processo de preparação técnica e amorosa para a paternidade.

Dan Savage, em *The kid*, narra, com ironia e senso de humor, as etapas no processo de adoção de seu filho, junto com seu companheiro, apresentando os conflitos naturais da passagem da vida de solteiro hedonista à de casal responsável, a partir da paternidade, "uma experiência transformadora".[209]

---

206. Ana Paula Ariston Barion Peres, *A adoção por pessoas homossexuais – fronteiras da família na pós-modernidade*, p. 211.
207. David Strah. *Gay dads*, pp. 6 e 7.
208. Stephanie schacher, *Fathering experiences of the "new" gay fathers: a qualitative research study*. Doctoral dissertation, 2010.
209. Dan savage, *The kid – my boyfriend and I decided to get pregnant, an adoption story*, p. 245.

Em *Retrato em preto e branco*,[210] Ângelo Pereira conta sua experiência de ser *gay* e adotar sozinho um filho negro, Pedro Paulo, enfrentando o preconceito social e a discriminação, bem como os próprios conflitos na construção de uma relação de amor, cuidado e educação.

Do ponto de vista espírita, a formação da família, com as possibilidades de adoção e acolhimento de crianças abandonadas, ou os recursos tecnológicos de geração de vida para casais inférteis são bênçãos divinas de amor e misericórdia que permitem o reencontro de almas afins, comprometidas entre si e necessitadas da oportunidade de reajuste e reconciliação, para o exercício do amor.

Excluídos os preconceitos, não há nada que impeça os indivíduos homossexuais, seja individualmente ou como casal, de comprometerem-se com a educação moral de um filho de Deus que a vida traga ao seu encontro. Como amplamente exposto, a orientação sexual não afeta a personalidade nem o comportamento moral do indivíduo. Qualquer ser humano, desde que tenha responsabilidade e capacidade de criar e educar outro ser, pode ser agente da misericórdia divina em favor da humanidade, convertendo-se em instrumento do bem e recebendo do alto amparo extra em função de sua atividade meritória, conforme assevera Emmanuel:

---

210. Ângelo Pereira, *Retrato em preto e branco – manual para pais solteiros*, São Paulo: GLS.

"Por intermédio da paternidade e da maternidade, o homem e a mulher adquirem mais amplos créditos da Vida Superior. Daí, as fontes de alegria que se lhes rebentam do ser com as tarefas da procriação. Os filhos são liames de amor conscientizado que lhes granjeiam proteção mais extensa do Mundo Maior, de vez que todos nós integramos grupos afins. Na arena terrestre, é justo que determinada criatura se faça assistida por outras que lhe respiram a mesma faixa de interesse afetivo. De modo idêntico, é natural que as inteligências domiciliadas nas Esferas Superiores se consagrem a resguardar e guiar aqueles companheiros de experiência, volvidos à reencarnação para fins de progresso e burilamento".[211]

---

211. Francisco Cândido Xavier e Espírito Emmanuel, *Vida e sexo*, pp. 2 e 3.

Entrevista concedida ao autor em novembro de 2011.

MÔNICA, RENATA E LUIZ
UMA FAMÍLIA HOMOPARENTAL

Mônica, professora de matemática do ensino médio, 50 anos, e Renata, professora do ensino primário, 37 anos, estão juntas há 10 anos. Vivem em regime de união estável desde 2011. Têm uma relação equilibrada, permeada pela amorosidade, pelo respeito e pela cumplicidade.

Em 2008 resolveram, de comum acordo, adotar um filho, apesar de Mônica já ter uma filha biológica de 31 anos, fruto de uma relação heterossexual. Visitaram abrigos e orfanatos de Belo Horizonte. Foi assim que conheceram Luiz, criança de 9 anos, que há 7 meses vivia no Lar Maristas, à espera da adoção. Luiz era egresso de uma família de mãe alcoólatra e pai ausente. A mãe o entregou à tia para ser cuidado, mas esta e seu marido o maltratavam física e psicologicamente todos os dias, até que ele decidiu fugir de casa, indo parar no abrigo onde Mônica e Renata o encontraram.

O casal deu entrada nos papéis para adoção em nome de Mônica, uma vez que desconheciam, àquela época, a adoção conjunta, já autorizada no Paraná, para o casal *gay*. Temeram as dificuldades naturais do processo e propuseram a adoção em nome de uma só delas, o que foi aceito sem dificuldades, após os trâmites legais e a autorização da tia de Luiz, já que a mãe não foi encontrada. Hoje se preparam para solicitar judicialmente a autorização da adoção conjunta legal, que já existe de fato.

Para Luiz, foi "um sonho realizado: o desejo de uma família amorosa e de um lar pacificado". Mônica afirma que o filho se tornou a "luz da casa, uma grande bênção em nossas vidas".

Com a chegada de Luiz, a família ampliou-se e novas experiências se iniciaram na vida das duas. As mudanças de papéis, o aprendizado advindo do processo educacional, as adaptações em função do filho fizeram com que experimentassem uma série de desafios, positivos e negativos, que as fizeram crescer como pessoas e como casal. "Na balança da vida, os pontos positivos superam muito os negativos", diz Renata.

Matricularam Luiz em uma escola e iniciaram seu processo de alfabetização, que havia sido iniciado durante o período da estadia no abrigo. Na escola, apresentaram-se como mães, conjuntamente, passando a acompanhar o desenvolvimento do filho, participando do conselho de pais e recebendo o respeito e a consideração por parte da coordenação pedagógica do estabelecimento de ensino. Não temeram a discriminação dos outros pais, que, se são portadores de preconceito, não os expressam, seja em função da postura respeitável e honrada das duas mulheres, como casal e como mães, ou da postura respeitosa da instituição de ensino. No condomínio onde moram, todos conhecem a situação da família, e Luiz participa de tudo, mesmo que às vezes o preconceito velado apareça, quando elas e o menino deixam de ser convidados para alguma festa na residência de um dos amigos da criança. Mônica, defensora da visibilidade *gay* e ativista esporádica, relata que "essa situação não as incomoda e é fruto do desconhecimento da condição homossexual e da homofobia, amplamente disseminada em nossa sociedade", à qual já estão adaptadas.

Luiz, desde o início, se mostrou uma criança inteligente, esperta e sociável, evoluindo progressivamente nos estudos, recebendo elogios dos professores e coordenadores pedagógicos. É educado a ponto de chamar a atenção dos vizinhos, que o consideram uma das crianças mais bem educadas do condomínio. Segundo Mônica, isso é mérito da criança, que apresentou desde o início essas qualidades.

A família se reúne com amigos, que acolheram Luiz amorosamente (a criança, aliás, tem duas madrinhas e dois padrinhos). Viajam para acampamentos, que adoram. "Trata-se de uma família normal", afirma Mônica.

Mônica é séria, provedora majoritária do lar a mãezona, que cuida do processo educacional do filho de forma mais protetora. Renata, além de complementar a renda do lar, é a mãe lúdica, mais descontraída, que interage com Luiz de forma mais leve. "Somos a dupla perfeita para educar, somos complementares", afirma Renata. Luiz afirma que as duas são firmes como educadoras e que ele as obedece igualmente.

Na educação do filho, imprimem regras firmes para a promoção de valores. Novelas, músicas depreciatórias da mulher, filmes e jogos violentos são proibidos. O menino acata com tranquilidade as leis domésticas estabelecidas pela amorosidade das mães.

Espiritualista, Mônica estimula o filho, por meio de livros e filmes, no desenvolvimento de sua espiritualidade.

A família de ambas participa de suas vidas, alguns mais, outros menos, com "as afinidades e dificuldades naturais de toda família", afirma Mônica.

Segundo Luiz, o fato de pertencer a uma família homoparental não o incomoda em nada. Contou para alguns colegas da escola, que o respeitam, embora de vez em quando sofra *bullying* devido a isso e ao fato de ser negro e ter algumas pequeninas cicatrizes no corpo, fruto dos maus-tratos no antigo "lar".

A criança afirma que as mães são "muito carinhosas uma com a outra e que se amam muito". "Há hoje um espaço bem delimitado do casal e das mães com o filho, gerando privacidade e alimentação afetiva entre todos", afirma Renata.

Para Mônica, ela mesma filha adotiva, adotar Luiz foi uma forma de seguir o próprio coração e o sonho, bem como de retribuir à vida o bem que um dia lhe fizeram, transmitindo-o a outros. "Trata-se de uma corrente de amor" que "tem feito muito bem às nossas vidas e à de Luiz, filho amado", conclui a professora.

CAPÍTULO

O papel da família perante os homossexuais

"A paternidade é livre de qualquer padrão, de qualquer critério imposto pela sociedade, filho deve ser aceito na sua totalidade, na sua integral condição de vida, independentemente de sua orientação sexual."
TONINHO CEREZO (pai da transexual e modelo Lea T.)
(Toninho Cerezo, in *Lola Magazine*, abril de 2011.)

Andrei Moreira

homossexualidade
SOB A ÓTICA DO ESPÍRITO IMORTAL

À LUZ DOS CONHECIMENTOS ESPÍRITAS, A FAMÍLIA É FORMADA por Espíritos afins, reunidos por necessidades comuns, visando ao progresso. Geralmente formada por Espíritos compromissados entre si, com desejos de reparação e reajuste, também pode ser composta por Espíritos com conquistas afetivas bem definidas, os quais decidem viver em regime de comunhão e partilha com vistas a projetos comuns. Estes colhem os frutos dos esforços do passado, em que trabalharam pela conquista do amor nas relações, fruindo agora o prazer e a alegria da afinidade e da sintonia no bem. Aqueles reencontram-se por determinação da Lei, uns por vontade consciente, outros por imposição, com a finalidade de semearem o bem uns com relação aos outros, muitas vezes nos terrenos em que faliram no passado.

13

"A parentela no Planeta faz-se filtro da família espiritual sediada além da existência física, mantendo os laços preexistentes entre aqueles que lhe comungam o clima. Arraigada nas vidas passadas de todos aqueles que a compõem, a família terrestre é formada, assim, de agentes diversos, porquanto nela se reencontram, comumente, afetos e desafetos, amigos e inimigos, para os ajustes e reajustes indispensáveis, ante as leis do destino. Apesar disso, importa reconhecer que o clã familiar evolve incessantemente para mais amplos conceitos de vivência coletiva, sob os ditames do aperfeiçoamento geral, conquanto se erija sempre em educandário valioso da alma. Temos, dessa forma, no instituto doméstico uma organização de origem divina, em cujo seio encontramos os instrumentos necessários ao nosso próprio aprimoramento para a edificação do Mundo Melhor".[212]

Naturalmente, os seres que se reencontram na família trazem impressos em si os efeitos de seu passado, tanto física quanto psiquicamente. Muitas vezes, tais situações derivam de complicados quadros de ações coletivas, com responsabilidade comum. Encontram nos familiares aqueles com os quais conviveram no passado, no exato ponto em que os deixaram, com as características que ajudaram a erigir em suas almas, de vícios ou virtudes. Sofrem agora a injunção de percebê-las no outro, na convivência, como recurso pedagógico da vida destinado a despertar-lhes para seus deveres coletivos e seu poder pessoal e para o desenvolvimento do amor.

---

212. Francisco Cândido Xavier e Espírito Emmanuel, *Vida e sexo*, cap. 2, p. 14.

Um ser da família que manifeste determinada característica particular que traga desconforto aos demais demonstra sua história pessoal de escolhas e decisões, inegavelmente. No entanto, como parte de um grupo, constela as necessidades e características muitas vezes ocultas do núcleo familiar, as necessidades comuns, como um símbolo dos movimentos coletivos.[^1]

O indivíduo, homem ou mulher, que apresente tendências afetivo-sexuais homossexuais na família, não as apresenta por acaso naquele grupo familiar. É movido por necessidades pessoais que somente a ele caberá dar significado, a seu tempo. De qualquer modo, ele encontra, naquele núcleo e agrupamento, a coletividade de corações necessitados de trabalhar, como ele próprio, as questões que envolvem a sexualidade, o afeto e a responsabilidade pessoal.

Dessa forma, a responsabilidade da família perante o homossexual é muito grande, como deve ser diante de qualquer outra necessidade de um filho ou irmão de jornada. É dever da família abraçar com amorosidade o homossexual, compreendendo sua natureza, suas possibilidades e seus desafios, auxiliando-o para viver de forma harmoniosa a condição de prova em que a reencarnação o situou.

À luz da reencarnação, esse dever se faz ainda mais acentuado, pois a Doutrina Espírita oferece amplos elementos de entendimento da energia sexual. Isso não significa que essa tarefa seja fácil ou simples.

As questões relativas à sexualidade mexem com um núcleo de crenças e expectativas muito arraigadas nos indivíduos, e qualquer necessidade nesse campo aguça as feridas que todos trazem na alma em relação a essa temática.

[^1]: Refere-se à Constelação Familiar, conforme ensinado pelo alemão Bert Hellinger. Ver: www.institutohellinger.com.br.

Muitos homossexuais não encontram no lar o acolhimento que necessitam, sendo expulsos de casa ou tratados com desprezo e preconceito, o que agrava seu sofrimento e sua dificuldade de adaptação. É assim que muitos deles caminham para a prostituição, os vícios ou mesmo o suicídio.

Segundo pesquisa[213] norte-americana em pediatria e adolescência, a probabilidade de estudantes do ensino secundário que são *gays*, lésbicas ou bissexuais, tentarem o suicídio é pelo menos três vezes maior em relação aos seus colegas heterossexuais. Essa tendência é grandemente aumentada quando o indivíduo não encontra amparo em casa, sobretudo na adolescência, fase de naturais conflitos e dificuldades.

Os dados da literatura científica demonstram que, nos Estados Unidos, cerca de 26% dos jovens homossexuais são expulsos de casa; 27 a 55% dos pais têm atitudes acolhedoras com os filhos diante da revelação da homoafetividade, e 12 a 51% de jovens experienciam reações de rejeição, incluindo abuso verbal, maus-tratos psicológicos e físicos por parte dos pais e familiares.[214]

---

213. Haas et al., "*Suicide and suicide risk in lesbian, gay, bisexual and transgender populations: review and recommendations*". Journal of Homosexuality, 2010; 58:1, 10–51.
214. A.R. D'Augelli, A.H. Grossman, M.T. Starks, "*Parents awareness of lesbian, gay, and bisexual youths sexual orientation*". Journal of Marriage and Family, 2005; 67:474–482.

Pesquisa[215] realizada com adolescentes GLBT de 14 a 21 anos, por psicólogos da Universidade de Nova Iorque e de Colúmbia, demonstra que o abuso de álcool e drogas por adolescentes *gays* está relacionado com as reações sociais ao processo de revelação da identidade sexual. Aqueles que são acolhidos e respeitados por suas famílias não apresentam abuso de substâncias, ao contrário daqueles que são rejeitados ou vítimas de maus-tratos.

Uma vez tenha sido o homossexual acolhido em suas necessidades pela família, o diálogo deve estar presente nas relações. As pesquisas mostram que o número de crenças falsas a respeito da homossexualidade é muito grande, o que faz aumentar o sofrimento dos pais e familiares, bem como do próprio homossexual.

Os pais experimentam igualmente um grande sofrimento, que não deve ser minimizado nem desprezado, pois vivem a dor de vários lutos. Com a notícia da homossexualidade do filho, morrem várias idealizações e expectativas, abrigadas na alma desde antes da concepção do filho. Assim como o homossexual deverá fazer o luto da heterossexualidade para uma vida plena, os pais, quando decididos pelo enfrentamento e pela resolução dos conflitos, também farão o luto das idealizações, para a construção de uma nova resolução.

---

215. Margaret Rosario, Eric W. Schrimshaw, Joyce Hunter, "*Disclosure of sexual orientation and subsequent substance use and abuse among lesbian, gay and bisexual youths: critical role of disclosure reactions*". Psychol Addict Behav. 2009 March; 23(1):175–184.

Muitos chegam a dizer que, ao receberem a notícia da homossexualidade do filho, este morreu para eles e um novo nasceu em seu lugar, necessitando ser descoberto e conhecido em seus desejos e pensamentos mais íntimos, para além das máscaras e dos papéis que foi obrigado a desempenhar enquanto não se sentia forte o suficiente para enfrentar a família, a sociedade ou mesmo enquanto se esforçava arduamente para corresponder àquilo que a família e o meio social esperavam dele.

Mas a família é um espaço de conflito, e muitas vezes o diálogo está ausente. Muitos jovens optam por viver a sua sexualidade e escondem da família sua condição até o último minuto possível, por não haver espaço de tolerância, debate inclusivo e alteridade nas relações. Aquele que deveria ser o grupo de maior intimidade, por vezes acaba sendo o de menor.

Segundo a tese de mestrado de Alex de Toledo:

> "(...) muitos sujeitos homossexuais no Brasil estabeleceram laços de interação com seus pares, de modo intenso, superando até mesmo vínculos familiares".[216]

Dessa forma, o diálogo guiado pelo amor é necessidade absoluta, sem o qual não se tornam possíveis os ajustamentos necessários diante das provas.

---

[216]. Alex de Toledo Ceará, *Saúde mental, identidade, qualidade de vida e religiosidade em homossexuais na maturidade e velhice*, p. 88.

Segundo Joana de Ângelis:

"Os deveres dos pais em relação aos filhos estão inscritos na consciência. Evidentemente as técnicas psicológicas e a metodologia da educação tornam-se fatores nobres para o êxito desse cometimento. Entretanto, o amor – que tem escasseado nos processos modernos da educação com lamentáveis resultados – possui os elementos essenciais para o feliz desiderato.

No compromisso do amor estão evidentes o companheirismo, o diálogo franco, a solidariedade, a indulgência e a energia moral de que necessitam os filhos, no longo processo da aquisição dos valores éticos, espirituais, intelectuais e sociais".[217]

O instante da revelação de sua homoafetividade é um momento delicado, que requer do jovem muita coragem e que, por vezes, se dá em instantes de conflito, de desentendimento e acaba sendo usado como arma de ataque. A revelação de algo tão íntimo e profundo idealmente deveria ser uma experiência de amor entre os familiares, uma partilha de lutas, sonhos, medos e alegrias. Um momento de intimidade profunda, respeitado como sagrado e recebido com sensibilidade por aqueles que tenham a oportunidade de partilhar dos conflitos, das dores e características mais pessoais de alguém.

Para que isso se dê, é preciso haver na família um espaço de respeito às diferenças e de acolhimento do outro como um ser individual, sem as relações de dependência e codependência emocional que frequentemente se encontram no seio familiar.

A codependência é um comportamento problemático, desajustado ou doentio, associado com a vida, trabalho ou qualquer outra situação de proximidade de uma pessoa que sofre de dependência de substâncias. A dependência emocional é a percepção que o indivíduo tem de não conseguir lidar consigo e com a vida de forma adequada sem a presença ou o auxílio de outra pessoa. O codependente emocional é alguém que, por um ganho pessoal, não estimula ou ajuda o dependente a andar pelas próprias pernas, justificando-lhe a dependência e nutrindo-a. Para compreensão da dependência e codependência relacionados ao abuso de substâncias: www.amorexigente.org.br.

---
217. Divaldo Pereira Franco e Espírito Joana de Ângelis, *s.o.s. família*, p. 36.

O auxílio de um psicólogo ou terapeuta pode ser necessário para ajudar a família a lidar com os múltiplos significados de algo pessoal com consequências coletivas. Muitos pais não se importam que o filho seja homossexual, mas não conseguem suportar a vergonha de lidar com isso socialmente, pois a imagem social e a vaidade têm alto peso em seus valores pessoais. Muitos se sentem culpados, dentre outros motivos devido à interpretação equivocada do conhecimento psicanalítico freudiano, perguntando-se onde erraram, o que fizeram de mal ao indivíduo para que ele seja assim. Neste ponto, é útil reafirmar que, à luz da reencarnação, a grande maioria de indivíduos homossexuais reencarna trazendo essa característica em sua personalidade, como condição relativa a provas e necessidades pessoais planejadas para sua encarnação.

Em geral, imersos em crenças equivocadas decorrentes da cultura, da imagem estereotipada e caricata da homossexualidade na mídia, os pais sofrem ao pensar que seu filho ou filha ficará semelhante ao personagem do programa humorístico, alterará sua voz, seu jeito, seu comportamento. Em poucos casos isso acontece, pois quanto mais aceito e respeitado o homossexual, menos necessidade tem de se identificar com os estereótipos sociais, sentindo-se livre para viver e expressar sua unicidade. E, de fato, existem homossexuais masculinos de todos os tipos, másculos e viris uns, efeminados e sensíveis outros, bem como mulheres homossexuais femininas umas, e masculinizadas outras. Entre um extremo e outro, ocorre variada porcentagem de expressões de masculinidade e feminilidade, assim como entre as pessoas heterossexuais.

Para a compreensão da condição homossexual e o questionamento de muitos mitos a respeito do assunto, ver: Rinna Riesenfeld. *Papai, mamãe, sou gay! Um guia para compreender a sexualidade dos filhos.* São Paulo: GLS (Summus), 2002.

Muitos pais sofrem com a possibilidade de sofrimento dos filhos, com o preconceito que enfrentarão, as dificuldades de convivência e encontro de parcerias afetivas, etc. O fato é que pai nenhum será capaz de isentar os filhos das lutas educativas, e, via de regra, o Espírito, ao reencarnar, conhece o gênero de provas que haverá de experimentar.[218] Estas, aliás, são exatamente aquelas necessárias com vistas à reeducação do ser para a vida imortal.

Contudo, o sofrimento familiar é real e necessita de atenção no mesmo nível que a dirigida ao indivíduo homossexual, não com o objetivo de exigir do filho que se guie pelas necessidades da família, mas de, entre outras coisas, auxiliá-lo a ver que a velocidade de uma transformação pessoal com repercussões coletivas precisa respeitar, dentro do possível e do suportável, as necessidades do coletivo.

Há que se promover uma readaptação grande. Assim, muitas vezes, os pais, em sofrimento, vão buscar na casa espírita, no atendimento fraterno, o auxílio para suas dores e desconfortos, desejando saber como interpretar aquela situação à luz dos postulados espíritas. Nesse momento, é importante que o atendente fraterno seja sensível o suficiente para perceber a extensão da dor daqueles pais, acolhendo-os pela escuta atenta e desprovida de preconceito, sem ansiedade por oferecer respostas.

O trabalho do atendimento fraterno não visa dar respostas prontas para o indivíduo, mas orientá-lo de acordo com os princípios gerais da Doutrina Espírita, a fim de que ele possa buscar por si mesmo as respostas, no seu tempo e no seu ritmo,

---

218. Allan Kardec, *O livro dos Espíritos*, questão 258.

sobretudo em sua individualidade, a qual representa tanto seu interior quanto sua unicidade. A ansiedade por oferecer respostas pode violentar, agravar as situações e aumentar o sofrimento. A orientação deve buscar desmistificar crenças que não são produtivas e oferecer caminhos de pesquisa e investigação, na literatura e no trabalho espírita, sedimentando a esperança, o otimismo e a confiança na bondade divina. Naturalmente, o atendente fraterno deve conhecer o assunto tratado ou abster-se de opinar, chamando quem entenda.

Certa vez presenciei, na casa espírita em que trabalhava, uma mãe solicitando orientação espiritual para si, devido ao sofrimento diante da descoberta da homossexualidade de seu filho. Os amigos espirituais, sábios, responderam à sua indagação íntima com uma metáfora muito significativa. Disseram mais ou menos assim: "Minha filha, essa circunstância que lhe causa dor e sofrimento, sozinha, isoladamente, pode ser comparada ao fermento: é amarga e intragável. No entanto, no contexto do bolo, o fermento é essencial ao processo e o responsável pelo crescimento". No auge da dor, aquela mulher não conseguia vislumbrar algo de bom que pudesse advir daquela situação vivida pela família, a qual lhe fazia sofrer e destruía idealizações e expectativas. No entanto, ao longo do tempo, talvez tenha percebido que aquela era exatamente a situação que promoveria a crise necessária para muitos movimentos de renovação na família e que o crescimento resultante seria bom e agradável.

Edith Modesto foi uma dessas mães colhidas de surpresa ao constatar a homossexualidade do filho, tendo passado por grande crise de renovação. Após a tormenta renovadora, Edith encontrou força e motivação em si mesma para criar um grupo de pais de homossexuais na internet, com a finalidade de dar apoio e sustento àqueles que passam pelo que ela experimentou. O grupo é exclusivo de pais, e os homossexuais não são aceitos, para que os pais possam se expressar livremente com aqueles que são seus iguais.

Associação Brasileira de Pais de Homossexuais – Grupo virtual fundado e comandado por Edith Modesto: www.gph.org.br.

A partir da experiência desse grupo, Edith publicou vários livros, como *Mãe sempre sabe?*,[219] entre outros, visando dar apoio aos familiares de pessoas homossexuais, para a aceitação e o equacionamento dos conflitos entre os que se amam.

Ao longo do tempo, cada família encontra seu ponto de equilíbrio, e a vida passa a fluir em novas bases de aceitação, tolerância e fraternidade, quando o amor prepondera e comanda as relações. Aparecem, então, as novas relações da pessoa homossexual, trazendo novos desafios. Acolher ou não o namorado do filho, a namorada da filha? Permitir o afeto no lar ou não? Permitir que participem das atividades familiares ou não?

Essas são sempre decisões pessoais, que cada família deverá tomar no âmbito de suas possibilidades e seus valores. No entanto, quando a aceitação é plena, oferece-se à pessoa homossexual o mesmo direito que têm os demais filhos e o que é permitido dentro do sistema de crenças familiares.

---

219. Edith Modesto. *Mãe sempre sabe? Mitos e verdades sobre pais e seus filhos homossexuais.* São Paulo: Record, 2008.

Convém perceber que a troca de afeto é um direito fundamental de todo ser humano. A negação é um dos motivos de grande sofrimento do homossexual, respondendo pela parte expiacional da homoafetividade no contexto social moderno. Permitir que seu companheiro afetivo frequente o lar, seja acolhido como parte da família e receba o mesmo afeto que se vota aos demais membros é testemunho de amor ao filho homossexual e atitude inclusiva, a qual promove bons frutos na intimidade de todos, vencidos os desafios.

O espaço familiar é escola abençoada, e as lutas educativas que nele se encontram são cadinhos depuradores destinados a renovar a vida de cada familiar para as noções nobres da vida espiritual superior, onde o amor representa a síntese das virtudes que promovem o equilíbrio, a paz e a saúde das relações.

"Vossos filhos não são vossos filhos.
São os filhos e as filhas da ânsia da vida por si mesma.
Vêm através de vós, mas não de vós.
E embora vivam convosco, não vos pertencem.
Podeis outorgar-lhes vosso amor, mas
    não vossos pensamentos,
Porque eles têm seus próprios pensamentos.
Podeis abrigar seus corpos, mas não suas almas;
Pois suas almas moram na mansão do amanhã,
Que vós não podeis visitar nem mesmo em sonho.
Podeis esforçar-vos por ser como eles, mas
    não procureis fazê-los como vós,
Porque a vida não anda para trás e não se
    demora com os dias passados.
Vós sois os arcos dos quais vossos filhos são
    arremessados como flechas vivas.
O arqueiro mira o alvo na senda do infinito e
    vos estica com toda a sua força
Para que suas flechas se projetem, rápidas e para longe.
Que vosso encurvamento na mão do
    arqueiro seja vossa alegria:
Pois assim como ele ama a flecha que voa,
Ama também o arco que permanece estável."
GIBRAN KAHLIL GIBRAN[220]

---

220. Gibran Kahlil Gibran, *O profeta*, p. 11.

CAPÍTULO

A homossexualidade na *Bíblia*

"Porque, para com Deus, não há acepção de pessoas."
PAULO
(Rm 2:11)

"Todos nós somos um em Cristo Jesus."
PAULO
(Gl 3:28)

A *BÍBLIA É O CONJUNTO DE LIVROS SAGRADOS PARA AS RELI-giões* cristãs ocidentais. Em sua leitura e interpretação se constroem as práticas litúrgicas e sacramentais, bem como as exegeses das igrejas de variadas denominações.

Para o Espiritismo, que se propõe a reviver o cristianismo, toda a *Bíblia* é respeitada e valorizada. O *Novo testamento* exerce um papel fundamental por conter a experiência direta do Cristo e sua mensagem de boa-nova – o Evangelho, norteador das reflexões espíritas.

No contexto tanto do *Velho* como do *Novo testamento*, encontramos referências a relações entre pessoas do mesmo sexo e outras citações que interpretamos como sendo referências à prática homossexual.

14

Inicialmente, é necessário considerar que o Espiritismo não se propõe a fazer uma leitura cega ou fundamentalista dos textos sagrados, sem a devida contextualização e o entendimento da cultura e do momento histórico em que os relatos foram consagrados na tradição oral dos povos. Tais relatos foram posteriormente transferidos aos papiros, para mais tarde serem organizados em livros, ordenados e denominados, formando a sequência de textos a que hoje chamamos *Bíblia*.

Muitos indivíduos e igrejas fundamentalistas interpretam os textos sagrados como mensagem de exclusão, separatividade e discriminação. Em muitas igrejas e comunidades, indivíduos homossexuais não são bem-vindos, a não ser que aceitem largar a sua "vida de pecado", heterossexualizando-se, pois, em virtude de certas interpretações de textos bíblicos, a homossexualidade é vista como depravação, ação demoníaca ou doença. Por isso, são os homossexuais, frequentemente, proscritos da vida comunitária e sacramental, o que agrava a solidão e o isolamento social, bem como mata a fé de muitos.

Segundo o pastor Márcio Retamero, da Comunidade Betel, filiada à Igreja Cristã Metropolitana do Rio de Janeiro:

> "A *Bíblia* não pode nem deve ser lida literalmente. (...) Ler requer compreensão; compreensão requer interpretação. Interpretar – corretamente – os textos bíblicos requer conhecimento a respeito dos mesmos (...) Foi por interpretar mal a *Bíblia* que escravagistas retiravam dela o 'direito' de possuir escravos e de comercializá-los no mercado; do mesmo modo, machistas ainda hoje retiram dos textos bíblicos razões para humilhar e desprezar o papel das mulheres na sociedade, além de subjugá-las à força bruta, se necessário.

Foi por interpretar mal a *Bíblia* que seres humanos matavam outros seres humanos em nome da fé, seja nas cruzadas medievais, seja nas fogueiras da Inquisição; ou tragédias ocorreram, ceifando milhares de vidas humanas, como na Guiana em 1978 ou em Uganda em 2000.

Hoje, é por interpretar mal a *Bíblia* que a maioria de igrejas cristãs exclui certas pessoas, como *gays*, lésbicas, bissexuais, transexuais e travestis, e todos o que não se enquadram em suas categorias de 'certo' e 'errado'. Em muitos lugares, divorciados não podem casar de novo, sendo excluídos da participação nos sacramentos".[221]

Gênesis

Analisando os textos do *Velho testamento*, encontraremos, inicialmente, a referência a Sodoma e Gomorra, cidade onde viviam Ló e sua família, tementes a Deus.

Gênesis 19

"**1** E vieram os dois anjos a Sodoma à tarde, e estava Ló assentado à porta de Sodoma; e vendo-os Ló, levantou-se ao seu encontro e inclinou-se com o rosto à terra;

2 E disse: Eis agora, meus senhores, entrai, peço-vos, em casa de vosso servo, e passai nela a noite, e lavai os vossos pés; e de madrugada vos levantareis e ireis vosso caminho. E eles disseram: Não, antes na rua passaremos a noite.

---

[221]. Márcio Retamero, *Pode a Bíblia incluir?, por um olhar inclusivo sobre as sagradas escrituras*, pp. 15 e 16.

3 E porfiou com eles muito, e vieram com ele, e entraram em sua casa; e fez-lhes banquete, e cozeu bolos sem levedura, e comeram.

4 E antes que se deitassem, cercaram a casa, os homens daquela cidade, os homens de Sodoma, desde o moço até ao velho; todo o povo de todos os bairros.

5 E chamaram a Ló, e disseram-lhe: Onde estão os homens que a ti vieram nesta noite? Traze-os fora a nós, para que os conheçamos.

6 Então saiu Ló a eles à porta, e fechou a porta atrás de si,

7 E disse: Meus irmãos, rogo-vos que não façais mal;

8 Eis aqui, duas filhas tenho, que ainda não conheceram homens; fora vo-las trarei, e fareis delas como bom for aos vossos olhos; somente nada façais a estes homens, porque por isso vieram à sombra do meu telhado.

9 Eles, porém, disseram: Sai daí. Disseram mais: Como estrangeiro este indivíduo veio aqui habitar, e quereria ser juiz em tudo? Agora te faremos mais mal a ti do que a eles. E arremessaram-se sobre o homem, sobre Ló, e aproximaram-se para arrombar a porta."

Sodoma e Gomorra teriam sido destruídas pela ação divina, em virtude dos abusos do povo cananeu:

Gênesis 19

"**13** Porque nós vamos destruir este lugar, porque o seu clamor tem aumentado diante da face do Senhor, e o Senhor nos enviou a destruí-lo.

14 Então saiu Ló, e falou a seus genros, aos que haviam de tomar as suas filhas, e disse: Levantai-vos, saí deste lugar, porque o Senhor há de destruir a cidade. Foi tido porém por zombador aos olhos de seus genros."

Este povo era conhecido por suas práticas pagãs, que incluíam desde a idolatria, de caráter orgíaco, até o sacrifício humano, inclusive de crianças. (Dt 12:31)

O termo *sodomia* tornou-se, no imaginário popular, uma referência à prática sexual homossexual masculina, e difundiu-se a visão de que o povo cananeu era generalizadamente homossexual. Muitos discursos cristãos modernos utilizam esses argumentos para justificar a destruição da cidade.

Segundo Alexandre Feitosa, professor e mestrando de teologia histórica:

> "A concepção popular de que o grande pecado de Sodoma foi o comportamento homossexual é resultado do pensamento do teólogo e filósofo medieval Tomás de Aquino (1225–1274 d.C.), influenciado, possivelmente pelos escritos de Filos ou Fílon de Alexandria (20 a.C. – 50 d.C.) e pelas ideias de Agostinho de Hypona (345–430 d.C.). Foram os escritos de Aquino que consagraram o uso do termo 'sodomia' com referência ao sexo entre homens. Sodomia também se tornou sinônimo da penetração anal praticada por heterossexuais. Em uso mais restrito o vocábulo também equivale à zoofilia (sexo com animais). Em virtude da grande influência da filosofia tomista no Cristianismo, o vocábulo 'sodomita' perdeu seu sentido filológico original e passou a significar, mais comumente, homens que assumem o papel ativo nas relações homogenitais".[222]

---

222. Alexandre Feitosa, *Bíblia e homossexualidade – verdades e mitos*, p. 31.

No entanto, explica o Prof. Feitosa, não há no texto bíblico nada que autorize a interpretação de que o castigo divino ao povo cananeu se devesse à prática homossexual generalizada, mas sim ao comportamento de abuso, violência e, sobretudo, o desrespeito ao código da hospitalidade, que, apesar de ser ponto de honra para aquele povo, foi desconsiderado por causa de sua intensa xenofobia.

Ló chega mesmo a oferecer as suas filhas virgens para serem usadas sexualmente em lugar dos visitantes que ele acolhia, dois anjos do senhor, segundo o texto. Conclui-se que o comportamento verdadeiramente problemático daquele povo e da comunidade eram os rituais orgiásticos pagãos, acompanhado da prostituição, e não o suposto comportamento homossexual da população. Vale a pena observar que não há no texto nenhuma referência à homossexualidade feminina, visto que a mulher não tinha direitos nem valor naquela sociedade.[223]

> "Todos os textos que aludem a Sodoma no *Antigo testamento* atribuem sua destruição a outros pecados e não ao 'homossexualismo': falta de justiça (Is, 1:10 e 3:9), adultério, mentira e falta de arrependimento (Jr, 23:14); orgulho, intemperança na comida, ociosidade e 'por não ajudar o pobre e indigente' (Ez, 16:49); insensatez, insolência e falta de hospitalidade (Sb, 10:8; 19:14; Eclo, 16:8).
>
> No *Novo testamento*, não há qualquer ligação da destruição de Sodoma com a sexualidade e, muito menos, com a homossexualidade (Mt, 10:14; Lc, 10:12 e 17:29). Só nos livros neotestamentários tardios de Judas e Pedro é que aparece em toda a

---

[223]. Alexandre Feitosa, *Bíblia e homossexualidade – verdades e mitos*, pp. 32 a 37.

Bíblia alguma conexão entre Sodoma e a sexualidade (Jd, 6:7; 2Pd, 2:4 e 6:10). Mesmo aí, inexiste relação com o homoerotismo".[224]

Levítico

A segunda e última referência do *Velho testamento* a citar o comportamento homossexual compõe-se de textos que se encontram no livro *Levítico*.

> "**18:22** Não te deitarás com varão, como se fosse mulher; é abominação"

> "**20:13** Se um homem se deitar com outro homem, como se fosse com mulher, ambos terão praticado abominação; certamente serão mortos; o seu sangue será sobre eles"

Para compreender os textos citados, temos que entender o objetivo do *Levítico*. Ele contém o código de leis religiosas, civis e morais destinadas a manter os hebreus afastados das práticas pagãs (cultos e prostituição orgiásticos, bem como idólatras), próprias dos cananeus, povo que habitava a terra conquistada no pós-exílio.[225] Esse livro, portanto, era um código regulador da sociedade, escrito por Moisés, usando a voz divina a única respeitada pela comunidade da época.

---

224. Grupo Gay da Bahia, "O que todo cristão deve saber sobre homossexualidade": www.ggb.org.br.
225. Alexandre Feitosa, op. cit., p. 52.

As tribos nômades, tais como aquelas das quais Moisés e seu povo eleito faziam parte, eram comandadas e chefiadas por homens, que detinham todo o poder e eram fortes na guerra e no lar. Toda forma de relação sexual que colocasse em risco a procriação e o poder estabelecido dos clãs patriarcais era considerada abominação ou perversão.

Ainda, toda prática que significasse submissão ou humilhação era amplamente rejeitada. Feitosa chama a atenção para a sutileza do texto de *Levítico*, 18:22: "Não te deitarás com varão, como se fosse mulher; é abominação". "Como se fosse mulher" faz referência à postura passiva da relação homogenital. Quem assim se comportasse era digno de morte, por ofensa aos interesses coletivos. Complementa ele:

> "(...) tal papel era sinônimo de submissão e ultraje para qualquer homem, pois o tornava semelhante a uma mulher. Era assim que os prostitutos cultuais dos templos pagãos se submetiam às relações sexuais de seus rituais. Israel fora chamado para ter supremacia sobre os outros povos. Qualquer ato que significasse subserviência ou humilhação não seria tolerado".[226]

Conforme se vê, a prática considerada nesses textos não se vincula ao conceito atual de homoafetividade ou de relação homossexual. Os conceitos modernos se baseiam em uma sociedade livre para a expressão de qualquer culto, credo, com direitos iguais entre homens e mulheres e na qual a prática sexual não está vinculada a rituais sagrados ou religiosos, como na antiguidade.

---

226. Alexandre Feitosa, *Bíblia e homossexualidade – verdades e mitos*, p. 53.

"Considerando que, do imenso número de leis do Pentateuco, apenas duas vezes há referência à homossexualidade (e só à masculina), concluem os exegetas que a supervalorização que os cristãos conferem a estes versículos é sintoma claro e evidente de intolerância machista de nossa sociedade".[227]

Sobretudo da herança da cultura judaica daquela época, opressora das minorias.

Infelizmente essa intolerância seleciona no *Levítico* apenas os textos que lhe convêm, tomando-os como regras para a atualidade, mas deixam de fora outros, como a proibição à ingestão de carne de porco, o tabu referente ao contato com esperma ou menstruação, entre muitas normas apresentadas no mesmo livro e nos demais atribuídos a Moisés.

Romanos

Paulo aos romanos, cap. 1:

"**26** Foi por isso que Deus se afastou deles e os deixou fazer todas essas práticas infames. Até as mulheres mudaram o uso natural que Deus destinou ao seu corpo e entregaram-se a práticas sexuais entre si mesmas

27 E os homens, deixando as relações sexuais normais com mulheres, inflamaram-se em paixões sensuais uns com os outros, homens com homens, e recebendo em si mesmos o devido castigo pela sua perversão"

---

[227]. Grupo Gay da Bahia, "O que todo cristão deve saber sobre homossexualidade": www.ggb.org.br.

Paulo se dirige aqui à comunidade romana, cultura idólatra, de muitos deuses, cultos, ritos e festas orgiásticas, as chamadas bacanais, semelhantes aos cultos orgiásticos de fertilidade dos cananeus, onde a prostituição e o descompromisso eram reinantes.

No texto que antecede a crítica de Paulo às relações homossexuais, único texto na *Bíblia* que cita as relações femininas, o apóstolo cita o contexto em que essas práticas se davam e o que ele julga ser a origem do comportamento homossexual: o castigo divino em virtude da troca da adoração ao Deus único cristão pela adoração politeísta romana.

Paulo, apesar de ser o grandioso apóstolo da gentilidade, é também conhecido por seu comportamento celibatário e seus posicionamentos machistas, fruto da sua educação judaica, em sintonia com o pensamento da época, mas não com o pensamento cristão, que apregoa respeito, igualdade de direitos e acolhimento integral.

Dessa forma, contextualizando seu pensamento acerca das práticas homossexuais, vê-se que a palavra "infame", ou "vergonhosa" (como aparece em outras traduções), demonstra que Paulo faz um julgamento de valor. E ele parece adotar tal posicionamento pelos mesmos motivos dos autores do *Velho testamento*, ao fazerem críticas às práticas de Sodoma e Gomorra ou dos cananeus: a prostituição, a promiscuidade e a idolatria, típicas dos rituais da época.

Além disso, ele se refere a uma prática sexual consequente a uma troca da "adoração de deus" pela "adoração da criatura" (Rm 1:23–24), ou seja, uma prática sexual de busca do prazer pelo prazer, em cujo ideário o hedonismo tem lugar de honra e destaque. Tratava-se, portanto, de uma prática sexual em busca do gozo, sem o objetivo da procriação e afetividade e sem a busca de vínculos e compromisso entre os indivíduos.

Ressalte-se aqui, mais uma vez, que o contexto dessas práticas é completamente diferente da construção histórica e ideológica atual em torno da homossexualidade. Contudo, a crítica aos comportamentos de leviandade em relação ao sexo continuam sendo um valor moral importante em todas as religiões, independentemente da sua denominação. Não se justifica, portanto, a utilização desses textos bíblicos para criticar as pessoas homossexuais, senão quando descontextualizados pelos interesses do preconceito e da discriminação anticristãos.

Coríntios e Timóteo

"Não erreis: nem os devassos, nem os idólatras, nem os adúlteros, nem os efeminados, nem os sodomitas, nem os ladrões, nem os avarentos, nem os bêbados, nem os maldizentes, nem os roubadores herdarão o Reino de Deus". (1Cor 6:9)

Timóteo
"**9** sabendo isto: que a lei não é feita para o justo, mas para os injustos e obstinados, para os ímpios e pecadores, para os profanos e irreligiosos, para os parricidas e matricidas, para os homicidas
10 para os fornicadores, para os sodomitas, para os roubadores de homens, para os mentirosos, para os perjuros e para o que for contrário à sã doutrina,
11 conforme o evangelho da glória do Deus bem-aventurado, que me foi confiado."

No texto citado de *Coríntios*, Paulo se refere ao comportamento homossexual ativo e passivo, nos termos "efeminados" e "sodomita", respectivamente, enquanto em *Timóteo* ele generaliza usando o termo "sodomita".

Feitosa nos esclarece que:

> "Corinto era uma cidade famosa por sua licenciosidade e prostituição. Prostitutas e prostitutos eram comuns tanto nos templos como em locais específicos daquela cidade portuária. Prostitutos jovens e efeminados eram tão comuns que provocavam uma disputa com as mulheres, que se sentiram ameaçadas. (...) É interessante observar também os sacerdotes de Cibele, cujas cerimônias incluíam rituais de autocastração por parte de seus sacerdotes, bem como o ato de se travestirem em adoração à deusa. Tais sacerdotes também tinham a função de se prostituir com outros homens em honra a Cibele. Muitos deles também se entregavam à prostituição homossexual não-cultual".[228]

Mais uma vez, como vemos, a crítica se inscreve no contexto da prostituição e da licenciosidade, bastante presentes tanto na cultura romana quanto entre os demais povos pagãos.

É útil salientar que conhecer o contexto histórico-cultural nos ajuda a compreender as opiniões. Afinal, de acordo com o pensamento espírita, o que importa é a conclusão a que se possa chegar por meio do uso da fé raciocinada.

---

228. Alexandre Feitosa, *Bíblia e homossexualidade – verdades e mitos*, pp. 94 e 95.

As posturas de Paulo, conquanto em sintonia com as ideias espíritas no que tange à crítica ao uso do sexo sem responsabilidade, podem, conforme foi demonstrado, também ser entendidas como opiniões pessoais. Compete a nós respeitar tais opiniões, mas convém compreender que elas não se configuram como leis sagradas dentro da fé espírita, como o são muitas vezes consideradas no âmbito das demais religiões cristãs. Como afirma Allan Kardec: "Fé inabalável só o é a que pode encarar a razão face a face em todas as épocas da humanidade".[229]

Concluindo, Paulo fala de uma realidade bastante diferente daquela apresentada pela ligação afetiva e responsável entre duas pessoas do mesmo sexo. Assim, não há correlação na linguagem e experiência paulina com as experiências modernas, quando baseadas no respeito e no compromisso mútuos.

David e Jônatas

Apesar dos textos condenatórios à homossexualidade, encontramos igualmente, no *Velho testamento*, a declaração do salmista referindo-se ao amor entre David e Jônatas:

"Tua amizade me era mais maravilhosa do que o amor das mulheres.
Tu me eras deliciosamente querido!" (2Sm 1:26)

---

[229]. Allan Kardec, *O Evangelho segundo o Espiritismo*, p. 5.

Alguns advogam que aqui se trata da manifestação *philia*, da definição grega de amor, que se refere à amizade, sem o contexto erótico. No entanto, "deliciosamente querido", segundo vários pesquisadores, refere-se a uma relação amorosa também no nível *eros* e *porneia*, também da definição grega, o amor de posse e prazer, de troca e partilha sensual e afetiva.

> "E, indo-se o moço, levantou-se David do lado do sul, e lançou-se sobre o seu rosto em terra, e inclinou-se três vezes; e beijaram-se um ao outro, e choraram juntos, mas David chorou muito mais". (1Sm 20:41)

Saliente-se que David foi o escolhido pelo homossexual assumido Michelângelo para ser retratado na célebre figura de mármore, relativa, inclusive, à perfeição da beleza masculina, que se encontra hoje exposta em um museu de Florença, na Itália.

Os Evangelhos

É interessante observar que nenhuma das referências à homossexualidade ou ao comportamento homossexual é encontrada na fala de Cristo, dos apóstolos ou discípulos que com ele conviveram diretamente. Isso porque o Evangelho é uma grande mensagem de inclusão, respeito e alteridade. Para Jesus não importava o sexo, a cor, a raça, a identidade sexual ou a opção de vida dos filhos de Deus que ele socorria e amava.

Sua palavra era dirigida a todo e qualquer coração interessado no despertamento espiritual para as verdades contidas na mensagem de libertação e esperança de que Ele era portador.

Buscou a Pedro na simplicidade do barco de pesca, a Mateus e Zaqueu entre os publicanos, aos leprosos no vale dos imundos, aos doentes no templo, aos endemoniados nas catacumbas.

Seu amor viajou toda a Galileia:

> "E percorria Jesus toda a Galileia, ensinando nas suas sinagogas, e pregando o evangelho do reino, e curando todas as enfermidades e moléstias no meio do povo". (Mt 4: 23)

Dormia em casa dos discípulos, comia junto deles, participava das celebrações de sua época, frequentava o templo junto à comunidade.

Lavou os pés dos discípulos, atribuição essencialmente feminina, na época, e conversou com igualdade com a mulher samaritana no poço de Jacó, como a exaltar o feminino sagrado que existe em todo ser humano, a capacidade de autonomia, de acolhimento, amorosidade e compaixão, símbolos de uma alma conectada ao Pai, fonte infinita desses mesmos atributos.

Que mestre mais inclusivo, respeitoso e alteritário que Jesus? Que referência mais perfeita para igrejas, templos, grupos espíritas e práticas cristãs que desejem servir à humanidade em uma tarefa de amor e educação?

Em Jesus se resume a mensagem do amor libertário, da teologia da inclusão, se assim podemos dizer, do acolhimento sem limites. Nele, todos cabem verdadeiramente, pois é a representação encarnada das leis divinas e do amor incondicional do Criador.

Foram suas as palavras que inspiraram os apóstolos, assim como Paulo, a anotar:

"Não julgueis uns aos outros". (Rm 14:13)
"Não faleis mal uns dos outros". (Tg 4:11)
"Não vos queixeis uns dos outros". (Tg 5:9)
"Não vos mordeis e devorais uns aos outros". (Gl 5:14–15)
"Não vos provoqueis uns aos outros". (Gl 5:25–26)
"Não tenhais inveja uns dos outros". (Gl 5:26)
"Não mintais uns aos outros". (Col 3:9–10)

Mas sim:
"Amai-vos uns aos outros". (Jo 13:34; 15:12,17; Tg 2:8; Gl 5:14)
"Saudai-vos uns aos outros". (Rm 16:6)
"Tende igual cuidado uns pelos outros". (1Cor 12:24–25)
"Suportai-vos uns aos outros". (Ef 4:2–3)
"Sujeitai-vos uns aos outros".(Ef 5:18–21)
"Confessai-vos uns aos outros". (Tg 5:16)
"Perdoai-vos uns aos outros". (Ef 4:31–32)
"Acolhei-vos uns aos outros". (Rm 15:7)

Compete às comunidades cristãs e a todos nós seguirmos--lhe as determinações.

As práticas cristãs

"Sou católico. Tenho 28 anos e sou homossexual. Quando levava uma vida promíscua a Igreja me aceitava, me absolvia de vez em quando... Agora que amo verdadeiramente meu parceiro, a Igreja fechou suas portas e não me absolve mais porque vivo numa situação de pecado que não quero abandonar, isso foi o que me disseram. Isso me obriga a viver de costas para a Igreja, porém vivo de frente para Jesus e sua mensagem de amor e libertação. Porque a castidade absoluta não é para mim e me recuso a viver na solidão, porque descobri a riqueza que existe no verdadeiro amor".[230]

A beleza do relato de Guilles Dugal espelha a triste realidade da exclusão e da discriminação em algumas práticas ditas cristãs. Segundo pesquisa, 72% das denominações cristãs classificam a homossexualidade como abominação, não natural e perversão.[231]

Essa realidade de discriminação, por vezes, se passa igualmente no movimento espírita. Dessa forma, aqueles homossexuais que não se encontram ainda profundamente vinculados com o pensamento e a comunidade espíritas terminam por virar as costas para o espaço de trabalho público e comunitário, isolando-se devido ao rechaço e ao preconceito. Perdem com isso as pessoas e as comunidades que afastam a diferença,

---

230. Guilles Dugal, *L'acualité* de 26/Dez/1987.
231. Eric M. Rodriguez, "At the intersection of church and gay: a review of the psychological research on gay and lesbian christians". *Journal of Homosexuality*, 2009; 57:1, 5–38.

sem validar a riqueza da diversidade. Perdem todos. E todos queremos ganhar. Para isso é preciso transcender a forma e as manifestações mais evidentes a fim de valorizar a grandeza de cada experiência humana que se esconde por trás dos rótulos e das condições afetivo-sexuais.

Quanto aos homossexuais, muitos ainda não conseguem o grande feito de Guilles Dugal, de perceber que a relação com o Cristo, ou com qualquer das representações divinas, pode ser uma relação direta, sem intermediários, baseada na intimidade com a verdade do amor.

Diz-nos o pastor Retamero, fazendo uma analogia entre a situação de alguns homossexuais e a escravidão do povo hebreu no Egito:

> "Tenho visto homossexuais, homens e mulheres, escravos de poderosos faraós, vivendo nos 'Egitos' existenciais, terra que os tornou seres completamente nulos ou que vivem nas sombras, arriscando-se. Os poderosos faraós são muitos: pai, mãe, irmãos, família, religião, a norma social, a homofobia, todas as formas de preconceitos; e também tenho visto talvez aquele que seja o mais poderoso na hierarquia dos faraós: o sujeito mesmo, que se conformou tanto com a escravidão, que ao tornar sua mente cativa, tornou-se, ele mesmo, um faraó para si mesmo".[232]

---

[232]. Márcio Retamero, *Pode a Bíblia incluir? – por um olhar inclusivo sobre as sagradas escrituras*, p. 73.

Diante das prisões autoimpostas, dos exílios de vergonha e solidão, da morte da esperança e do autorrespeito, tantas vezes consequentes aos movimentos de intolerância naqueles que ainda não encontraram em si a fonte e a força para a autoafirmação, concluímos relembrando a fala do sublime Pastor: "E conhecereis a verdade, e a verdade vos libertará!" (Jo 8:32)

CAPÍTULO

O homossexual nos centros e nas atividades espíritas

"Carecemos de um movimento espírita forte, marcado por uma cultura de raciocínios lógicos e coerentes e por atitudes afinadas com a ética do amor."
BEZERRA DE MENEZES

(Bezerra de Menezes, apud Wanderley Soares Oliveira e Espíritos Cícero Pereira e Ermance Dufaux, *Atitude de amor*, p. 17.)

Andrei Moreira

homossexualidade
SOB A ÓTICA DO ESPÍRITO IMORTAL

O CENTRO ESPÍRITA É O LOCAL DE ESTUDO E TRABALHO QUE visa à compreensão, à vivência e à divulgação da Doutrina Espírita. Esta, por sua vez, preconiza a caridade como forma sublime de salvação, ou construção do Reino de Deus em si. O espaço do agrupamento espírita é, pois, o espaço da vivência dos valores do Evangelho, quais sejam a inclusão, o respeito, a alteridade, a fraternidade, a compaixão, a ternura, a bondade, que representam, em síntese, o amor.

Apesar disso, os agrupamentos religiosos, de qualquer natureza, são compostos de homens, com suas naturais dificuldades e preconceitos. Para dar um exemplo, houve um tempo em que homens e mulheres sentavam-se em bancos separados na casa espírita, o que atesta o pensamento discriminatório da época. Infelizmente, por essa razão, não é incomum ouvir histórias ou presenciar fatos de discriminação e preconceito contra homossexuais nos templos religiosos.

Atendimento fraterno

Muitos homossexuais participam habitualmente de atividades na casa espírita e muitos nela chegam vivenciando dores profundas devido aos conflitos de identidade sexual, às relações conflituosas em família, às sequelas psicológicas da homofobia ou apresentando as lutas naturais de todo ser humano na busca de sentido e significado para seu existir.

O primeiro espaço de recepção e acolhimento é o atendimento fraterno, aonde muitos vão desejando conhecer os princípios espíritas e as orientações que os auxiliem a entender a si mesmos e às suas experiências de vida. Nesse momento, o atendente fraterno depara-se com uma grande variedade de experiência humana, desde os conflitos naturais até as condições psicopatológicas que buscam amparo na casa espírita.

Pessoas homossexuais, às vezes, e travestis e transexuais, frequentemente, despertam a atenção e colocam em teste a postura acolhedora daqueles que se colocam à disposição para servir, podendo ser alvos de julgamentos, críticas ou até mesmo de repreensão.

> "O Atendimento Fraterno é a porta aberta na Casa Espírita para o acolhimento dos Espíritos que nos procuram, independente de sua condição ou aparência. Não há espaço aí para indiscrição nem para rejeição ou pré-julgamentos. Não importa o que ele é, mas sim o que ele poderá vir a ser, na medida em que for se esclarecendo. Essa necessidade é igual para todos os

Espíritos que sofrem e buscam superar pelo Bem suas necessárias provações".[233]

Não se pode esquecer que o espaço da casa espírita é o do acolhimento amoroso.

"O acolhimento não deve estar ligado a julgamento. Acolhe-se porque se ama, independente do mérito da pessoa".[234]

Acolher é realizar a postura autêntica da escuta integral do sujeito, desprovido de julgamentos, de críticas, de respostas prontas, mas imbuído do sentimento de humanidade. O encontro terapêutico se dá na interação de duas humanidades, a partir da experiência amorosa, que é a verdadeira e profunda instância curativa.

Neste momento de acolhimento do ser integral, da pessoa homossexual, quando em sofrimento físico ou moral, o atendente fraterno deve auxiliá-lo a perceber que é profundamente amado por Deus, que não há discriminação na lei divina e que o autoamor é a condição de cura por excelência.

Os postulados espíritas da imortalidade da alma, da reencarnação e da lei de justiça e misericórdia devem ser sumariamente apresentados, bem como o homossexual deve ser convidado a participar das atividades espíritas habituais de educação e promoção humana, a fim de que, como qualquer outra pessoa, sinta-se incluído, respeitado e valorizado. Esses

---

233. "Homossexual na casa espírita": www.bezerramenezes.org.br (acesso 14/Set/2011).
234. Bernardino Leers e José Trasferetti, *Homossexuais e ética cristã*, p. 188.

sentimentos, despertados a partir do contato com o conhecimento e o movimento espíritas, fazem com que ele deseje retornar a investir em si mesmo, encontrando no trabalho espírita uma sublime oportunidade de amparo aos outros e a si mesmo, a partir da expressão e do desenvolvimento da sua riqueza particular, que igualmente enriquece a casa espírita e os demais trabalhadores.

Trabalho espírita

Baseado no conhecimento de que muitas das experiências homossexuais se devem ao processo de reequilíbrio afetivo, há quem diga que o homossexual é Espírito doente e desequilibrado e que, por isso, não pode se candidatar ao trabalho com o passe ou na reunião mediúnica. Muitos homossexuais são impedidos de trabalhar como médiuns, expositores ou dirigentes de reuniões, mocidades ou agrupamentos.

Essa argumentação é uma falácia e coloca um abismo entre heterossexuais e homossexuais, favorecendo a hipocrisia, a mentira e a dissimulação. O agrupamento espírita é escola e hospital, laboratório de aprendizado e exercício dos valores cristãos, que devem nortear a vida social. Espaço de comunhão mais intensa e vívida com o mundo espiritual, pelas vias da mediunidade ostensiva. Nele se reúnem não Espíritos que se encontram santificados e enobrecidos, mas estudantes aplicados que desejam curar a si mesmos e por isso se aplicam ao bem do próximo, como forma de conquista e desenvolvimento da amorosidade.

O que nos caracteriza como espíritas não é termos conquistado o bem, mas o fato de estarmos cansados do mal.

Somos Espíritos que erramos muito no passado, nos saturamos em nossas dores e dificuldades morais e desejamos ardorosamente o bem, encontrando na fé raciocinada o estímulo ideal de desenvolvimento que nos fala à alma e ao coração. Dedicamo-nos ao ideal com acendrado amor, como trabalhadores da última hora desejosos de recuperar o tempo perdido, atendendo ao divino chamado.

Os heterossexuais que se encontram no agrupamento espírita são igualmente Espíritos em processo de reequilíbrio afetivo, muitos certamente lidando com a educação do desejo sexual, inclusive homossexual, e aprendendo o valor da afetividade. Não se encontram, com relação aos homossexuais, em posição diferenciada de necessidades espirituais e de compromissos morais; apenas se inscrevem em diferentes experiências reabilitadoras com vistas ao progresso moral.

É justo, portanto, que todos tenham oportunidade e espaço igualitário, visto que o que caracteriza a personalidade não é a identidade sexual nem os caracteres exteriores, mas sim a postura digna ou indigna com que a pessoa honra ou desonra a vida e a sua natureza divina, independentemente da sua expressão afetivo-sexual.

Dado o preconceito, algumas vezes foram interrogados os Espíritos a esse respeito, obtendo-se respostas condizentes com os postulados espíritas:

"O médium homossexual merece credibilidade?

Evidente que sim. (...) a homossexualidade não implica em imoralidade, ou seja, o homossexual não raro se revela dono de um caráter superior aos que habitualmente o escarnecem".[235]

E ainda:

"Em nossa opinião, o médium na prova da homossexualidade, desde que se revele digno do compromisso assumido, pode perfeitamente cooperar na transmissão do passe, atuar na psicofonia, na psicografia, na mediunidade de cura, enfim, proferir palestras doutrinárias, participar da diretoria da casa".[236]

O homossexual tem, pois, todo o direito de participar de todas as atividades da casa espírita, no mesmo nível de igualdade e dignidade do heterossexual, pois a condição afetivo-sexual não afeta o comportamento nem o caráter. Não se trata de "caridade com irmãos perturbados ou doentes do passado", mas, sim, de inclusão e alteridade, de resgate da diversidade e da dignidade humana no espaço comunitário.

O discurso de "caridade para com os homossexuais" reveste-se de um sentimento de superioridade da parte dos heterossexuais, que, com isso, rebaixam o nível de dignidade da pessoa homossexual, o que é injusto e contrário aos postulados espíritas.

---

[235]. Carlos Baccelli e Espírito Odilon Fernandes, *Mediunidade na mocidade*, p. 97.
[236]. Idem, *Conversando com os médiuns*, Uberaba: Didier, 2000.

O homossexual tem direito a frequentar a casa espírita sem necessitar esconder a sua parceria afetiva e sem ouvir dos companheiros que pode frequentar, desde que não seduza ninguém, nem se vista inconvenientemente, sem decência. Infelizmente essas são falas e situações frequentes, de preconceito, baseado nos estereótipos, no desconhecimento da homossexualidade e na intolerância.

Os comportamentos na casa espírita, núcleo de aprendizado e trabalho sagrados, são os mesmos para homossexuais e heterossexuais. Os deveres de moralidade se encontram no mesmo nível, bem como os direitos à livre expressão e à autenticidade.

Convém considerar isso para que o espaço da casa seja o da inclusão e do respeito incondicional, bem como do exercício da fé raciocinada. Esta é a condição fundamental para o pensamento espírita, baseado em fundamentos e não em dogmas, no Evangelho e não nos preconceitos e nas discriminações humanas.

Assim agindo, o núcleo espírita exercerá, a cada dia mais, seu papel educativo e formador de homens de bem, com vistas a uma sociedade mais justa, mais fraterna e condizente com um mundo de regeneração, no qual o amor seja o esforço e a decisão de vivência e convivência entre todos.

CAPÍTULO

O homossexual espírita perante o movimento *gay*

"Todas as coisas me são lícitas, mas nem todas as coisas convêm. Todas as coisas me são lícitas, mas eu não me deixarei dominar por nenhuma."
PAULO
(1Cor 6:12)

Andrei Moreira

homossexualidade
SOB A ÓTICA DO ESPÍRITO IMORTAL

O MOVIMENTO ORGANIZADO GAY SURGE EM NOVA IORQUE, em 1969, a partir da famosa resistência dos frequentadores do bar Stonewall In, quando por noites seguidas enfrentaram a polícia com paus e pedras, resistindo à coerção e à perseguição por serem homossexuais.

De lá para cá, o movimento *gay* político tem crescido e conquistado em todo o mundo grandes avanços nos direitos sociais das pessoas homossexuais. Deve-se a esse movimento o estímulo social que hoje inúmeros homossexuais têm para mostrar o rosto, assumir sua condição, sem (tanto) medo da polícia, do manicômio ou da sociedade em geral.

Inicialmente foi a descriminalização da homossexualidade, seguida por sua retirada do rol de doenças psiquiátricas, até a sua aceitação como condição afetivo-sexual natural, a qual se dá lentamente no seio da sociedade.

> Para conhecer o trabalho de Luiz Mott e do Grupo Gay da Bahia, acesse www.ggb.org.br.
>
> Para conhecer o trabalho de Danilo Oliveira, veja-se sua autobiografia: Danilo Oliveira, *Éramos dois*, Mazza, Belo Horizonte, 2007.

Muito do trabalho político e social respeitável realizado no Brasil se deve ao antropólogo Luiz Mott, pesquisador sério e competente, e a sua equipe do Grupo Gay da Bahia, bem como a Danilo Oliveira e Edson Nunes,[237] do movimento *gay* mineiro e também nacional, entre muitos outros.

Hoje em dia, políticos assumem a bandeira do movimento *gay* e pessoas proeminentes na sociedade, no campo da política, da música, das artes e em todas as áreas sociais, assumem-se e expõem-se com coragem.

As paradas *gays* são realizadas em todo o mundo e, no Brasil, segundo dados da organização, chegam a reunir mais de 4 milhões de pessoas na Avenida Paulista, em São Paulo, em torno da bandeira do orgulho *gay*, o que alavanca a conquista dos direitos humanos das pessoas homossexuais em nosso país.

O problema é que, com o avanço das conquistas dos direitos homossexuais, logo surgiram as empresas de entretenimento voltadas para esse novo filão da sociedade, oferecendo desde serviços sexuais e publicações eróticas até bares e boates, que passaram a patrocinar *sites*, publicações e parte da própria parada *gay*, desviando o foco político original.

> "A década de noventa viu a comercialização do orgulho *gay*. Cada vez maiores e publicitadas, as marchas se inseriram como parte do calendário cívico das principais cidades norteamericanas e européias, com uma grande afluência de turistas e vendas massivas de *souvenirs*. Começaram a desenvolver-se em um

---

[237]. "Matéria sobre os 35 anos de ativismo de Edson Nunes": www.athosgls.com.br (acesso 12/Set/2011).

ambiente já não de protesto, senão de carnaval e sem maior conteúdo ideológico.

(...) Já não são atos políticos que pugnem pela liberação *gay*, senão encontros culturais e cívicos que celebram a assimilação".[238]

Atualmente, mesmo com todo o benefício político, a parada assemelha-se a um grande carnaval, com *drag queens* fantasiadas, *gogo boys* em carros alegóricos de casas noturnas, homossexuais com variados comportamentos, desde os estereotipados e caricatos, até os que contrariam o senso comum, separados por tribos que não se misturam, em geral, reunidos em uma mesma festa popular anual. A mídia cobre o evento e só divulga as cenas das fantasias de homens e mulheres seminus, ou jovens aproveitando para fazerem em público, em um dia, tudo o que não se permitem nos outros 364 dias do ano. As famílias heterossexuais comparecerem e são festejadas como símbolo de respeito e inclusão, enquanto os pais mostram aos filhos as cenas carnavalescas que os divertem. Apesar de a parada ser um avanço, não necessariamente formata uma ideia de dignidade da pessoa humana na mente juvenil.

A parte política resume-se a um ato simbólico, localizado geralmente sob o MASP, o Museu de Arte Moderna, na mesma Avenida Paulista, em São Paulo, onde somente são admitidos os políticos, os organizadores e a imprensa. A grande maioria das pessoas nem toma conhecimento do tema central ou do movimento político que se faz, hoje já controlado por grupos organizados com interesses específicos.

---

[238]. Marina Castañeda, *La nueva homosexualidad*, p. 57. Tradução livre do autor.

Apregoa-se o orgulho *gay* na mídia e em toda parte, já que essa expressão virou sinônimo de um movimento e um *modus operandis*, uma maneira de viver, de se comportar, assumidamente, com os trejeitos e hábitos apregoados pela cultura *gay*.

No entanto, quantos daqueles homossexuais ali reunidos realmente têm orgulho de serem *gays* e se apresentarem como tais? Quantos enfrentam, no dia a dia, com posturas respeitosas, sem se impor pelo ridículo ou pelo chocante, a hipocrisia e o preconceito da maioria heterossexual? Quantos se amam verdadeiramente, afirmando a autoestima em bases sólidas que lhes permitam participar e frequentar a sociedade com a cabeça erguida, sem terem de viver reclusos em ambientes *gays* ou nas turmas *gays*, participando da vida social com produtividade?

São questões que precisariam ser pesquisadas e levadas a sério pela organização política do evento, pois um ato público que se impõe pela força do número também precisaria educar para formar cidadãos livres para serem o que são, com autenticidade, sem necessitar de estereótipos ou caricaturas, mas afirmando-se pelo valor social e pela possibilidade de respeito a si mesmos e aos outros.

Segundo a tese de mestrado de Alex de Toledo:

> "Curiosamente, ainda que vários indivíduos tenham verbalizado sentir orgulho da orientação homossexual, ocorreram posicionamentos taxativos de não compreensão quanto ao sentido de se ter orgulho da orientação sexual. Estes sujeitos enfatizaram a autoaceitação como sentimento básico e necessário ao bem estar pessoal diante da homossexualidade.

Os diferentes posicionamentos quanto ao orgulho e vergonha da orientação sexual também são reflexos das diversas identidades que coexistem entre os sujeitos homossexuais em nosso contexto. (Fry, 1982)

Nesse sentido, observam-se algumas expressões de não identificação com movimentos políticos e sociais de afirmação dos diretos de *gays* e de lésbicas no Brasil. Estas narrativas expressam críticas à parada *gay*, talvez em virtude de terem tais movimentos tornado-se mais visíveis nos anos 80 e 90. (Green, 2000)

Nesse sentido, tais movimentos atingiram maior expressividade social e influenciaram mais fortemente coortes mais novas. De fato, 12 (30 %) dos sujeitos afirmaram não ter orgulho da orientação homossexual".[239]

Orgulho ou visibilidade *gay*?

Bernardo Dania, homossexual, em seu livro *Ops! aprendendo a viver, com aids*,[240] se posiciona contrário ao orgulho *gay* e a favor da visibilidade *gay*. Isso significa, segundo ele, permitir-se ver e ser visto, sem se esconder, mas também sem se impor à sociedade. Afinal de contas, por que ter orgulho de uma simples característica da personalidade, semelhante à cor dos olhos ou à cor da pele? Só faz sentido no contexto da necessidade de autoafirmação em uma sociedade discriminatória e segregadora. Somos a favor da visibilidade *gay*, dentro do possível e da capacidade de cada um.

---

[239]. Alex de Toledo Ceará, *Saúde mental, identidade, qualidade de vida e religiosidade em homossexuais na maturidade e velhice*, p. 92.
[240]. Bernardo Dania, *Ops! aprendendo a viver, com aids*, p. 198.

Nesse sentido, os avanços têm sido significativos e os indivíduos homossexuais começam a encontrar nas leis o respaldo de valor, dignidade e cidadania devido a todos. Necessário se faz, agora, um programa educacional que forme os jovens, que eduque as bases, preparando um novo homem e uma nova mentalidade para o amanhã. Essa base educacional deve ser institucionalizada, amparada por um governo laico, sem as amarras do tradicionalismo religioso, mas também isento do descompromisso moral presente na propaganda do sexo livre, da promiscuidade e do prazer a todo custo, tantas vezes estimulado na mídia *gay*.

Isso significa um processo educacional voltado para a alteridade, para o valor e a riqueza da diferença e o papel complementar da diversidade, seja ela cultural, religiosa, sexual ou de qualquer natureza. Um processo educacional que forme homens de bem, pessoas que respeitem o seu próximo como a si mesmas, relembrando a regra áurea cristã do "amai-vos uns aos outros".

Preconceito e discriminação

É interessante perceber que, dentro da cultura *gay*, que afirma a necessidade e o valor do respeito, da inclusão e da ausência de preconceito, haja tanta discriminação, separatividade e preconceito quanto na sociedade em geral.

Comenta o terapeuta Gustavo Barcellos:

> "A homofobia internalizada tem também alguns efeitos sociais bastante perniciosos e altamente contraditórios: a estigmatização, às vezes de forma muito explícita, entre os próprios homossexuais,

daqueles que fogem ou se desviam de um padrão absorvido de beleza, juventude e 'normalidade' que, no fundo, reproduz ideais heterossexuais de convívio e aceitação. O homossexual velho ou marcadamente efeminado, por exemplo, para não falar de travestis e transexuais, são proscritos".[241]

A cultura *gay* é multifacetada, e ser homossexual não diz respeito a uma forma única de comportamento, mas a um espectro de expressões que necessita ser individualizado pela pessoa homossexual.

No entanto, há grupos variados, formados por característicos estimulados pelo comércio, pelos fetiches, pelas características físicas e psicológicas. Em geral, lésbicas não se misturam com *gays* com facilidade. Têm não só bares separados, mas igualmente resistências e preconceitos recíprocos. Cada grupo defende a sua característica, sem uma identidade comum. A identidade *gay* é específica de cada grupo de homossexuais, na dependência da cultura em que estejam, embora a globalização, por meio da internet e dos meios de comunicação, faça com que vários aspectos sejam comuns, criando um movimento próprio, com características particulares, como acontece em toda as áreas da sociedade.

O estímulo às práticas sexuais livres é discurso generalizado, pós-liberação sexual dos anos 60, e acompanha o mesmo movimento que acontece entre os heterossexuais, de incentivo às

---

[241]. Gustavo Barcellos, "O amor entre parceiros do mesmo sexo e a grande tragédia da homofobia", in Carlos Alberto Salles e Jussara Maria de Fátima César e Melo, *Estudos sobre a homossexualidade – debates junguianos*, p. 71.

relações poligâmicas, ao consumo da pornografia, ao sexo livre descompromissado, ao prazer pelo prazer, muitas vezes lançando mão de práticas classificadas pela moderna psiquiatria como perversões sexuais, como o fetichismo e o sadomasoquismo.

Esse movimento não representa a identidade dos homossexuais em nível macro, que, muitas vezes, é desrespeitada devido a essas práticas percebidas pela comunidade e recriminadas pelo pensamento religioso e pela moral. Esse movimento representa a construção político-comercial que se ergueu sobre um movimento de lutas por direitos e pela afirmação do valor das pessoas homossexuais, que não se encontram representadas em sua totalidade por essas características.

Gabriel Rotello, estudioso do movimento *gay* e da epidemia de aids, adverte para a necessidade da criação de uma nova cultura *gay* sem a "visão orgiástica, dionisíaca da liberação proclamada após a liberação de Stonewall",[242] na década de 60. Para ele, é necessária uma nova cultura ecológica sexual, com o desenvolvimento de relacionamentos mais estáveis e com menos parceiros e contatos sexuais.

Trata-se do mesmo discurso de renovação moral apregoado pelo Espiritismo, sob a roupagem de ecologia sexual, evidenciando a necessidade de o movimento *gay* organizado construir uma nova identidade, que não seja a da euforia pós-liberação sexual nem um retorno à repressão discriminatória heterossexista, mas uma cultura baseada na autoestima, no autorespeito, em relacionamentos estáveis e responsabilidade pessoal e coletiva.

---

[242]. Gabriel Rotello, *Comportamento sexual e aids – cultura gay em transformação*, p. 349

Decisão e atitude

É importante que o homossexual, inspirado pelo conhecimento espírita, saiba fazer uma crítica a essa cultura *gay*, reconhecendo seu valor histórico e político, mas, ao mesmo tempo, afirmando a sua individualidade, enquanto pessoa, sem permitir-se ser formatado por um ideal de descompromisso afetivo consigo mesmo e com o outro, muito menos por um movimento de falsa liberdade sexual.

Novamente citando as sábias palavras de Paulo:

> "Todas as coisas me são lícitas, mas nem todas as coisas convêm. Todas as coisas me são lícitas, mas eu não me deixarei dominar por nenhuma". (1Cor 6:12)

Saber selecionar aquilo que se consome, sem se permitir identificar-se com o grupo e incorporar tudo que é vendido pela mídia *gay*, pela indústria do gozo, é afirmar a identidade espiritual e orientar a própria vida no rumo do crescimento e do progresso moral. A tão propagada liberdade sexual, cuja ideia é vendida como se fosse símbolo de progresso e do avanço dos tempos, é a representação de uma sociedade falida nos princípios superiores do bem, consigo mesmo e com o próximo, estertorando nas dores de parto de um instante de transição planetária.

"(...) a obsessão do sexo, decorrente do seu mau uso e sempre exigente de mais prazer, apresenta-se dominadora na sociedade terrestre dos nossos dias. Cada vez mais chocantes, as suas manifestações alargam-se arrastando jovens e crianças inadvertidos ao paul da depravação, face à naturalidade com que os veículos de comunicação de massa exibem-no em atitudes deploráveis e aterradoras a princípio, para se tornarem naturais depois, através da saturação e da exorbitância, tornando-se mais grave a situação das suas vítimas, e mais controvertidos os métodos de reeducação e preservação da saúde emocional, psíquica e moral da criatura humana que lhe tomba nas malhas bem delicadas mas vigorosas".[243]

O vazio humano, de heterossexuais e homossexuais, clama por atenção, e as feridas pessoais e coletivas gritam por cuidado. Contudo, a grande maioria da humanidade, distante dos ideais de elevação, autodomínio e autocontrole, permite-se anestesiar na busca desenfreada por prazer, alienando-se na ilusão e encontrando somente a solidão, a amargura e o desespero como resultados.

Por isso campeiam em nossa sociedade as síndromes psiquiátricas, e os consultórios se apresentam repletos de homens e mulheres vivenciando, em grande parte, os efeitos dos abusos na área do afeto e da sexualidade, na forma de distúrbios de ansiedade, pânico, depressão, fobias e surtos psicóticos variados.

---

[243]. Divaldo Franco e Espírito Manoel Philomeno Miranda, *Sexo e obsessão*, cap. 15, p. 191.

Assumir a singularidade no mundo, dentro da experiência sexual, é saber-se divino, portador de uma energia sagrada, que, independentemente da experiência sexual atual, necessita ser canalizada para as ações superiores a que está destinada, de alimentação psicoafetiva do ser humano através das boas obras de benemerência social e do compromisso afetivo.

Ainda que sob o guante das provas decorrentes das obsessões sexuais, das quais poucos se salvam, devido ao passado de abusos generalizados, é imperioso que o homem se resguarde na oração constante, na intimidade com Deus por meio do trabalho no bem, sabendo selecionar o que alimenta o seu coração.

Sobretudo o homossexual, que já luta por afirmar-se perante tanta discriminação social, tem a condição de perceber que estar reencarnado em condição homossexual, no contexto atual da sociedade, é grandiosa oportunidade de reeducação, desenvolvimento de individualidade e autoamor, bem como de compromisso afetivo profundo consigo mesmo e com as parcerias afetivas que a vida lhe permitir vivenciar. Deve resistir ao arrastamento dos meios sociais, que desejam induzi-lo ao descompromisso e à leviandade, percebendo que na luta da resistência moral a esse arrastamento se encontram a virtude e a sublime oportunidade de consolidar em sua alma os valores sagrados do Espírito.

"Qual a mais meritória de todas as virtudes?

— Toda virtude tem seu mérito próprio, porque todas indicam progresso na senda do bem. Há virtudes sempre que há resistência voluntária ao arrastamento dos maus pendores. A sublimidade da virtude, porém, está no sacrifício do interesse pessoal, pelo bem do próximo, sem pensamento oculto. A mais meritória é a que assenta na mais desinteressada caridade".[244]

André Luiz nos esclarece que, à luz da lei de causa e efeito, ou da justiça divina, não há diferença entre as responsabilidades de heterossexuais ou homossexuais, e todos recebem da lei a mesma atenção e consideração, embora os equívocos de heterossexuais, de psiquismo julgado normal, tenham o agravante de ocorrer sob o clima estável da maioria:

> "À vista disto, destacou que nos foros de Justiça Divina, em todos os distritos da Espiritualidade Superior, as personalidades humanas tachadas de anormais [os homossexuais] são consideradas tão carecentes de proteção quanto as outras que desfrutam a existência garantida pelas regalias da normalidade, segundo as opiniões dos homens, observando-se que as faltas cometidas pelas pessoas de psiquismo julgado anormal são examinadas no mesmo critério aplicado às culpas de pessoas tidas por normais, notando-se que, em muitos casos, os desatinos das pessoas supostas normais são consideravelmente agravados, por menos justificáveis perante acomodações e primazias que usufruem, no clima estável da maioria".[245]

---

[244] Allan Kardec, *O livro dos Espíritos*, questão 893.
[245] Francisco Cândido Xavier e Espírito André Luiz, *Sexo e destino*, 2.ª parte, cap. 9, pp. 273 e 274.

Concluindo, cremos que os movimentos políticos são necessários para garantia dos direitos no mundo, mas, no que tange à felicidade humana, somente a política divina baseada no código elevado apresentado no Evangelho do Cristo será capaz de ofertar a homossexuais e heterossexuais o roteiro seguro de autoburilamento e crescimento espiritual, para o encontro da paz que todos buscamos e ansiamos.

CAPÍTULO

Pornografia riscos e prejuízos

"A candeia do corpo são os olhos; de sorte que, se os teus olhos forem bons, todo o teu corpo terá luz;
    Se, porém, os teus olhos forem maus, o teu corpo será tenebroso. Se, portanto, a luz que em ti há são trevas, quão grandes serão tais trevas!"
JESUS
(Mt 6:22–23)

Andrei Moreira

homossexualidade
SOB A ÓTICA DO ESPÍRITO IMORTAL

A PORNOGRAFIA ESTÁ PRESENTE NA HISTÓRIA DA HUMANIdade há séculos. Notam-se desenhos eróticos em antigos vasos greco-romanos, descobertos em escavações e inscrições em prostíbulos de Pompeia e Herculano, antigos *resorts* gregos.

A pornografia representa um grave problema social moderno, e seu consumo é amplamente difundido e estimulado no meio homossexual. Tornou-se uma grande indústria mundial, que, pelas TVs, por celulares, revistas impressas e, sobretudo, pela internet, está presente na vida de milhares de pessoas em todo o mundo.

Alguns estudos[246] têm demonstrado que o vício em pornografia virtual (e em jogos de computador) tem sido um dos grandes responsáveis pelo divórcio entre casais heterossexuais, e a compulsão sexual, a ele correlacionada, um dos maiores responsáveis pela separação entre casais *gays*.

Segundo resultados preliminares de um estudo de Doran e Price,[247] indivíduos que consumiram filmes pornôs no ano anterior têm 25,6% mais propensão ao divórcio, 65,1% maior propensão a relações extraconjugais, 8% menos propensão a descrever seus relacionamentos como muito felizes e 13,1% (quando ainda casados) menos propensão a descrever a vida como muito feliz, em geral.

A pornografia é um grande problema, pois vende a imagem do ser humano como objeto, alvo de consumo e de abuso, frequentemente envolvido em práticas sexuais pervertidas, nas quais a violência e a destruição dos valores familiares são praticados, como o abuso sexual, as traições conjugais, os fetiches e fantasias variados.

Consumindo a pornografia, o indivíduo consome todo um pacote de ideias, valores e desejos, que passam a fazer parte de sua vida mental, solicitando atenção. Naturalmente, o

---

246. A. Cooper, D.L. Delmonico e R. Burg, *"Cybersex users, abusers, and compulsives: new findings and implications"*. *Sexual Addiction & Compulsivity: The Journal of Treatment and Prevention* 7, n. 2000: 1 e 2, pp. 5 a 29.

 A.J. Bridges, *"Pornography's effects on interpersonal relationships"*, in *The Social Costs of Pornography: A Collection of Papers,* Princeton, N.J.: Witherspoon Institute, 2010.

247. K. Doran e J. Price, *"Movies and marriage: do some films harm marital happiness?"*, em desenvolvimento, 2009.

indivíduo desejará repetir[248] em sua vida muitas daquelas situações e circunstâncias, além de outros desejos inconscientes que afloram, muitas vezes abrindo a porta das relações virtuais como fonte de prazer, o que não é considerado por muitos como traição conjugal, embora o seja, pois envolve a comunhão afetiva e sexual com outra(s) parceria(s), mesmo que virtuais.

Além disso, na vivência das fantasias e da intensidade do prazer físico por elas provocado, o indivíduo poderá viciar-se nessa forma de gratificação, passando a não achar graça na comunhão sexual com sua parceria afetiva, tendo em vista as dificuldades das relações interpessoais, e a trocar a relação real pela virtual ou pelo estímulo das imagens que despertam sensações intensas, como qualquer droga. Naturalmente a dose do estímulo excitante precisará não só ser mantida, como aumentada continuamente, pois o organismo vai dessensibilizando-se e necessitando de estímulos cada vez mais intensos e vigorosos. Isso faz com que aumente o consumo de imagens, os tipos de relações apresentadas, caminhando o indivíduo frequentemente para o consumo de imagens relacionadas a perversões sexuais, que de chocantes passam a ser consideradas normais.

Isso acontece porque nosso cérebro possui dois sistemas de compensação ou prazer diferentes: um que está ligado à excitação, o sistema de apetite, e outro que está ligado à satisfação do prazer, ou ao ato. A neuroquímica do sistema de excitação é comandada pela dopamina e é ativada quando vemos algo que desejamos. A neuroquímica do sistema de

---

248. A.J. Bridges, op. cit.

satisfação é baseada em endorfinas, que está relacionada a opiáceos e oferece sensação de prazer e euforia.

A pornografia, oferecendo uma infinidade de objetos sexuais, hiperativa o sistema de excitação ou apetite. Consumidores de pornografia desenvolvem novos mapas em seus cérebros, baseado em fotos e vídeos vistos.[249] Há uma demanda contínua do cérebro para ativação desses mapas cerebrais, requerendo um consumo contínuo, como em qualquer dependência, para que haja a gratificação dos estímulos no sistema de excitação e no sistema de satisfação.

Como o homem moderno busca o menor esforço e a satisfação gratuita, desprezando as oportunidades de sacrifício, renúncia e crescimento moral, é natural que as viciações se deem em larga escala, com os sistemas de excitação altamente estimulados, sem que o ser encontre a paz que almeja, a felicidade que deseja, somente possível quando a atenção se volta para as construções no terreno do sentimento e das realizações superiores, conforme apresentado no Evangelho.

O custo social da pornografia

A partir de amplo estudo sobre os efeitos da pornografia na sociedade, realizado nos Estados Unidos, foi publicado em 2010 um relatório intitulado *Os custos sociais da pornografia*,[250] com oito observações importantes:

---
[249]. N. Doidge, *The Brain That Changes Itself: Stories of Personal Triumph from the Frontiers of Brain Science*, New York: Viking, 2007, p. 108.
[250]. *The social costs of pornography*. The Witherspoon Institute – Princeton, New Jersey; Social Trend Institute – New York e Barcelona. Princeton, 2010.

1. Como em nenhuma outra época, a pornografia está hoje disponível e é consumida profundamente em nossa sociedade, devido, em larga parte, à internet. Ninguém permanece intocado por ela. Cerca de 11 mil filmes pornográficos são produzidos a cada ano, sendo que Hollywood se responsabiliza por 400 deles.

A cada segundo há aproximadamente 28 258 usuários de internet vendo pornografia, e a cada dia ocorrem 116 mil buscas *on-line* para pornografia infantil.

2. Há abundantes evidências empíricas de que a pornografia é qualitativamente diferente hoje em dia de qualquer outra que já houve antes, devido a sua ubiquidade, o uso de imagens realísticas e o aumento de consumo de temas *hardcore*.

3. O consumo atual de pornografia na internet pode prejudicar as mulheres, em particular. Segundo os autores, o consumo de pornografia por homens heterossexuais altera a qualidade do relacionamento com as mulheres, pois modifica a imagem da mulher e o que se espera dela, já que a pornografia se baseia em relações de desrespeito, desvalorização, promiscuidade e frequentemente abuso e violência, valores contrários aos buscados e idealizados nas relações conjugais. Podemos estender essas ideias e conclusões às parcerias do mesmo sexo, visto que as imagens vendidas pela pornografia alteram profundamente a qualidade do relacionamento.

Além disso, 30% dos consumidores de pornografia na internet, hoje em dia, são mulheres, segundo o relatório.

"Estima-se que 72% das pessoas que visitam *sites* pornográficos é do sexo masculino e se trata de uma população em rápido crescimento: segundo cálculos de 2005, a cada dia se acrescentam 200 *sites* aos 4,2 milhões de *sites* pornográficos existentes e aos mais de 372 milhões de páginas pornográficas que se podem consultar na web. A cada ano 72 milhões de pessoas no mundo visitam *sites* pornográficos e 25% das buscas na internet estão relacionadas à pornografia". Marianne Szevedy-Maszak, *Ensnared: internet creates a new group of sex addicts. Los Angeles Times*, 26/Dez/2005, p. F1.

4. O consumo de pornografia na internet hoje em dia pode prejudicar crianças e adolescentes, em particular. O relatório mostra que o acesso a conteúdo pornográfico, voluntário ou não, atinge até 70% dos adolescentes usuários de internet. As crianças, em particular, acabam buscando essa fonte de informação e estímulo devido ao fácil acesso, ao incitamento dos colegas e à falta de diálogo e informação em casa e na escola. Isso faz com que sejam expostas a conteúdos que nem sequer imaginavam existir e os quais não estão prontas a elaborar, o que ocasiona estímulo precoce à iniciação sexual, abuso de crianças mais jovens por irmãos adolescentes ou colegas e mesmo traumas em relação à sexualidade.[251]

Além disso, a pornografia não apresenta, às crianças e aos adolescentes, a forma como um casal real negocia conflitos ou cria intimidade, condições essenciais para uma vida plena; ao contrário, funciona como violenta introdução à sexualidade.

"Segundo um terapeuta: 'Eu tenho testemunhado mais garotas adolescentes tolerando abusos sexuais, físicos e emocionais em seus namoros, sentindo-se pressionadas para sair com outras mulheres para excitar seus namorados, procurando ou produzindo pornografia para que seus namorados pensem que são 'cabeça

---

[251]. S. Bonino, S. Ciairano, E. Rabaglietti e E. Cattelino, "*Use of pornography and self-reported engagement in sexual violence among adolescents*". European Journal of Developmental Psychology 3 (2006):265–88.

aberta' e 'legais' e normalizando abusos sexuais sofridos por elas, pois elas veem os mesmos atos erotizados na pornografia'".[252]

5. O consumo atual de pornografia na internet pode prejudicar pessoas que não estão imediatamente conectadas aos consumidores de pornografia. Isso se refere aos produtores de pornografia, que são os primeiros a ser prejudicados em suas vidas pessoais, com exploração sexual, alto uso de drogas, doenças, entre outros, e às milhares de vítimas de exploração sexual. Nos EUA, 14 500 a 17 500 pessoas são traficadas a cada ano, para exploração sexual.

6. O consumo de pornografia em internet pode prejudicar seus consumidores. O consumidor crônico de internet é o homem. Estudos mostram que as mulheres veem esse consumidor como alguém indesejável como parceiro. Frequentemente percebemos, na prática clínica, queixas de casais *gays* a respeito de um ou de outro, que se vicia em pornografia, tornando-se um parceiro indesejado e destruindo a relação. Usuários crônicos de pornografia podem também se tornar incompetentes parceiros em uma relação real.

---

252. *The social costs of pornography.* The Witherspoon Institute – Princeton, New Jersey; Social Trend Institute – New York e Barcelona. Princeton, 2010, p. 32.

7. O consumo de pornografia é filosófica e moralmente problemático. A assertiva de que ele é direito particular do indivíduo não neutraliza seus efeitos deletérios sobre a vida de consumidores diretos e indiretos. Isso requer uma discussão mais ampla sobre a liberdade individual e os efeitos coletivos, como ocorre há anos a respeito da prostituição.

8. A ideia de que ninguém possa ser prejudicado pela pornografia não impede que ela seja regulada. Os autores defendem a ideia de que o governo deve aumentar o controle sobre a produção e a veiculação de pornografia, dadas as evidências de danos sociais consideráveis.

A visão espírita

Aliando o conhecimento espírita ao que foi dito, temos que considerar que todo pensamento e toda mentalização geram ação no fluido ambiente, criando formas e correntes mentais.

Ensina Emmanuel:

> "Pensar é criar. A realidade dessa criação pode não exteriorizar-se, de súbito, no campo dos efeitos transitórios, mas o objeto formado pelo poder mental vive no mundo íntimo, exigindo cuidados especiais para o esforço de continuidade ou extinção".[253]

---
253. Francisco Cândido Xavier e Espírito Emmanuel, *Pão nosso*, p. 21.

E acrescenta Allan Kardec:

"O pensamento e a vontade são para os Espíritos o que a mão é para o homem. Pelo pensamento, eles imprimem a esses fluidos tal ou tal direção; aglomeram-nos, combinam-nos ou os dispersam; com eles formam conjuntos tendo uma aparência, uma forma, uma cor determinada (...) Algumas vezes, essas transformações são o resultado de uma intenção; frequentemente, são o produto de um pensamento inconsciente; basta ao Espírito pensar numa coisa para que essa coisa se produza".[254]

Ao consumir imagens e vídeos pornográficos, o ser emite ondas mentais relativas ao objeto de desejo, produzindo reações em si, no próprio corpo e em torno de si. A força das vibrações mentomagnéticas influenciará as células, alterando-lhes o funcionamento, visto que o pensamento atua no universo subatômico. Mais intensamente ainda, as criações mentais ao redor de si se manterão impregnadas na aura do sujeito, com carga emocional intensa, de acordo com a vontade que as criou e as manteve por determinado tempo, permanecendo vivas e atuantes, fazendo com que haja descargas emocionais contínuas no campo magnético do indivíduo mesmo após a interrupção do consumo da pornografia. Isso responde pela manutenção do pensamento e da mentalização mesmo quando o indivíduo tente desconectar-se da temática sexual.

---

254. Allan Kardec, *Revista Espírita*, 1868 (junho), p. 115.

Além disso, as criações e ondas mentais atraem Espíritos sintonizados com a mesma natureza de emissão mental, promovendo simbioses mentais e enxertias psíquicas, iniciando ou agravando processos obsessivos. Essa vibração mental contínua sintoniza o indivíduo com correntes de pensamento da mesma natureza e teias psíquicas, que contêm vibriões mentais e formas pensamentos de outros indivíduos, tal como um esgoto mental. Esse conteúdo energético e espiritual precipita-se sobre o campo magnético do indivíduo, atraído pela afinidade e sintonia, impressionando os chacras e, por consequência, o sistema nervoso e endócrino, criando patologias psicossomáticas de variada natureza e muita vezes de difícil diagnóstico.

Ambientes como saunas, pontos frequentes de encontros *gays* para relacionamento sexual exclusivo, são igualmente reservatórios imensos de criações mentais tóxicas, povoados por Espíritos animalizados, vinculados e presos à crosta terrena, à espera de parceiros psíquicos que lhes permitam as sensações que não mais vivenciam e pelas quais estão viciados.

O Espírito Franklim narra o ambiente espiritual de uma dessas saunas, localizada em expoente capital brasileira:

> "Logo na entrada, perto da escadaria, que dava para a recepção do lugar, avistamos algumas entidades seminuas, arrastando-se para entrarem no casarão onde funcionavam as termas. (...) Saindo pelas frestas da porta e aberturas das janelas, enxames de larvas astrais escorriam até as plantas".[255]

---

[255] Robson Pinheiro e Espírito Franklim, *Canção da esperança – diário de um jovem que viveu com aids*, p. 155.

Espíritos competentes, técnicos do astral inferior, igualmente utilizam a internet para modernas formas de obsessões, colhendo informações daqueles que são seus alvos e manipulando-os de forma oculta e poderosa por meio das seduções intensas da pornografia, que a maioria consome sem perceber a gravidade ou a profundidade das repercussões em sua vida pessoal e sentimental.

Há *sites* de relacionamentos e aplicativos de celular que oferecem o acesso a comunidades de indivíduos interessados em parceria sexual, muitas vezes fantasiada de interesse afetivo, permitindo que pessoas sejam descobertas e contatadas, com um só clique, em várias partes do mundo e ao alcance da mão. As pessoas se apresentam como objetos, seduzindo pelos corpos e pelas posses, em uma prática que visa à sensualidade e que coloca o afeto como elemento secundário ou inexistente. Muitos utilizam-se desse subterfúgio para a prática da prostituição. Geralmente esses *sites* de relacionamento são os patrocinadores de *sites* pornográficos, por meio dos quais obtêm participantes e interessados. O resultado é uma rede de incentivo à promiscuidade e às relações sexuais descompromissadas, à infidelidade e à vivência das fantasias sexuais a qualquer custo, que engordam os bolsos dos agentes das indústrias e semeiam a perturbação nos lares e entre indivíduos que lutam arduamente – ou deveriam lutar – pela reeducação afetiva.

Devido à solidão afetiva e à dificuldade de convivência e de expressão, muitos homossexuais recorrem à pornografia, buscando nas relações virtuais e no consumo de imagens a realização dos desejos mais secretos e ocultos. Muitos indivíduos bissexuais que vivem relacionamentos heterossexuais lançam mão desse recurso como forma de alívio da pressão interior. Embora realmente possa promover alívio temporário do desejo de sensações, a pornografia aumenta as mentalizações conflituosas e frequentemente vence as resistências morais do indivíduo, abrindo portas para relações extraconjugais e outras situações que minam os propósitos superiores albergados na alma.

Por todos esses motivos, o consumo da pornografia é algo que deve ser fortemente desestimulado e, sobretudo entre homossexuais, evitado, a fim de que os esforços nobres de reconstrução da autoimagem e do respeito ao outro se consolidem como valores fundamentais na vida e no coração, evitando-se relações obsessivas e auto-obsessivas que impedem o avanço livre do ser.

Tratamento do vício em pornografia

Instalada a situação de dependência da pornografia, o tratamento segue os mesmos princípios do tratamento de qualquer adição: abandono do uso, tratamento da síndrome de abstinência e estabelecimento de novos hábitos.

O primeiro passo é cortar as fontes facilitadoras ou disponibilizadoras de material pornográfico, como canais de televisão, aplicativos de celular, materiais impressos e assinaturas de *sites* pornográficos, entre outros.

Como a internet é um veículo necessário à vida social moderna, o desafio torna-se maior e pode ser facilitado colocando-se o computador em local público, onde o acesso a conteúdo pornográfico seja dificultado devido à exposição social. Mas isso não basta. Especialmente no que tange a crianças e adolescentes, os pais ou responsáveis deverão definir o controle de acesso, através das configurações de controle ou de *softwares* que auxiliem a bloquear conteúdo indesejado.

Nada disso funcionará se não houver o mais importante passo: o acionamento da vontade, que, segundo Emmanuel, no livro *Pensamento e vida*, é núcleo divino que nos mantém conectados à fonte. A vontade deve ser ativada e treinada pela decisão firme e pelo propósito definido, para que alcance o seu intento. Se o indivíduo não conseguir fazer isso sozinho, deverá procurar auxílio espiritual ou terapêutico.

Para o fortalecimento da vontade podem ser utilizadas técnicas meditativas e visualizações criativas, bem como técnicas hipnóticas, ouvindo um CD ou DVD em sua casa ou com a ajuda de um terapeuta em ambiente profissional. Além dessas formas, há a terapia cognitivo comportamental, que auxilia o indivíduo na higiene mental, no entendimento de seus bloqueios da força de vontade, no estabelecimento de metas, projetos e sequências construtivas para se atingir o fim almejado.

A oração é o maior e melhor recurso colocado à disposição do homem pela divina providência. Por meio dela, é possível conectar imediatamente a fonte suprema de todo o poder, quando a conexão se estabeleça pelos canais do coração, da autenticidade e da espontaneidade. Isso significa uma conversa da alma, da criatura com o Criador.

> "E, quando orares, não sejas como os hipócritas, pois se comprazem em orar em pé nas sinagogas e às esquinas das ruas, para serem vistos pelos homens. Em verdade vos digo que já receberam o seu galardão.

A terapia cognitivo comportamental propõe a observação clara do problema, com definição de diagnóstico e conduta terapêutica, a partir das definições técnicas e dos significados subjetivos. É proposto a descoberta das motivações do indivíduo em determinado comportamento, o significado particular e sistêmico das emoções, os sentimentos e as motivações das atitudes em sua história pessoal. A partir disto se desenvolve uma abordagem de mudança comportamental, com metas e etapas bem definidas, de acordo com o ritmo, a possibilidade e a vontade do indivíduo, para se atingir os objetivos propostos.

Mas tu, quando orares, entra no teu aposento e, fechando a tua porta, ora a teu Pai, que está em secreto, e teu Pai, que vê secretamente, te recompensará.

E, orando, não useis de vãs repetições como os gentios, que pensam que por muito falarem, serão ouvidos. Não vos assemelheis, pois, a eles, porque vosso Pai sabe o que vos é necessário, antes de lho pedirdes". (Mt 6:5-8)

"E tudo o que pedires na oração, crendo, o recebereis". (Mt 18:20)

Muitas pessoas não se sentem à vontade para praticar a oração e se dirigir diretamente a Deus, preferindo utilizar-se de fórmulas prontas ou mesmo não recorrer às preces. Isso acontece devido ao tabu imposto pela imagem de Deus difundida em nossa cultura: cruel e vingativo, por um lado, e recompensador e amoroso, por outro. Essa esquizofrenia religiosa faz com que as pessoas, temendo-o, se apartem de sua presença.

O Espiritismo nos apresenta um Deus de incondicional e infinito amor, que rege a vida com suas leis perfeitas e imutáveis, sem a necessidade de julgar, punir ou recompensar as criaturas, pois que suas leis perfeitas a tudo regulam.

A oração, pois, do ponto de vista espírita é a busca consciente do homem pela fonte de infinito amor, disponibilizado permanentemente a todas as criaturas, incondicionalmente. Dela são extraídas as forças necessárias para o autoenfrentamento e a autossuperação, diante dos problemas da adição. Por meio dela são atraídos os bons Espíritos que vêm em auxílio daqueles que se esforçam por melhorar-se, secundando-lhes os esforços e estimulando-os no bem.

Além disso, a terapêutica espírita tem a oferecer grande ajuda por meio da fluidoterapia, ou seja, dos passes magnéticos, da água magnetizada, da irradiação à distância, oferecidos gratuitamente nos agrupamentos espíritas. Esses recursos fortalecem o ser, promovendo o reequilíbrio e a renovação das forças físicas e espirituais, assim como afastando contaminações energéticas e influenciações espirituais simples, induzindo o Espírito à sintonia com o belo e o bem. Frequentemente, no momento do passe, os Espíritos superiores encontram, no clima da prece, o ambiente energético e psíquico propício para intervenções cirúrgicas no corpo astral, que muito socorrem e amparam, em nome de Deus.

Associada à fluidoterapia pode ser empregada a terapêutica desobsessiva, que representa a atenção aos Espíritos vinculados ao indivíduo, com igual ou, dependendo da necessidade, ainda maior cuidado e carinho, visto que também são filhos de Deus, profundamente amados pelo Pai, como todos nós. Tal recurso permite o auxílio fraterno das criaturas no exercício e aprendizado do amor.

Em geral, são Espíritos igualmente viciados no mesmo objeto de desejo, vinculados àqueles que lhes permitem experimentar a sensação advinda do consumo de pornografia, no caso, por meio das irradiações magnéticas do encarnado e da associação psíquica entre ambos antes, durante e após o ato.

O terceiro passo, que deve ser concomitante aos demais, é o estabelecimento de novos e renovados hábitos.

Sobre os processos obsessivos que induzem à compulsão sexual, ao incentivo e à manutenção do vício em pornografia, esclarecem os Espíritos orientadores de Allan Kardec:

"Os Espíritos que procuram atrair-nos para o mal se limitam a aproveitar as circunstâncias em que nos achamos, ou podem também criá-las?

— Aproveitam as circunstâncias ocorrentes, mas também costumam criá-las, impelindo-vos, mau grado vosso, para aquilo que cobiçais".[256]

É importante ressaltar: "para aquilo que cobiçais"!
É necessário, portanto, o acionamento da disciplina, dentro do processo educacional, para a contenção dos hábitos que ainda geram prazer, mas que não são os mais adequados para a felicidade do indivíduo. Isso inclui a seleção de ambientes, amizades, parcerias e compromissos sociais que não fortaleçam no indivíduo a sintonia com o descompromisso moral, mas que o induzam ao profundo comprometimento consigo mesmo e com a vida, numa perspectiva de espiritualidade e saúde espiritual.

Ninguém vencerá nenhuma adição sentado confortavelmente na cadeira e simplesmente pensando: "Não posso ou não devo fazer isso". Esse é apenas o passo inicial. Para que se instale novo padrão de pensamentos e desejos, com a formação de novos mapas mentais de gratificação, são necessários impulsos construtivos em direção àquilo que se deseja conquistar.

O pensamento muda de foco a partir do desenvolvimento de novos interesses, o que pode surgir, por exemplo, a partir de leitura de livros e revistas com temática moralmente enriquecedora, filmes e sobretudo vivências.

---

[256]. Allan Kardec, *O livro dos Espíritos*, questão 472.

É necessária o preenchimento do tempo com atividades que nutram o indivíduo a partir de novos prazeres e satisfações, criando vinculação mental com o que é fonte de saúde.

O Espiritismo é pródigo em literatura que promove a mudança do padrão de vibração mental, bem como oferece oportunidades de estudo e trabalho nos grupos espíritas que funcionam como células e laboratórios sociais do homem renovado.

Além disso, há em nossa sociedade uma multiplicidade de fontes de valores nobres, dirigidas a variadas culturas e gostos, disponíveis muitas deles gratuitamente, por meio da internet. Esta pode, assim, ser revestida de novo significado e ser conduzida a um papel nobre na vida do indivíduo.

A reeducação sexual, a partir da compreensão da vida espiritual e da realidade do Espírito, é imprescindível nesse processo. Promoverá, dessa forma, o desenvolvimento de noções mais adequadas à realidade das relações afetivas e sexuais, da visão do ser humano e da grandiosidade da energia sexual, com sua função criadora e mantenedora da vida, em todas as formas de expressão. À luz da reencarnação, esse processo se faz pelo estudo e pela vivência de novas formas de relacionar-se, primeiramente consigo mesmo e, depois, estendendo ao outro essa nova forma de ser.

Afirmam os benfeitores Ermance Dufaux e Cícero Pereira:

> "Quando fores surpreendido por atrações e apelos, olha para teu mundo íntimo com piedade. Sem dar asas a mentalizações inferiores, procura a posição do observador imparcial e atento, imbuído de respeito e compaixão para com teu 'homem velho'. Essa postura é a atitude da mente alerta em direção à consciência lúcida.

> Renova os hábitos que podem estar exercendo o papel de mantenedores dos painéis mentais que incendeiam teus apetites. Evita aquilo que te excita as febricitantes fantasias. Não conseguindo, perdoa-te e recomeça, sem jamais desistires.
>
> Inclui em teu esforço reeducativo a confidência apaziguadora. Recorre a alguém que te inspire confiança pelo exemplo moral ou, na falta desse, a um profissional competente e bem indicado das ciências psicológicas, para que possas interromper o ciclo mental vicioso de abafamento e incômodos causados por teus conflitos afetivos e sexuais".[257]

A homeopatia, descoberta e enunciada por Samuel Hahnemann, a partir de 1796, resgata e atualiza o princípio da cura pela semelhança enunciado por Hipócrates (*Similia similibus Curentur*). Segundo a filosofia homeopática, uma substância qualquer (mineral, vegetal ou animal) cura os variados sintomas, físicos e mentais, que é capaz de produzir no indivíduo sadio que a experimenta dinamizada segundo o método homeopático, que revela a virtude terapêutica da substância. Os medicamentos são descobertos, portanto, a partir da experimentação no indivíduo são.

Além desses recursos, o indivíduo em terapia de reabilitação moral e autodomínio poderá se beneficiar muito da homeopatia, que reequilibra a energia vital do organismo por meio da ação semelhante, com efeito sobre o físico, o emocional e o psíquico.

Vale a pena ressaltar que toda dependência no campo do prazer anestesia a dor do vazio de sentido e significado, que todo ser humano traz em si. Esse vazio é fruto da ausência do prazer profundo da alma. Essa ausência, por sua vez, decorre da inconsciência de si como ser divino, da falta de contato com a realidade espiritual superior, o self, e da falta da vivência do bem, em variados níveis, expressão do amor, força maior do Criador.

---

[257]. Wanderley Soares Oliveira e Espíritos Ermance Dufaux e Cícero Pereira, *Unidos pelo amor*, p. 91.

Para vencer a dependência e a codependência, é necessário preencher a vida de atividades amorosas, onde o bem, ou a atividade útil e prazerosa em benefício do semelhante, assim como a si mesmo (autoamor), representa a medicação por excelência, que pouco a pouco preenche o indivíduo, curando-lhe a alma, conectando-o à fonte e fazendo-o experimentar a alegria profunda da presença de Deus em si.

CAPÍTULO

HIV/aids
uma visão médico-espírita

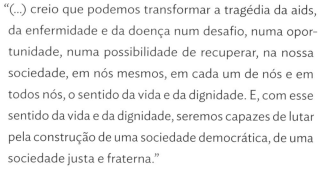

"(...) creio que podemos transformar a tragédia da aids, da enfermidade e da doença num desafio, numa oportunidade, numa possibilidade de recuperar, na nossa sociedade, em nós mesmos, em cada um de nós e em todos nós, o sentido da vida e da dignidade. E, com esse sentido da vida e da dignidade, seremos capazes de lutar pela construção de uma sociedade democrática, de uma sociedade justa e fraterna."

HERBERT DE SOUZA

Andrei Moreira
homossexualidade
SOB A ÓTICA DO ESPÍRITO IMORTAL

A AIDS FOI PERCEBIDA PELA PRIMEIRA VEZ NO FINAL DA DÉcada de 1970 e início da década de 1980, nos Estados Unidos, a partir da observação de casos frequentes de uma estranha pneumonia (pneumocistose) e um surto de determinado câncer de pele, intitulado sarcoma de Kaposi, no meio da comunidade *gay* dos EUA.

Devido a isso e ao desconhecimento de sua fisiopatologia, a aids recebeu o título de "doença de imunodeficiência relacionada a *gays*", que se popularizou como "câncer *gay*" e estigmatizou a comunidade homossexual por muitos anos, como grupo de risco. Somente em 1983 o vírus foi isolado e a doença começou a ser mais bem reconhecida.

Não foi por acaso que a epidemia surgiu no seio da comunidade *gay* daquela época, e por isso inserimos aqui este importante tema. O vírus, segundo estudos modernos, parece ter existido na humanidade por várias décadas antes dessa epidemia.

18

Segundo Gabriel Rotello, jornalista *gay* e estudioso da epidemia da aids:

"O HIV é extremamente seletivo e produz epidemia somente quando o comportamento da população lhe proporciona um nicho. Na falta de condições favoráveis, o HIV não pode se espalhar por uma população determinada. Entre os *gays* dos anos 70, nosso comportamento sexual era extraordinariamente propício à transmissão do HIV".[258]

Rotello, que foi ativista *gay* e acompanhou todo o processo de conquista dos direitos homossexuais, bem como o advento da epidemia de aids, fez extensa pesquisa para entender o contexto ecológico sexual que possibilitou o surgimento e a propagação da epidemia. Ele anotou:

"A história dos *gays* fornece provas convincentes de que aconteceram mudanças muito significativas no comportamento *gay* masculino nos anos que precederam a epidemia, exatamente as mudanças necessárias para facilitar a rápida disseminação do HIV. Entre elas um nítido aumento do sexo anal com parceiros múltiplos, o aparecimento dos assim chamados grupos de alto risco formados por homens que praticavam níveis extraordinários de comportamento sexual de alto risco, e um rápido aumento na quantidade de intercâmbios sexuais entre pessoas desse grupo de risco e o resto da população *gay*. Na verdade, poucos grupos na história parecem ter mudado o comportamento

---

[258] Gabriel Rotello, *Comportamento sexual e aids – cultura gay em transformação*, p. 21.

sexual geral tão depressa e profundamente quanto os *gays* americanos nas décadas anteriores à aids".[259]

Hoje não existe mais um grupo de risco, devido à disseminação da infecção pelo HIV em todo o mundo, configurando uma pandemia. Países há, na África, em que 80% da população é infectada pelo HIV, devido ao abandono, à falta de tratamento e ao descaso da comunidade do primeiro mundo em relação aos países pobres, onde muitas drogas são testadas, comunidades são exploradas e pouco recurso de atenção à saúde é oferecido.

HIV

O HIV é um retrovírus transmitido por via sexual, transfusões sanguíneas, compartilhamento de seringas ou de mãe contaminada para o feto, no parto ou na amamentação. Ele se multiplica no organismo destruindo as células de defesa – os glóbulos brancos, mais especificamente os linfócitos T CD4+. Quando esse exército natural do corpo humano está bastante diminuído, estabelece-se a imunodeficiência, a aids ou sida (síndrome da imunodeficiência adquirida), que abre as portas para infecções oportunistas, bacterianas, viróticas, fúngicas e protozoárias, que debilitam e causam sofrimento ao indivíduo nessa condição.

Após a contaminação, há um período de latência, de 2 a 6 semanas, para a multiplicação inicial dos vírus. A partir de então, de 40 a 90% dos pacientes apresentarão a infecção

---

[259]. Idem, pp. 21 e 22.

aguda caracterizada por febre, fadiga, faringite, perda de peso, sudorese noturna, linfoadenopatia (as populares ínguas), mialgia (dores musculares generalizadas), diarreia, cefaléia (dor de cabeça), náusea. Tais sintomas são comuns a várias doenças e poucas vezes levam o indivíduo a pensar em contaminação pelo HIV, a não ser quando haja a consciência da exposição ao risco e uma percepção atenta de si mesmo. Do ponto de vista laboratorial podem ser encontradas leucopenia (taxa de glóbulos brancos baixa), trombocitopenia (taxa de plaquetas baixa), elevação leve de transaminases (enzimas do fígado), entre outros sintomas, igualmente comuns a outras patologias e não exclusivas da infecção pelo HIV.

Neste momento podem aparecer infecções oportunistas, que fazem pensar mais fortemente na infecção pelo HIV, tais como:

› Exantema e úlceras orais (síndrome mononucleose-like).
› Meningite asséptica: em 24% dos casos, trata-se de paralisia do VII par e radiculopatia.
› Apresentações incomuns: síndrome de Guillain-Barret, miopericardite, insuficiência renal aguda.
› Infecções oportunistas: pneumocistose, candidíase, tuberculose miliar e infecções causadas por citomegalovírus, entre outras.

Dados do Projeto Conjunto das Nações Unidas sobre o HIV/aids (UNAIDS) de 21 de novembro de 2011. Disponível em: www.unaids.org.

Atualmente, existem cerca de 34 milhões de portadores do vírus HIV em todo o mundo, concentrando-se a maioria na África subsaariana.

Existem potentes coquetéis antirretrovirais, que impedem a multiplicação viral, auxiliando a evitar a aids, diminuindo doenças oportunistas e aumentando a longevidade e a qualidade de vida do portador do vírus.

Reencarnação
Na visão espírita, o ser humano é entendido sob o prisma da imortalidade da alma, como um ser eterno, filho de Deus, que marcha rumo ao progresso e à felicidade exercendo a liberdade relativa dada por Deus aos seus filhos. Nesse processo, passa pelas múltiplas vidas sucessivas, ou pela reencarnação, guiado pelas leis de justiça e misericórdia, ambas derivações da lei do amor, que regulam o equilíbrio da criação.

Toda vez que o exercício da liberdade fere a lei do amor, o indivíduo entra em desequilíbrio consigo mesmo e com o universo. Quando insiste em seu comportamento, confirmando tendências e hábitos, e muitas vezes construindo vícios na alma, aciona mecanismos automáticos e naturais de reequilíbrio perante a lei divina, que está inscrita em sua consciência. Guiado pelo amor, o ser evolui construindo o seu percurso da maneira que lhe apraz, determinando ações que geram reações, dentro da lei de progresso inexorável. Dessa forma, atrai para si as circunstâncias a que faz jus e de que necessita, com vistas ao crescimento, bem como constrói circunstâncias que não seriam exatamente necessárias para seu progresso, mas que expressam seu momento evolutivo e suas dificuldades morais.

O corpo humano, guardando sabedoria inata a serviço do Espírito imortal que o habita e conduz, obedece à consciência profunda manifestando saúde ou doença conforme esteja o ser equilibrado ou desequilibrado perante a lei do amor, seja consigo mesmo ou com o próximo. Nessa visão, as doenças se manifestam como resultado do posicionamento do ser no mundo – de acordo com seu pensar, falar e agir –, reafirmado ao longo do tempo, das vidas sucessivas, e muitas vezes cristalizado em atitudes de desamor e desconsideração pelos sentimentos superiores do amor, do respeito, da consideração, etc. A doença se apresenta como convite, chamado da alma, manifestando seu momento evolutivo, seus conflitos, seu estado mental e emocional, bem como suas necessidades espirituais.

Ao reencarnar, desde que detenha maturidade suficiente para tal, o Espírito escolhe o gênero de suas provas. Por meio da análise do seu presente estado, derivado de seu passado espiritual, sabe de suas tendências e predisposições, escolhendo as provas que lhe sirvam como fonte de progresso e expiação das faltas cometidas, visando pacificar a consciência e manifestar saúde total, do corpo e da alma.[260]

André Luiz orienta que as doenças infecto-contagiosas se estabelecem sobre zonas de predisposição mórbida que existam no psiquismo e no corpo espiritual, como consequência natural da ressonância magnética e da necessidade de reequilíbrio do ser imortal.

> "(...) geralmente, quase todos os processos patológicos microbianos surgem como fenômenos secundários sobre as zonas de predisposição enfermiça que formamos em nosso próprio corpo, pelo desequilíbrio de soluções de continuidade nos pontos de interação entre o corpo espiritual e o veículo físico, pelas quais

---

260. Allan Kardec, *O livro dos Espíritos*, questões 258 e 264.

se insinua o assalto microbiano, a que sejamos mais particularmente inclinados pela natureza de nossas contas cármicas".[261]

A infecção pelo HIV é uma circunstância atraída pelo indivíduo para sua vida por variados motivos, que devem sempre ser entendidos de forma individualizada, devido às variadas fontes de contaminação. Para a mulher monogâmica que se contamina por meio do marido, que, por sua vez, contraiu o vírus em relações extraconjugais promíscuas, ou a criança que contraiu da mãe a infecção durante a gestação e o parto, a infecção pelo HIV tem um sentido diferenciado, à luz da lei de causa e efeito.

Mas, em linhas gerais, podemos dizer que a infecção pelo HIV oportuniza o desenvolvimento do autoamor, do autocuidado, da individuação, o estabelecimento de limites e, sobretudo, a reeducação sexual e afetiva profunda, quando a pessoa aproveita a condição para seu despertamento espiritual.

André Luiz esclarece que:

"Muito raramente não estão as doenças diretamente relacionadas ao psiquismo. Todos os órgãos são subordinados à ascendência moral".[262]

---

261. Francisco Cândido Xavier, Waldo Vieira e Espírito André Luiz, *Evolução em dois mundos*, parte II, cap. XX, p. 218.
262. Francisco Cândido Xavier e Espírito André Luiz, *Missionários da luz*, p. 163.

O padrão mental e emocional do portador do vírus, bem como as mudanças que faça para tornar-se mais amoroso consigo mesmo e com o próximo, mais cuidadoso com as relações afetivas e com os compromissos assumidos com outros corações, atuarão diretamente na intimidade das células e do sistema imunológico, ativando as defesas naturais do corpo e inibindo a replicação viral. Dessa forma, o HIV pode se tornar uma doença crônica controlável, assim como o diabetes ou a hipertensão arterial, não acarretando sofrimentos dispensáveis, visto que o amor cumpriu seu papel educativo na vida do indivíduo.

A mensagem do Cristo, expressa na sabedoria do Evangelho, convida cada um a refletir sobre sua posição como filho de Deus, seu papel cocriador e o desenvolvimento dos dons divinos que traz em si. Ela representa a fórmula de saúde por excelência, conduzindo o homem de volta a Deus.

O Espírito Joseph Gleber, médico alemão do séc. XX, nos informa que:

"Saúde é a real conexão criatura-Criador, e a doença o contrário momentâneo de tal fato".[263]

É útil, portanto, diante da infecção pelo HIV, questionar os porquês e os "para-quês" da experiência, extraindo da dor o amadurecimento imprescindível para extingui-la com proveito. Para tal se faz necessária uma postura permanente de autoatenção e autoconhecimento, bem como esforço pelo domínio

---

[263]. Alcione Albuquerque, Roberto Lúcio e Espíritos diversos, *O homem sadio*, p. 88.

de si mesmo, dentro da perspectiva otimista e esperançosa que o Evangelho propõe. Nessa visão não cabem culpas, pensamentos ou ações depressivas e autopunitivas, e sim coragem e ânimo renovado para vencer-se a cada dia, desenvolvendo o autoamor que auxilie a despertar o amor ao próximo, como medidas de cura efetiva da alma.

Bernardo Dania, já mencionado nesta obra, conta, em entrevista ao jornal *Spiritus* de 2002, o que significou em sua vida a infecção pelo HIV:

> "(...) Espiritualmente: uma doença que eu convidei, algo que criei. Diante dessa perspectiva, algo que eu precisava e que graças a Deus eu soube utilizar em meu benefício. Uma oportunidade que surgiu cedo para eu repensar valores, metas, rumos. Sendo algo que criei, é algo que posso controlar hoje. Tem funcionado. (...) Resultado de falta de cuidado comigo mesmo. Um descuido que chega a caracterizar uma busca pela doença, um suicídio que não requeria coragem para disparar uma arma. Hoje, algo controlado menos por remédios, mais por estabilidade, tranquilidade, bons hábitos alimentares e pouco estresse.
>
> (...) amor-próprio é o cerne do significado da doença para mim. Me infectei para poder aprender a me amar, me dar a atenção que mereço e preciso. Passei a me admirar, mais do que simplesmente cuidar da aparência para ser atraente e conquistar atenção. De modo geral, tornei-me menos atraente (plástica) e mais atraente (como pessoa). Cuido menos da aparência, e

talvez até por isso hoje me considere mais 'bonito'. Me aceito. Resume bem: hoje me aceito".[264]

O Espírito Franklim, desencarnado devido à aids, nos oferece, por meio da mediunidade, um testemunho de sua experiência de amadurecimento após a infecção pelo HIV, dizendo:

"No meu caso em particular, a aids funcionou como o anjo da dor que me libertou das garras da viciação e do desequilíbrio moral. Talvez alguns estranhem por eu falar dessa forma, mas após a jornada triste e sombria que eu realizei, quando encarnado, nas loucuras do desregramento, a doença realmente funcionou como um freio, proporcionando-me a oportunidade de rever meus passos na vida moral, e, graças à ajuda dos amigos espirituais, pude libertar a minha consciência do pesadelo do mal e do desequilíbrio".[265]

A Doutrina Espírita, ofertando esclarecimentos e orientações sobre a natureza do ser e sua íntima relação com a matéria, as consequências físicas e morais de seus atos, oferece amplo caminho de aceitação de si mesmo e responsabilização espiritual perante as circunstâncias do caminho, com aproveitamento do tempo e da hora para o despertamento espiritual e a ampliação de consciência.

---

264. Entrevista ao jornal *Spiritus*, órgão da Sociedade Espírita Everilda Batista, Mai/2002, pp. 4 e 5.
265. Robson Pinheiro e Espírito Franklim, *Canção da esperança – diário de um jovem que viveu com aids*, p. 153.

Ofertando ao homem o entendimento da vida espiritual, da vida futura e da responsabilidade moral por seus atos, da lei de causa e efeito e, sobretudo, da paternidade divina permanentemente amorosa, o Espiritismo contribui para o desenvolvimento da espiritualidade e a reconexão com a fonte, o que tem ampla repercussão no estado de saúde do indivíduo.

Um estudo de Ironson et alii[266] demonstrou que pacientes que demonstraram aumento na espiritualidade e religiosidade após o diagnóstico da infecção pelo HIV tiveram menor decréscimo da contagem de linfócitos T CD4+ (as células que são destruídas no processo de reprodução do vírus HIV) e menor carga viral (quantidade de vírus circulante no sangue) durante acompanhamento de 4 anos.

Outro estudo, de Puchalsky et alii,[267] demonstrou que os pacientes com HIV que apresentam maior religiosidade/espiritualidade apresentam também maior otimismo, menor uso de álcool, maior autoestima e maior satisfação de vida.

A fluidoterapia, por meio dos passes e da água magnetizada, bem como a renovação dos padrões da alma, são recursos medicamentosos efetivos e profundos oferecidos gratuitamente, bastando para isso que o sujeito aceite suas responsabilidades e potencialidades espirituais e decida por melhorar-se continuamente na marcha do progresso.

---

266. Ironson et al., *"An increase in religiousness/ spirituality occurs after HIV diagnosis and predicts slower disease progression over 4 years in people with HIV"*. Journal of General Internal Medicine 2006: 21:S62–68.
267. Puchalsky et al., *"Spirituality and Religion in Patients with HIV/AIDS"*. Journal of General Internal Medicine, 2006: 21(Suppl 5):S5–S13.

Informa-nos Franklim:

> "As decisões que tomei e a nova postura de vida adotada na época em que soube haver contraído o vírus da aids foram, de minhas lembranças, o que mais influenciou minha existência deste lado. Só agora consigo aquilatar o valor da reforma moral, de uma postura de vida mais digna e correta".[268]

Quando o indivíduo se decide pela renovação moral, transformando sua postura consigo mesmo e com os outros, tendo como referência os valores nobres apresentados pelo evangelho de Jesus, promove alteração na resposta de seu organismo à infecção, modificando-a e atraindo igualmente a atenção dos benfeitores do mundo espiritual para si. Estes podem auxiliar, com atuação da técnica astral sobre os corpos espirituais, particularmente o corpo astral, no controle da infecção e sua ação.

O Espírito Ângelo Inácio conta-nos um caso de auxílio do plano espiritual a um indivíduo contaminado pela esposa, mas que não trazia a necessidade cármica da experiência de infecção pelo HIV.

> "(...) conseguimos isolar alguns vírus no corpo de Paulo (...) Falando assim, Cássio auxiliou os técnicos do nosso plano com um pequeno aparelho, que media aproximadamente a metade da mão humana. Este aparelho – falou agora Ernesto – emite uma radiação semelhante à das bombas de cobalto da Terra. Essas radiações são conduzidas de forma a impedir a ação do vírus.

---

[268] Robson Pinheiro e Espírito Franklin, *Canção da esperança – diário de um jovem que viveu com aids*, p. 39.

Têm uma ação antiviral mais permanente (...) O vírus permanecerá em seu organismo, porém não poderá causar-lhe mal, não destruirá as células de defesa nem poderá se multiplicar".[269]

Esses mesmos recursos são utilizados em favor daqueles que fazem jus, seja na casa espírita ou fora dela, quando as condições espirituais o permitam, a benefício do ser em franco processo de aproveitamento da experiência e progresso moral.

A casa espírita, enquanto local sagrado de acolhimento e educação dos convidados de Jesus, deve ser o espaço de fraternidade e instrução, que abra os braços para os portadores do vírus HIV e demais interessados, que desejem se entender sob a visão espírita, sem críticas, preconceitos ou julgamentos.

O trabalho espírita, centrado no amor ao próximo orientado por Jesus, é o de compaixão e misericórdia, ofertando àqueles que assim desejem campo abençoado de estudo e serviço, renovação e entendimento, para a conquista da saúde integral. A casa espírita deve cumprir seu papel de estimuladora e propiciadora das práticas no bem, nosso maior e melhor advogado em todas as horas.

O amor é a própria estrutura da vida.

O livro bíblico *Atos dos apóstolos* afirma, com propriedade: "Porque nele [em Deus] vivemos, nos movemos e existimos". (At 17:28)

Não foi à toa que Jesus afirmou que é "o caminho, a verdade e a vida", pois Ele representa o amor encarnado, a manifestação da misericórdia divina.

---

[269]. Robson Pinheiro e Espírito Ângelo Inácio, *Encontro com a vida*, cap. 19, pp. 236 e 237.

As ações amorosas promovem o reequilíbrio interno, bem como o da fisiologia orgânica, por estar o ser em sintonia com as leis divinas que governam o corpo por meio da consciência. Além disso, o amor sintoniza o ser com as leis divinas que estão fora dele, interligadas ao interno, atraindo os recursos de misericórdia e compaixão para sua vida.

Diz-nos Emmanuel que:

> "Toda vez que a justiça nos procure para acerto de contas, se nos encontra trabalhando em benefício do próximo, manda a misericórdia divina que ela retorne sobre seus passos sem data prevista de retorno".[270]

E complementa André Luiz ensinando-nos o caminho para a imunidade perfeita:

> "O bem constante gera o bem constante e, mantida a nossa movimentação infatigável no bem, todo o mal por nós amontoado se atenua, gradativamente, desaparecendo ao impacto das vibrações de auxílio, nascidas, a nosso favor, em todos aqueles aos quais dirijamos a mensagem de entendimento e amor puro, sem necessidade expressa de recorrermos ao concurso da enfermidade para eliminar os resquícios de treva que, eventualmente, se nos incorporem, ainda, ao fundo mental. Amparo aos outros cria amparo a nós próprios, motivo por que os princípios de Jesus, desterrando de nós animalidade e orgulho, vaidade e cobiça, crueldade e avareza, e exortando-nos à simplicidade e à humildade, à fraternidade sem limites e ao perdão incondicional,

---
270. Adelino da Silveira, *Momentos com Chico Xavier*, Grupo Espírita da Paz.

estabelecem, quando observados, a imunologia perfeita em nossa vida interior, fortalecendo-nos o poder da mente na autodefensiva contra todos os elementos destruidores e degradantes que nos cercam e articulando-nos as possibilidades imprescindíveis à evolução para Deus".[271]

À luz dos postulados da ciência, da filosofia e da religião espírita, podemos compreender de forma ampliada os desafios da vida. A infecção pelo HIV deixa de ser uma tragédia pessoal, como o quer o desconhecimento, para se converter em instrumento educativo da Lei, a conclamar o indivíduo ao aprendizado do amor e do autoamor.

Inspirados nessa observação, podemos dizer que a infecção pelo HIV pode ser ressignificada pelos seus portadores, transformando-se em uma mensagem pessoal de paz consigo e com o mundo, o que resumimos neste acróstico:

HIV = Hoje Invista na Vida!

Vida esta que representa a sagrada oportunidade de desenvolvimento do valor pessoal, do autocuidado e da amorosidade, a partir do contato com a presença e a realidade de Deus em si.

---

[271]. Francisco Cândido Xavier, Waldo Vieira e Espírito André Luiz, *Evolução em dois mundos*, parte II, cap. XX, p. 219.

CAPÍTULO

Mitos e verdades sobre os homossexuais

> "O maior inimigo da verdade é frequentemente não a mentira – deliberada, planejada, desonesta – mas sim o mito – persistente, entranhado e irreal"
> JOHN FITZGERALD KENNEDY
>
> (Frase atribuída a John Fitzgerald Kennedy (29/Mai/1917–22/Nov/1963), 35.º presidente dos Estados Unidos da América.)

Andrei Moreira

homossexualidade
SOB A ÓTICA DO ESPÍRITO IMORTAL

HÁ MUITOS MITOS SOCIAIS, DE VARIADAS PROCEDÊNCIAS, A respeito dos homossexuais e da homossexualidade, promovendo o preconceito e a discriminação, a intolerância e o desrespeito. Discutamos alguns deles:

Os homossexuais são promíscuos

Falso. Essa ideia vem de uma visão parcial da expressão homossexual na sociedade. Na verdade, existem *gays* de todo tipo, como existem heterossexuais de variado comportamento moral. Essa afirmação é frequentemente associada à postura de homossexuais nos bares e boates *gays*, onde, afirma-se, o comportamento é promíscuo. Temos de levar vários pontos em consideração:

1. Aos *gays* é negado o direito de expressão afetiva ou de interação sexual em público, como beijos e abraços, o que faz com que, nos espaços em que esses gestos são permitidos, os homossexuais se comportem como panela de pressão que explode, colocando para fora, muitas vezes de forma desequilibrada, a tensão duramente reprimida durante longo tempo da vida diária.

2. Boa parte, senão a maioria daqueles que estão ali vivenciando a homossexualidade não tem autoestima bem definida e alicerçada no autoamor, ou seja, não se sente merecedora de uma relação em que afeto e partilha estejam presentes. Muitos não têm coragem de se assumirem em público, ou de enfrentar a família, o trabalho e acabam por limitar a sua troca ao nível genital ou sensorial.

3. Há um grande incentivo, por parte da indústria de entretenimento, para que o homossexual veja a si e ao outro como objetos, hipertrofiando a busca de prazer, o que gera dinheiro para os estabelecimentos.

4. A prática observada nos bares e boates *gays* não é diferente das observadas nas boates heterossexuais, com a diferença de que o número de estabelecimentos *gays* é infinitamente menor e, portanto, a concentração gera a tensão. A promiscuidade que se observa nas micaretas heterossexuais ou no carnaval supera em muito a prática dita promíscua nas boates *gays*.

Independentemente dessas considerações, deve-se levar em conta que os frequentadores de bares e boates *gays* representam uma minoria diante do universo de homossexuais, o mesmo acontecendo com relação aos heterossexuais, o que faz com que a amostragem fique viciada.

Carmita Abdo, psiquiatra e coordenadora de extensa pesquisa sobre a sexualidade no Brasil, apresenta os seguintes dados:

> "O número de parceiros também variou conforme a orientação sexual. Por exemplo: nos últimos 12 meses que antecederam a pesquisa, a média de parceiros das mulheres heterossexuais esteve em torno de 1,3; as homossexuais tiveram o dobro disso praticamente, 2,1, e as bissexuais 8,5 parceiro(as), superando os bissexuais masculinos. Os homens heterossexuais tiveram uma média de 2,7 parceiras, os homens homossexuais 4,6 parceiros, e os homens bissexuais 6,5 parceiro(as)".[272]

Nota-se que há diferença estatística entre heterossexuais e homossexuais, mas, levando-se em consideração o contexto social, fica fácil compreender a enorme dificuldade dos homossexuais em estabelecer uma parceria afetiva, em contraposição à enorme facilidade dos heterossexuais. Já os bissexuais, tanto o masculino quanto o feminino (sobretudo este), são os que verdadeiramente poderiam se classificar como promíscuos.

Carmita Abdo adverte:

> "Você deve estar tentando achar explicação para essas diferenças... Todas as hipóteses são válidas. Mas nenhuma isolada é verdadeira".[273]

---

272. Carmita Abdo, *Descobrimento sexual do Brasil – para curiosos e estudiosos*, p. 27.
273. Idem, ibidem.

Uma dessas hipóteses é a de que entre os bissexuais se encontra grande número de homossexuais que não se aceitam; estes vivenciam o conflito da indecisão a respeito de qual parceria afetiva empreenderem para suas vidas, o que é um fator de risco para comportamentos destrutivos e desordens mentais, segundo as pesquisas.[274]

O homossexual é pedófilo

Totalmente falso. A pedofilia é um transtorno sexual (CID F65.4), caracterizado por atração afetiva e sexual por crianças e adolescentes púberes, que em nada se assemelha à homossexualidade. Esse transtorno pode aparecer em heterossexuais ou homossexuais. Isso significa que um indivíduo pode ser homossexual e pedófilo, mas, nesse caso, tem-se uma identidade sexual natural acompanhada de um transtorno de personalidade, que é doença e necessita de tratamento profundo e especializado.

O homossexual é sedutor e destruidor de lares

Falso. Ser homossexual diz respeito somente à identidade sexual, e não ao caráter e ao comportamento moral. Há homossexuais com vida digna, respeitosos e íntegros, como os há sedutores e descompromissados, da mesma forma que observado entre heterossexuais.

---

[274]. A.F. Jorm, A.E. Korten, B. Rodgers, P.A. Jacomb, H. Christensen, *"Sexual orientation and mental health: Results from a community survey of young and middle-aged adults"*. *British Journal of Psychiatry*, 2002: 180, 423-427.

O homossexual é pervertido e sem caráter

Falso. Como dito anteriormente, o caráter e o comportamento moral são definidos pela conduta, e não pela identidade sexual. Mas aqui se observa a ação da propaganda religiosa, com base nos textos bíblicos de Moisés e Paulo, que, como já vimos, condenam a prostituição e os rituais pagãos orgiásticos, cananeus e romanos, mas atribuem ao comportamento homossexual o título de abominação e pecado, vendendo a imagem de perversão que vigora ao longo do tempo. Vejamos novamente:

"**Lv 20:13** Se um homem se deitar com outro homem, como se fosse com mulher, ambos terão praticado abominação; certamente serão mortos; o seu sangue será sobre eles"

"**Lv 18:22** Não te deitarás com varão, como se fosse mulher; é abominação."

Carta de Paulo aos romanos, cap. 1:

"**26** Foi por isso que Deus se afastou deles e os deixou fazer todas essas práticas infames. Até as mulheres mudaram o uso natural que Deus destinou ao seu corpo e entregaram-se a práticas sexuais entre si mesmas
27 E os homens, deixando as relações sexuais normais com mulheres, inflamaram-se em paixões sensuais uns com os outros, homens com homens, e recebendo em si mesmos o devido castigo pela sua perversão"

Esse entendimento da relação homossexual como perversão se deve, no *Levítico*, à visão machista do legislador hebreu, própria da cultura judaica, e, na *Carta aos romanos*, ao ponto de vista de Paulo de Tarso, como vimos no capítulo "A homossexualidade na *Bíblia*", em uma sociedade na qual a mulher valia menos que um animal e a reprodução era considerada sagrada, pela necessidade de perpetuação da espécie.

Além disso, como também já vimos, as tribos nômades, eram comandadas e chefiadas por homens, que detinham o poder de comando em uma sociedade sem lei, regida pela voz divina, por meio de seus enviados. Toda forma de relação que questionasse a procriação ou colocasse em risco o poder estabelecido dos clãs patriarcais era considerada abominação ou perversão.

Deus odeia os homossexuais

Totalmente falso. Esse é o *slogan* de igrejas ou de religiosos fundamentalistas que frequentemente vão às ruas em marchas de protesto portando bandeiras e cartazes que divulgam o ódio de Deus pelas pessoas homossexuais. Segundo esses religiosos, tais pessoas estariam condenadas ao inferno pelo simples fato de serem homossexuais, e muito mais por desejarem viver essa tendência. É importantíssimo ressaltar que essa visão de um Deus rancoroso e vingativo, irado e propenso à imposição de castigos, nem de longe expressa a visão teológica da Doutrina Espírita. O Espiritismo apregoa um Deus de incondicional e infinito amor, que ama igualmente todas as suas criaturas, que um dia vieram ao mundo como um sopro de amor na eternidade.

O livre-arbítrio é lei divina que permite ao Espírito construir o seu percurso dentro daquilo que lhe é possível, embora seu destino já esteja traçado: a perfectibilidade, onde se realizará na plena presença de Deus em si. As orientações sexuais, experiências felizes ou infelizes, são apenas pano de fundo de uma história passageira de filhos de Deus que evoluem guiados e mergulhados no mar do amor divino, em direção à casa paterna, ou à revelação de Deus no interior de si mesmos. Nesse contexto, ser homossexual, heterossexual, bissexual ou transgênero é apenas um detalhe insignificante para um Deus perfeito, que vê a sua presença perfeita em cada um de seus filhos, aguardando respeitosamente o despertar gradual de cada ser.

A homossexualidade é fruto de obsessão espiritual

Falso. Essa é a ideia defendida pelo respeitável jornalista Herculano Pires, mas se trata de opinião pessoal:

> "A maioria dos casos do chamado homossexualismo adquirido, senão todos, provêm de atuação obsessiva de entidades animalescas, entregues a instintos inferiores".[275]

O homossexual pode sofrer obsessão, de acordo com sua postura mental e emocional, sua sintonia ou distonia com as leis divinas, da mesma forma que o heterossexual. No entanto, a sua identidade sexual diz respeito à sua história. Em alguns casos, na presença de transtorno psiquiátrico psicótico, o indivíduo pode

---

275. Herculano Pires, *Mediunidade*, cap. VIII, Paideia.

adotar comportamentos homossexuais como sintoma dessa doença, sem ser características da identidade sexual.

O homossexual masculino é um homem que deseja ser mulher, e a homossexual feminina é uma mulher que deseja ser homem

Falso. O homossexual é alguém adaptado ao seu sexo biológico. O homem que deseja ser mulher, ou a mulher que deseja ser homem classifica-se como transexual, que, aliás, não é homossexual, e sim heterossexual.

Isso não significa que não haja homossexuais masculinos efeminados ou homossexuais femininas masculinizadas. Evidentemente os há, e representam as figuras caricatas do imaginário popular, motivo de chacotas e piadas entre heterossexuais. Isso se deve não à identidade, mas às identificações psicológicas ao longo da vida e do desenvolvimento infantil, às identificações de grupo da adolescência e aos padrões estereotipados que muitos homossexuais adotam em fase inicial de definição de identidade e individuação.

O homossexual é uma pessoa infeliz e frustrada

Falso. Há homossexuais felizes, bem resolvidos consigo mesmos e homossexuais infelizes, cheios de complexos, assim como os heterossexuais. Muitas vezes o conflito ou sofrimento que se observa em homossexuais deriva das dificuldades de autoaceitação e de reconhecimento público da sua identidade, o que lhes traz enorme carga de sofrimento e estresse psicológico. Há ainda aqueles que, mesmo assumindo-se publicamente, nunca aceitam sua identidade, mantendo a atitude de revolta e rebeldia interior, pela diferença que não desejavam, podendo chegar, por isso, a vivenciar depressões profundas.

Os orientadores espirituais da AMEMG nos informam que o deprimido, via de regra, é um rebelde que não aceita a vida e as circunstâncias da existência. Existiria no inconsciente do deprimido um pensamento genérico que postula e decreta: "Já que não tenho a vida que desejo, não aceito a vida que tenho".

Essa não aceitação não significa uma inconformação ativa, que visa modificar o estabelecido, mas uma inconformação passiva, rebelde, que lamenta sem nada fazer para modificar o que está estabelecido. No caso da identidade sexual, ao perceber que não consegue transformar sua atitude mental e seu desejo afetivo-sexual, o indivíduo pode vir a rebelar-se contra Deus e a vida, como se sofresse uma injustiça, decidindo não se permitir ser feliz naquela condição, rechaçando parcerias afetivas, reduzindo-as a encontros sexuais para alívio das tensões e permanecendo enclausurado em uma vida de insatisfação, lamentação e vitimismo.

A solução para essa situação é a postura da humildade, em que o indivíduo reconhece aquilo que pode ser possível no momento, apesar de não ser o que idealizava, aceitando-se como é, enquanto busca ser o que deseja, e confiando na bondade e presença de Deus como guiança amorosa permanente.

CAPÍTULO

Educação sexual e afetiva à luz da imortalidade da alma

"Face aos processos evolutivos, muitos Espíritos transitam na condição homossexual, o que não lhes permite comportamentos viciosos, estando previsto para o futuro um número tão expressivo que chamará a atenção dos psicólogos, sociólogos, pedagogos, que deverão investir melhores e mais amplos estudos em torno dos hábitos humanos e da sua conduta sexual."

MANOEL PHILOMENO DE MIRANDA

(Divaldo Franco e Espírito Manoel Philomeno Miranda, *Sexo e obsessão*, cap. 15, p. 193.)

Andrei Moreira

homossexualidade
SOB A ÓTICA DO ESPÍRITO IMORTAL

Estudando a gênese das experiências homossexuais, reconhece-se, como vimos, a reeducação afetivo-sexual como um dos propósitos dessa condição. Analisando a história da humanidade e o comportamento heterossexual, observamos frequentemente abuso e descompromisso afetivo. Assim, fica fácil compreender a assertiva de Manoel Philomeno, segundo a qual é esperada a reencarnação de um número expressivo de homossexuais, entre eles muitos Espíritos convidados à condição afetiva reeducativa.

É inegável a necessidade de reconduzir o sexo e o uso da energia sexual ao patamar sagrado original, possibilitador de criatividade e prazer profundo, de alma. O corpo – como tabernáculo do Espírito, vaso sagrado onde se deposita a semente da inteligência, o ser criado à imagem e semelhança de Deus – é fonte de experimentações que precisa ser bem utilizada pelo Espírito, honrando a perfeição das leis divinas que por ele se expressam na complexidade da fisiologia orgânica. Esta,

por sua vez, responde ao impressionante e perfeito comando da mente, adaptando-se e sensibilizando-se de acordo com a natureza da emissão mental que a governa.

A educação sexual é o processo de conduzir o ser humano a vencer as barreiras defensivas que o escondem e o protegem, nas camadas da *persona*, impedindo que o ser divino que é se manifeste. À luz do Espiritismo, a vontade é reconhecida como núcleo divino, capaz de expressar a voz da consciência, instância divina no mais profundo do ser.

A sombra não tem existência independente, ela é manifestação de uma ausência, a da luz. Também os conflitos na esfera sexual, as obsessões sexuais, os distúrbios de comportamento são manifestações de ausência do bem, que deve presidir a conduta, harmonizando o homem com as leis divinas, pelo adequado exercício da vontade.

O homem esclarecido a respeito de sua natureza imortal, como filho de Deus, e tocado pela experiência amorosa da intimidade com Deus, é um ser liberto que busca as experiências que o dignifiquem e engrandeçam. Imprescindível, pois, é orientar o indivíduo a respeito da impermanência de tudo, exceto daquilo que abriga no coração, no terreno do sentimento, e no seu campo mental, determinando a vida. No mais profundo de si vibra a vida que se exteriorizará ao seu redor, na esfera física ou além do fenômeno biológico da morte, onde o corpo astral plasma com mais fidelidade a realidade astral.

Viciado em sensações, o homem – fonte infinita de realizações – se degrada, se diminui e se condena a uma vida limitada de possibilidades. À medida que desperta do sono espiritual que tem origem nos entorpecimentos da consciência, determinados pelas viciações, descobre-se grandioso, parte da imensa construção divina.

O Espiritismo promove o esclarecimento a respeito da natureza das leis divinas e da consequência dos atos presentes na vida futura. Compete ao homem esclarecido escolher o que deseja para si.

A afetividade é passo fundamental da condição humana e deve vir associada à racionalidade, que caracteriza o ser humano como capaz de decisões e responsabilidade, de determinação na parte que lhe compete no jogo da vida.

> "Afeto é o coroamento milenar da sublimação do instinto, depois das múltiplas experimentações nas faixas da sensibilidade, da atração e do desejo; força que nasce nas profundezas das 'engrenagens sensíveis' do perispírito, e que movimenta muitas energias do primarismo humano, não tão distantes no tempo. Daí a importância de que seja sempre conduzido por valores morais dignificantes, para servir de impulso evolutivo de crescimento em direção às conquistas libertadoras".[276]

Segundo a orientação do benfeitor Emmanuel, a educação sexual se destina aos Espíritos já amadurecidos e desejosos de se libertarem das relações e dependências poligâmicas do passado espiritual, com a roda viva de compromissos e lesões afetivas que vincula uns aos outros, em razão da lei de causa e efeito:

---

[276]. Wanderley Soares Oliveira e Espíritos Ermance Dufaux e Cícero Pereira, *Unidos pelo amor*, pp. 77 e 78.

"Falar de governo e administração, no campo sexual, aos que ainda se desvairam em manifestações poligâmicas, seria exigir do silvícola encargos tão-somente atribuíveis ao professor universitário, razão por que será justo deter-se alguém nesse ou naquele estudo alusivo à educação sexual apenas com aqueles que se mostrem suscetíveis de entender as reflexões exatas, nesse particular".[277]

Diante desse quadro, é importante observar alguns princípios, que valem tanto para homossexuais quanto para heterossexuais:

1. Entendimento das leis divinas, com ampliação de consciência.
2. Desenvolvimento de espiritualidade e da noção ampliada de si mesmo como ser divino.
3. Desenvolvimento de autoamor, base do autorrespeito e da autovalorização.
4. Monogamia, com estabelecimento de laços profundos com a alma eleita para parceria em um período encarnatório.
5. Fidelidade aos compromissos afetivos assumidos.
6. Cuidado, carinho e consideração com o sentimento do outro.
7. Comunhão e parceria afetiva de profundidade.
8. Evitação de consumo de pornografia, locais que estimulem a sensualidade e comércio da sexualidade.
9. Oração frequente e sincera, contato com a Fonte.

---

[277]. Francisco Cândido Xavier e Espírito Emmanuel, *Vida e sexo*, cap. 20, p. 86.

10. Comprometimento com a mudança, busca de ajuda, partilha de ideias com pessoas mais amadurecidas ou com terapeutas.
11. Autocontrole e autoconhecimento.
12. Trabalho no bem.

Emmanuel sintetiza a função sagrada da energia sexual, dizendo:

> "O sexo se define, desse modo, por atributo não apenas respeitável, mas profundamente santo da Natureza, exigindo educação e controle. Através dele dimanam forças criativas, às quais devemos, na Terra, o instituto da reencarnação, o templo do lar, as bênçãos da família, as alegrias revitalizadoras do afeto e o tesouro inapreciável dos estímulos espirituais".[278]

---
278. Idem, ibidem, cap. 1, p. 10.

CAPÍTULO

Conclusões

> "(...) em torno do sexo, será justo sintetizarmos todas as digressões nas normas seguintes: Não proibição, mas educação. Não abstinência imposta, mas emprego digno, com o devido respeito aos outros e a si mesmo. Não indisciplina, mas controle. Não impulso livre, mas responsabilidade."
> **EMMANUEL**
>
> (Francisco Cândido Xavier e Espírito Emmanuel, *Vida e sexo*, p. 8.)

Andrei Moreira
homossexualidade
SOB A ÓTICA DO ESPÍRITO IMORTAL

A HOMOSSEXUALIDADE TEM SIDO VISTA E CONSIDERADA DE variadas maneiras, segundo as correntes psicológicas ou visões teológicas de uma sociedade em permanente transformação e evolução. O progresso é inexorável,[279] informaram os orientadores da Doutrina Espírita a Allan Kardec. Ao longo do tempo, o pensamento humano passa por revisões, ampliações de entendimento e expansão consciencial que permite que novas conclusões e interpretações sejam oferecidas sobre novos e velhos fatos.

O entendimento da condição afetiva e sexual das pessoas homossexuais tem passado por constantes e contínuas revisões, sobretudo após o advento das lutas pelos direitos humanos e a análise científica de velhas crenças, por largo tempo comandadas pelo pensamento religioso desconectado da razão e mesmo de humanidade.

---

[279]. Allan Kardec, *O livro dos Espíritos*, questão 778.

De crime a doença psiquiátrica, de perversão a variante natural do comportamento sexual humano, as conceituações vão se modificando ao longo do tempo, seguindo a ordem natural da aquisição de conhecimento científico e o progresso moral, os quais modificam os costumes e introduzem na sociedade os valores da alteridade, do respeito, da fraternidade e da inclusão como fatores necessários à felicidade pessoal e coletiva.

É natural, portanto, que a interpretação da homossexualidade segundo os postulados da Doutrina Espírita passe por novos entendimentos, sobretudo quando entendida à luz da reencarnação.

Compreendo a bissexualidade psíquica natural do ser humano, derivada das múltiplas vivências nos dois sexos ao longo dos milênios, e a complexidade em que se estrutura o desejo sexual na experiência presente, sofrendo influência da biologia e das identificações psicológicas do sujeito, construídas sobre a herança do passado espiritual, entende-se que a homossexualidade representa uma identidade, com largo espectro de comportamentos afetivos e sexuais, que vão desde a normalidade psicológica até a psicopatologia, da mesma forma que ocorre entre os heterossexuais.

De causalidade multifatorial, a homossexualidade pode surgir na vida do indivíduo como escolha consciente, realizada antes de reencarnar, ou condição imposta pelas leis divinas, seguindo impulsos reeducativos no terreno da afetividade e do sexo, sobretudo das responsabilidades perante a parceria afetiva e o sexo oposto, ou ainda como condição facilitadora de missão ou tarefa espiritual a que o ser se consagre no campo do benefício social coletivo. Pode ser uma condição natural que tem lugar no processo de transição na vivência corporal dos diferentes sexos, mantida pelo Espírito por condicionamento psíquico ou por necessidades reeducativas. Pode ser expressão de enxertia e identificação psíquica, decorrente de longos processos de simbiose mental e emocional, como os que ocorrem em processos obsessivos, por exemplo, em que os indivíduos, vivenciando diferentes sexos, passam a comungar desejos e interesses do parceiro, ativando núcleos psíquicos comuns em si mesmos.

Pode ser condição decorrente das identificações psicológicas e escolhas no processo educacional presente, ao longo da infância e sobretudo da adolescência e da vida adulta inicial, refletindo a força da cultura, da sociedade e da família, com sua estruturação ou desestruturação, facilitando comportamentos não necessariamente identificados com o psiquismo de profundidade, mas que representam a força da identificação grupal ao longo do processo de individualização.

São variadas as causas da experiência homossexual. É necessário que a experiência da atração afetiva e do desejo sexual seja bem compreendida por aquele que a vive, buscando-se inclusive auxílio profissional, quando necessário, e da família, sempre que possível, assim como da religião, a fim de bem compreender em que campo se situa aquela experiência em particular.

Para um grande número de indivíduos, a homossexualidade é a identidade predominante ou exclusiva no campo afetivo, determinando a certeza dos impulsos e interesses. Como vimos, isso frequentemente é fonte de angústia e sofrimento, por vivermos em culturas heterocentradas, as quais julgam a homossexualidade como falência da heterossexualidade no desenvolvimento psicológico normal do indivíduo. Sendo assim, aos homossexuais falta a identificação externa sadia, em que possam se inspirar ao longo do processo de desenvolvimento psicológico, visto que, na maioria das vezes, a condição homossexual é apresentada de forma caricata. Tal situação faculta a adoção de comportamentos estereotipados e desconectados da identidade profunda, sendo necessários processos longos de psicoterapia e auxílio com vistas ao processo de individualização. Muitas vezes, o indivíduo não tem o apoio da família e encontra-se só ao adentrar a vida adulta, em processo provacional e expiacional doloroso.

Nesse processo conflituoso, os homossexuais podem se permitir, assim como muitos heterossexuais, o estabelecimento de parcerias e comunhões afetivo-sexuais sem que o autoamor esteja guiando o processo de busca da comunhão. Muitas vezes os relacionamentos se constroem a partir de carência afetiva profunda, com a presença de processos autodestrutivos inconscientes, fazendo com que o indivíduo construa com uma mão e destrua com a outra, por sentir-se não merecedor, indigno de amor e de cuidado. Esse estado favorece relações sexuais desconectadas do afeto, exclusivamente como fonte de alívio e prazer sensorial, as quais não são satisfatórias e decepcionam por não serem portadoras da vitalidade do afeto e da comunhão de profundidade, que alimenta a alma, dando sentido e significado à vida.

No entanto, quando amadurecido e, frequentemente, após experiências de decepção e frustração, o indivíduo percebe que o autoamor e a autovalorização, com a consequente valorização do outro, é o caminho para uma vida plena de realizações interiores e exteriores. Passa então a aceitar-se, acolhendo-se com a grandeza de um ser humano nascido, como todos, para amar e ser amado, identificando-se com o Criador.

A homossexualidade enquanto identidade é uma condição natural da experiência humana. Independentemente de sua origem na experiência do sujeito, pode perfeitamente ser campo de encontro e parceria afetiva e sexual profunda, de comunhão de almas em projetos e propósitos comuns, no estabelecimento de uma vida conjugal amadurecida, onde o amor seja o elo vitalizador da relação e da vida dos indivíduos, para uma vida social física e espiritualmente produtiva.

Sendo, para uma grande parte de indivíduos, condição reeducadora do afeto, pede, de cada um que a reconheça em si e a decida viver, a consciência de sua postura perante si mesmo e o outro, o que é verdade e necessidade de todos em humanidade neste instante evolutivo.

A possibilidade do casamento e de acesso aos demais direitos sociais é condição necessária para que o indivíduo afirme sua presença no mundo com a dignidade que todo ser humano deve ter, a fim de que possa desenvolver-se e expressar-se com a grandeza de alma que tenha ou desenvolva perante as experiências de respeito e inclusão de uma sociedade igualitária na diferença e fraterna na convivência.

As noções de imortalidade da alma, a consciência da vida futura, da responsabilidade moral do ser e a repercussão dos atos presentes ao longo das vidas sucessivas fazem com que o indivíduo amplie o entendimento de si mesmo e se capacite a ser o melhor possível em sua experiência temporária, com vistas à imortalidade. É importante perceber, nesse contexto, que a identidade sexual, seja homossexual, bissexual, heterossexual ou transgênera, é apenas parte da identidade do ser eterno, divino. E é também somente parte da experiência da personalidade temporária.

A personalidade pode ser comparada à janela de uma casa, cujo vidro pode ser transparente, translúcido, de forma a permitir a visão total do interior; opaco, impedindo a visualização do interior; ou, ainda, espelhado, refletindo completamente o exterior, impedindo a visão do interior da habitação. A personalidade presente pode, pois, revelar a identidade profunda do ser imortal, quando identificada, na experiência passageira, com o que é eterno – aquilo que é do domínio do coração, do sentimento. Funciona, assim, como vidro translúcido, que não esconde a essência, a beleza do filho de Deus com sua riqueza de possibilidades amorosas. No entanto, pode ser uma defesa rígida, identificada com aquilo que morre com o corpo, com o imediatismo da experiência, que esconde o ser eterno na negação de seus atributos, no não reconhecimento de suas possibilidades pessoais e particulares. Mas pode também ser uma defesa tão forte e identificada com o meio externo, que o reflete sem crítica, sem estabelecer unicidade para a experiência individual, sem reconhecer o brilho e a beleza pessoal, situação que é fonte de neuroses, fobias e variadas manifestações psicopatológicas.

Convém perceber, portanto, que a homossexualidade é uma experiência de identidade sexual passageira em um ser imortal, destinado à felicidade no amor. A identidade sexual, parte da personalidade temporária, pode estar a serviço da alma, revelando-a, ou sob o comando da vontade dos outros, que a escravizam e manipulam, a serviço dos próprios interesses.

A homossexualidade pode ser campo de experiência amorosa profunda, assim como a heterossexualidade, desde que o indivíduo se veja com a dignidade de um ser completo, digno de respeito e valorização, a começar pelo autorrespeito e a autovalorização perante si mesmo e a sociedade. O casamento, o estabelecimento da família, a adoção de filhos, a convivência social e a vida religiosa ativa e com autenticidade são direitos e deveres da minoria homossexual, como o são dos heterossexuais, resguardados na condição de maioria. Afirmar esses direitos e permitir o amplo e irrestrito acesso de todo indivíduo a eles é característica de uma sociedade evoluída no campo dos direitos sociais e da convivência fraterna.

O grande objetivo da vida é o reconhecimento de que o amor não é sentimento a ser conquistado, mas sim a sua própria estrutura, que vibra na criatura e que aspira a ser revelada. Compreendendo que todos são filhos de Deus, criados no amor e para o amor, percebe-se que as características das experiências presentes, quaisquer que sejam elas, atestando provas ou expiações, são desafios de crescimento e expansão consciencial que objetivam despertar a genética espiritual do ser imortal, criado à imagem e semelhança do Pai. O amor é a destinação humana e a própria identidade do Criador, que por ele resume as suas leis e se expressa com perfeição.

Havendo a presença do amor, não importa o campo de experiências que viva o indivíduo. Desde que aquela vivência o preencha da experiência amorosa, ela o cura da doença fundamental, que é estar apartado da presença de Deus, capacitando-o a uma vida de sentido e significado profundo.

A Doutrina Espírita, integrando ciência, filosofia e religião, fornece ao ser humano amplo arsenal de informações que lhe possibilitam vivências transformadoras, que revelam o divino em si. O centro espírita, como local de prática dessa doutrina que é do Cristo, é campo sagrado de cultivo do bem, de educação de almas e exercício das virtudes exaradas pelo Evangelho, fortalecendo o indivíduo para a vida diária, na qual a vivência renovada será testemunhada e se manifestará segundo as decisões de cada um.

Na casa espírita cabem todos os que estiverem de coração aberto para aprender a servir. É a casa de Jesus, onde se reúnem doentes do corpo e da alma em busca de amparo, saúde e cura para suas necessidades mais profundas. Há espaço nela para heterossexuais, homossexuais, bissexuais e transgêneros que estejam verdadeiramente identificados com o chamado divino, os quais serão reconhecidos não por sua identidade sexual, e sim por sua postura moral, derivada de sua visão de si mesmos e do outro. Reconhecendo que o Espiritismo tem o papel de reviver o cristianismo primitivo, a casa espírita é chamada ao patamar de núcleo cristão onde se reúnem os convidados de Jesus para a ceia, com o objetivo de alimentar a alma para a vida espiritual.

Assim como fez o Cristo, que chamou ao trabalho indivíduos de índoles variadas, independentemente do proceder ou da condição momentânea, a casa espírita deve ser o espaço onde aqueles que recebem a incumbência temporária de sua organização reflitam a postura do Mestre, acolhendo a todos com a oportunidade de trabalho e educação, sem questionar-lhes as condições íntimas, que, em essência, pertencem à consciência de cada um.

A religião, qualquer que seja ela, quando no fiel exercício do seu papel, conduz os homens em direção a Deus, reconectando-os consigo mesmos e com a vida, por meio do amor e para o amor. Os líderes religiosos, quando imbuídos do real significado de seu papel, como pastores de um rebanho irmanado por apresentar as mesmas necessidades, conduzem o homem à presença do Senhor por meio da experiência amorosa de acolhimento e incentivo ao bem em si, vencendo preconceitos e prejulgamentos que afastem de si o filho de Deus que deseja encontrar-se e realizar-se no amor.

Ao homossexual, portanto, assim como ao heterossexual, resta a certeza de que é digno de uma vida de amor. Ainda quando vivencie as dores da renúncia e do sacrifício decorrentes do resgaste de um passado desconectado do respeito e da amorosidade, pode resguardar-se no encontro com Deus em si, valorizando profundamente "a si mesmo e ao próximo como a si mesmo" (Mt 22:39), caminhando ao encontro da felicidade a que está destinado todo filho de Deus.

Concluímos com a sabedoria de Emmanuel, que nos afirma, inspiradamente:

> "(...) em torno do sexo, será justo sintetizarmos todas as digressões nas normas seguintes: *Não proibição, mas educação. Não abstinência imposta, mas emprego digno, com o devido respeito aos outros e a si mesmo. Não indisciplina, mas controle. Não impulso livre, mas responsabilidade.*
>
> Fora disso, é teorizar simplesmente, para depois aprender ou reaprender com a experiência. Sem isso, será enganar-nos, lutar sem proveito, sofrer e recomeçar a obra da sublimação pessoal, tantas vezes quantas se fizerem precisas, pelos mecanismos da reencarnação, porque a aplicação do sexo, ante a luz do amor e da vida, é assunto pertinente à consciência de cada um".[280]

Grifos nossos.

---

280. Francisco Cândido Xavier e Espírito Emmanuel, *Vida e sexo*, p. 8.

ANEXO

O mundo dos bonecos de papel

Conto psicografado em 14/10/2001, por Andrei Moreira, de autor espiritual anônimo. Este texto, adaptado para crianças, foi publicado à parte e inaugura o selo AME Editorinha, da AME Editora (órgão editorial da AMEMG), voltado para a publicação de textos promotores de educação emocional e espiritual, passíveis de serem utilizados por educadores, evangelizadores, pais e profissionais da saúde.

AQUELE ERA UM UNIVERSO DIFERENTE. O UNIVERSO DOS BOnecos de papel, personagens de uma história em quadrinhos, idealizados pela mente sábia e desenhados pelas mãos operosas do Grande Cartunista do universo em quadrinhos. Um mundo de histórias, desejos, fantasias e... papéis! Diferentes, variados, complementares.

Os bonecos de papel eram personagens da história mais avançada que o Supremo Autor produzira por sua sensibilidade. Pelo menos a mais avançada que o estreito olhar humano podia conceber. Era a história de bonecos especiais, ditos inteligentes, que se relacionavam entre si, produzindo situações inusitadas. Situações que questionavam o proceder humano, o desejo humano...

an1

Eram bonecos feitos de um papel especial, pintados de duas cores específicas, embora não limitantes: o azul e o vermelho. Dessa forma se distinguiam, pela coloração exterior, sem maiores preocupações com o conteúdo interno. Pois bem, acompanhemos esses personagens em uma de suas muitas e inusitadas histórias:

O dia amanhecera diferente, e o sol, mais forte que nos outros dias, parecia anunciar algo importante a acontecer. Na cidade dos bonecos de papel tudo corria da maneira de sempre. Bonecos apressados, correndo de um lado para o outro, desincumbindo-se de suas tarefas habituais sem maiores atenções ao que acontecia ao redor. Bonecos conversando superficialmente, para passar o tempo, sem trabalho útil a realizar; bonecos ocupados, trabalhando ativamente em prol do progresso. Bonecos. Papéis.

Nada de muito novo. Apenas se comentava naquela cidadezinha o nascimento de alguns novos bonecos, criados pelas mãos do Grande Cartunista. E lá os bonecos nasciam assim: já adultos, desenvolvidos, embrulhados em uma caixa especial, pequenina, e iam se desenrolando aos poucos, à medida que o embrulho limitante lhes permitia maior movimentação. Já vinham completos, individuais, particulares e... pintados. A maior euforia daquele povo era acompanhar o desenrolar dos bonecos – e perceber qual seria a sua cor, pois, quando ainda dobrados, não se podia perceber com nitidez. As cores se confundiam...

O vermelho representava força, energia, comando, movimentação. Era a cor forte, dos bonecos que tomavam posições de destaque no controle da cidade, nas atividades que requisitavam maior dispêndio de energia. O azul representava sensibilidade, energia mais branda, criação e fertilidade. Era a cor dos bonecos de maior movimentação criativa, docilidade, atenção.

Mas, independentemente da cor, eram todos bonecos de papel. De papéis. Viviam aquilo que lhes fora designado, sem maiores preocupações, na maior parte das vezes. Diziam que eram dotados de razão, sentimentos e emoções, pois quis o Grande Cartunista daquele universo que seus bonecos pudessem se desenvolver por seu próprio esforço. E dotou-os de sensibilidade e raciocínio para tal, deixando a cada um deles a liberdade para escolher a maneira de fazê-lo. Mas parece que nem todos eram conscientes disso. Estavam se conscientizando vagarosamente, à medida que os desafios apareciam para libertá-los da ignorância.

Com a novidade do nascimento, logo, logo os novos bonequinhos de papel se tornaram a atração da cidade. Iam se desenvolvendo pouco a pouco. Lentamente. E recebiam o carinho de azuis e vermelhos, de todos que acompanhavam essa fase de individuação. Cada qual torcendo para que se tornassem mais um membro de sua classe, com as características que julgavam especiais, dentro da limitada variedade que conheciam, mas que lhes satisfazia na ignorância da amplidão de caracteres possíveis no mundo das histórias em quadrinhos.

Belo dia, agitação anormal na cidade. Uma correria, inquietação. Uma fofoca generalizada. É que, enfim, os novos bonequinhos de papel haviam se desenrolado e atingido o estado ereto. Finalmente haviam começado a olhar de frente para seus companheiros. Mas, ao invés de causar alegria nos que os rodeavam, causaram foi espanto. Não vinham pintados como de costume. Não eram azuis nem vermelhos.

Eram coloridos!!!

Uma mistura das duas cores com outras desconhecidas. Algumas partes totalmente azuis, outras totalmente vermelhas, e na área do coração, especialmente, cores misturadas, colorido.

Aquilo foi um choque para as mentes limitadas daqueles bonecos de papel. De papéis. Não concebiam a diferença que se apresentava. Não imaginavam existir cores diferentes.

As reações foram as mais variadas possíveis. Alguns ficaram paralisados. Outros correram para espalhar a notícia; outros mais fugiram apressados, como a querer retirar do campo de visão o desafio da diferença, que vinha questionar a realidade até então apresentada. Alguns riam sem parar... Houve aqueles que logo quiseram correr com os bonecos coloridos para a fábrica de tintas vermelhas e azuis e pintá-los artificialmente. Seria algo radical, invasivo, agressivo, mas esses bonecos achavam que seria o mais natural a fazer, afinal de contas os novos bonecos não poderiam ser diferentes. Foram logo pegando os bonecos, até mesmo sem questionar se desejavam ser pintados, e levando-os para a fábrica, sem muita resistência...

Haviam pintado alguns quando foram impedidos de continuar, por um grupo que não temia a percepção e a convivência com as diferenças, que os coloridos recém-chegados representavam. Até gostavam. Achavam que isso estimulava a reflexão, a tolerância, a diversidade que leva ao progresso. Progresso que muitos deles nem tinham consciência de que era necessário, ou possível concretizar na vida de bonecos de papel. De papéis. Preestabelecidos e aceitos pela postura medrosa de questionar o estabelecido, o conveniente aos olhos do outro. Cegos!

Os bonecos mais amadurecidos, impedindo que se continuasse aquela caracterização exterior que descaracterizava o interior, levaram os jovens coloridos para fora da cidade por um tempo, até que tudo se acalmasse. E lá se foram eles, tristonhos e apreensivos, alguns até desejando ser pintados para acabar com aquele sofrimento desconhecido.

Com isso, debates e questionamentos coletivos foram promovidos em toda a cidade. Por que a grande maioria temia o colorido daqueles bonecos? Por que desejavam pintá-los artificialmente, exteriormente, como se fossem ameaças vivas de algum mal terrível que precisasse ser rapidamente sanado? Por que não aceitavam aquela realidade???

E descobriram que os bonecos mais agressivos não aceitavam as duas cores juntas em um mesmo boneco. Diziam que, se o Grande Cartunista fez a todos com uma coloração característica, era porque assim devia ser. Aquele colorido todo certamente era um erro da natureza, algum desastre ou acidente no desenrolar dos novos bonecos... Mas não haviam sido feitos também pelo mesmo Grande Cartunista? – questionavam os outros. Sim, haviam. Mas diante do medo presente e do pouco conhecimento daqueles bonecos, esse raciocínio não bastava. Parece que cada um deles não suportava perceber a sua cor presente nos coloridos jovens. Não conseguiam ver sua característica ali manifesta associada às da outra cor, formando uma variedade enorme de características desconhecidas, opções variadas de coloração. Isso era ameaçador.

Talvez se sentissem diminuídos. Enfraquecidos, vulneráveis. E se dali para frente fossem todos daquele jeito? E se todos nascessem assim? E o pior: e se eles desejassem se colorir também...? Era tudo muito desconhecido e amedrontador. Não podiam tolerar. Era preferível pintar os bonecos com as cores conhecidas, a pensar, questionar a representatividade da coloração em suas vidas...

Outros bonecos, mais assustados, nem tocaram no assunto. Era como se nada estivesse acontecendo. Alienaram-se, retiraram-se da realidade para viver fantasias variadas. Fugas, ilusões, sonhos, pesadelos... Alguns até se jogaram na água, desmanchando-se no todo que anulava a particularidade. Cada um reagia como podia, como conseguia.

Até que um deles, atrevido, trouxe de volta os jovens coloridos, dando-lhes liberdade para fazerem o que desejassem, para serem eles mesmos naquele meio social. O nome desse boneco era Amor-Próprio. Permitiu-lhes ação. Mas acontece que os jovens também eram bonecos de papel, também tinham dificuldades. Vinham de maneira diferenciada. Uns, já pintados, denunciavam em sua tonalidade a artificialidade de coloração. Mas fingiam que tudo estava bem, fugindo da presença de Amor-Próprio, que tentava fazê-los ser livres naquela sociedade de papel. De papéis. E morriam por dentro...

Outros, coloridos ainda, vinham de cabeça baixa, sentindo-se mal por serem diferentes, por serem questionadores da realidade, ou por constituírem desafios à limitada capacidade de visão dos bonecos ditos normais, e à sua própria visão. Vinham temerosos, mas desejosos da livre expressão, da expansão da consciência dos bonecos. O restante vinha bem junto de Amor-Próprio, lado a lado, de cabeça erguida, felizes de serem como são. Felizes de serem normais com sua característica particular, ímpar.

O jovem atrevido, Amor-Próprio, dando a todos o seu testemunho de aceitação, chamava a atenção dos velhos bonecos de papel para uma realidade nunca antes percebida: a da dupla coloração!

Ninguém entendeu, mas o jovem explicou:

"Não se trata da existência de bonecos azuis e bonecos vermelhos. Falo da dupla coloração de cada um de nós. Ou vocês nunca se perceberam devidamente no espelho? Nunca observaram que temos nos dito vermelhos ou azuis pela coloração que trazemos na frente, em evidência, mas que possuímos a cor oposta, que não pensamos possuir, nas costas, onde os olhos não alcançam com facilidade, requisitando de nós esforço e interesse para ser percebida? Observem a vocês mesmos com mais autenticidade!"

E todos se puseram a olhar em volta, a perceber no outro a realidade do que Amor-Próprio dizia. Em seguida, faziam a mesma constatação em si mesmos, ficando surpresos ao notar o que sempre existira, e nunca havia sido percebido.

Não eram coloridos como aqueles novos bonecos. Estes vinham trazendo certa inovação na mistura das cores, que não se caracterizavam por ter seu lugar certo, demarcado no corpo. Isso seria um desafio para a comunidade compreender e aceitar, mas não representava nada de mais grave que merecesse exclusão geral, exclusão de si mesmos...

Todos possuíam as duas cores. Eram duplos. Ou seriam únicos na presença conjunta das características diferenciadas, que se acostumaram a acreditar totais? Agora descobriam que eram apenas parciais, que tinham uma cor predominante por algum motivo, mas apenas uma das possíveis.

Diante da estupefação geral, Amor-Próprio se calou. Já cumprira o seu papel e estaria em destaque naquela sociedade dali em diante. Trouxera elementos novos para a reflexão daquele universo em quadrinhos. Quem sabe com esse desafio aqueles bonecos adormecidos não acordavam para a consciência da construção de seu progresso, deixando de viver os papéis que lhes foram impostos como estímulo inicial e expandindo o seu campo de atuação? Talvez. Descobririam em breve.

E a cidade voltou à ocupação habitual, diferenciada pela forma de ver e compreender a coloração de cada boneco, e ampliada, pois nascia ali uma nova postura. A que atentava para a cor do coração, e não simplesmente a do exterior.

Ampliava-se ali a consciência dos bonecos. Diziam alguns que, alcançando um nível maior de compreensão das diferenças e das particularidades, os bonecos deixavam de ser de papel e mudavam de quadrinho, transformando-se em personagens de uma história humana com enredo divino, que nunca tinha fim...

ANEXO

As perguntas de 1 a 10 foram inicialmente publicadas como entrevista, no site da AMEMG. A partir de então, foi replicada em diversos sites e posteriormente publicada pela Revista Cristã de Espiritismo, como matéria de capa, no número 86, de outubro de 2010.

Perguntas e respostas

1. Homossexualidade é ou não uma doença à luz da imortalidade da alma?

De acordo com a Wikipédia,

"Desde 1973, a homossexualidade deixou de ser classificada como tal pela Associação Americana de Psiquiatria. Em 1975 a Associação Americana de Psicologia adotou o mesmo procedimento, deixando de considerar a homossexualidade como doença. No Brasil, em 1985, o Conselho Federal de Psicologia deixa de considerar a homossexualidade como um desvio sexual e, em 1999, estabelece regras para a atuação dos psicólogos em relação à questões de orientação sexual, declarando que 'a homossexualidade não constitui doença, nem distúrbio e nem perversão' e

que os psicólogos não colaborarão com eventos e serviços que proponham tratamento e cura da homossexualidade. No dia 17 de Maio de 1990 a Assembléia-geral da Organização Mundial de Saúde (sigla OMS) retirou a homossexualidade da sua lista de doenças mentais, a Classificação internacional de doenças (sigla CID). Por fim, em 1991, a Anistia Internacional passa a considerar a discriminação contra homossexuais uma violação aos direitos humanos".

A homossexualidade, segundo a ciência, é uma orientação afetivo-sexual normal. Sob o ponto de vista espírita, tem sido catalogada por muitos escritores espíritas como doença ou distúrbio da sexualidade, em franco desrespeito ao conhecimento científico atual. Não há base no conhecimento espírita para se afirmar tal coisa. Não há uma visão que seja consenso sobre o assunto no movimento espírita, mas há excelentes textos dos Espíritos André Luiz e Emmanuel nos direcionando o pensamento e a reflexão para o respeito, o acolhimento e a inclusão

an2

da pessoa homossexual, entendendo a homossexualidade como condição evolutiva natural (e o termo "natural" como sinônimo de "presente na natureza"), decorrente de múltiplos fatores, sempre individuais, construída ou escolhida pelo espírito, em função de tarefas específicas ou provas redentoras, incluindo aí as condições expiatórias e reeducativas devidas a abusos afetivo-sexuais no passado, que parecem ser a causa determinante da maior parte das condições homossexuais, segundo a literatura espírita.

2. Qual a diferença entre orientação e escolha sexual?

Orientação sexual representa o desejo e o interesse afetivo-sexual (note bem: não somente sexual, mas também afetivo) do indivíduo, decorrente de múltiplos fatores, os quais determinam com qual sexo ele se sente realizado para uma parceria íntima. A orientação sexual é fruto da história pessoal, presente e passada; é influenciada pela cultura e pelas identificações psicológicas, porém não controlada ou determinada conscientemente pelo indivíduo. Nasce-se com ela.

A escolha é fruto da decisão consciente de viver ou não a orientação, aceitá-la ou reprimi-la, de acordo com as idealizações e a pressão familiar, social e cultural do meio em que o indivíduo se encontra reencarnado.

3. **O homem homossexual se sente uma mulher? A mulher homossexual se sente um homem?**

De forma alguma. Identidade e orientação sexual são coisas distintas. Identidade é como o indivíduo se sente, a qual sexo pertence, com qual sexo se identifica psicologicamente. A orientação homossexual representa exclusivamente o direcionamento do afeto e do interesse sexual para indivíduos do mesmo sexo. O homem homossexual tem a sua identidade masculina, sente-se homem, embora possa ou não ter trejeitos afeminados, conforme sua história e identificação psicológica. Igualmente, a mulher homossexual tem a identidade feminina, embora possa ter ou não trejeitos masculinizados. Quando o indivíduo está em um corpo de um sexo, e sua identidade é a do sexo oposto, dizemos que ele é transexual, que é diferente do homossexual.

4. **Em todos os casos, o espírito já renasce homossexual? É possível reverter essa orientação?**

Há uma diferença entre comportamento homossexual e identidade afetivo-sexual homossexual. Observamos comportamentos homossexuais em indivíduos com doenças psiquiátricas, entre presidiários e soldados em guerra; nessas condições, na ausência da figura feminina, a prática sexual entre iguais é praticada por muitos como campo de liberação das tensões sexuais e da busca do prazer. Isso não quer dizer que eles sejam homossexuais. O indivíduo com identidade homossexual é aquele que se sente atraído afetiva e sexualmente por pessoa do mesmo sexo, o que pode ser percebido ou descoberto em diferentes fases da sua vida. Não podemos afirmar que todos os homossexuais tenham nascido com essa orientação, pois a variedade de manifestações nessa área nos remete a múltiplas causas, embora a literatura mediúnica espírita nos informe de que, em boa parte dos casos, as pessoas homossexuais trazem de seu passado espiritual a fonte de sua orientação presente.

Não sendo, em si, uma condição maléfica para o indivíduo, mas neutra, podendo ser positiva ou não, dependendo da forma como for vivenciada, não há necessidade de reverter essa condição. A orientação da ciência médica e psicológica atual é de que o indivíduo homossexual que não se aceita e sofre com isso deve ser classificado como portador de transtorno egodistônico, e os esforços devem se direcionar no sentido de auxiliá-lo a se aceitar e se amar tal qual é, sentindo-se digno de amor e respeito, buscando relações que lhe fortaleçam o autoamor e nas quais possa ser natural, espontâneo e verdadeiro, em busca de sua felicidade e de seu progresso.

Há religiosos e profissionais com características fundamentalistas que oferecem terapia e assistência espiritual, sobretudo em igrejas chamadas evangélicas, para que o indivíduo se "cure" da homossexualidade. Não há registros de casos bem sucedidos. O que frequentemente se observa são indivíduos bissexuais alterando o direcionamento do seu afeto para indivíduos do mesmo sexo, porém muitos deles têm relações sexuais clandestinas com pessoas do mesmo sexo e nos procuram nos consultórios cheios de culpa, medo e vergonha por não se sentirem "curados". Além disso, há os indivíduos homossexuais que decidem vestir a máscara de heterossexuais e por algum tempo formam famílias; frequentemente, saem de casa após algum tempo para viverem o que sentem como sua real atração afetivo-sexual.

5. **Existem casos de homossexualidade desenvolvida exclusivamente por causa da educação recebida na infância? Em caso afirmativo, é possível reverter o processo?**

Segundo Freud, sim, o que não significa que seja passível de reversão ou que haja necessidade disso. Segundo o Conselho Federal de Psicologia, a identidade e a orientação sexual estruturadas na infância não são passíveis de reversão, e a homossexualidade não é uma condição que necessite reversão, já que não é uma doença e muito menos um desvio moral. Porém, na visão espírita, os benfeitores espirituais nos informam que o espírito, ao reencarnar, já escolhe a natureza de suas provas e as condições familiares sociais e pessoais necessárias ao seu progresso, conforme sua consciência indique a necessidade de reparação dos equívocos do passado e de melhoramento pessoal. Em outras situações, quando o espírito não se encontra maduro para definir suas provas, elas são estabelecidas por orientadores evolutivos, mas, ainda assim, são definidas previamente à reencarnação. Assim, a família, o corpo que a pessoa tem e os principais pontos da existência já estão definidos para patrocinar as condições necessárias ao progresso do indivíduo. Além disso, o espírito traz impresso em si o fruto de suas escolhas, o resultado de suas experiências passadas, em seu psiquismo e no corpo espiritual, a determinar a identidade e a orientação sexual da presente encarnação.

6. **Muitos consideram que a abstinência é uma recomendação educativa no caso de homossexualidade. O que você acha?**

Abstinência não representa necessariamente educação do desejo e da prática sexual. Contudo, pode ser uma etapa necessária em certos casos, para a disciplina dos impulsos íntimos, de heterossexuais e homossexuais, quando se percebam necessitados de controle do desejo e da prática sem limites. Também pode acontecer que tenham a condição de abstinência imposta pela misericórdia divina como recurso emergencial de salvação perante circunstâncias de abusos reiterados nessa área.

Diz Ermance Dufaux, no livro *Unidos para o amor*:

"Abstinência nem sempre é solução e pode ser apenas uma medida disciplinar sem que, necessariamente, signifique um ato educativo. Por educar devemos entender, sobretudo, a desenvoltura de qualidades íntimas capazes de nos habilitar ao trato moral seguro e proveitoso com a vida. (...) A questão da sexualidade é pessoal, intransferível, consciencial e a ética nesse campo passa por muitas e muitas adequações".

Alguns Espíritos, no entanto, escolhem a abstinência sexual como forma de dedicação a causas coletivas, o que pode representar esforço nobre em favor do bem, quando não signifique fuga dos conflitos interiores e esteja verdadeiramente conectado ao sacrifício pessoal em favor do coletivo.

O Espiritismo recomenda a todas as criaturas a conscientização a respeito da sacralidade do corpo físico e da sexualidade, como fonte criativa e criadora, destinada a ser fonte de prazer físico e espiritual, sobretudo de realização íntima para o ser humano, em todas as suas formas de expressão.

Sintetiza Emmanuel, na introdução do livro *Vida e sexo*:

> "(...) em torno do sexo, será justo sintetizarmos todas as digressões nas normas seguintes: Não proibição, mas educação. *Não abstinência imposta, mas emprego digno, com o devido respeito aos outros e a si mesmo. Não indisciplina, mas controle. Não impulso livre, mas responsabilidade.* Fora disso, é teorizar simplesmente, para depois aprender ou reaprender com a experiência. Sem isso, será enganar-nos, lutar sem proveito, sofrer e recomeçar a obra da sublimação pessoal, tantas vezes quantas se fizerem precisas, pelos mecanismos da reencarnação, porque a aplicação do sexo, ante a luz do amor e da vida, é assunto pertinente à consciência de cada um".

Grifos nossos.

7. **O homossexual não consegue de forma alguma ter atração por pessoa do sexo oposto, ou isso pode acontecer de forma natural?**

Segundo o relatório Kinsey – extensa pesquisa sobre o comportamento sexual humano realizada nos EUA na década de 60 do século XX, pelo biólogo Alfred Kinsey –, tanto a homossexualidade como a heterossexualidade absoluta são condições raras em nossa sociedade. A grande maioria das pessoas tem uma condição de desejo predominante, em graus variáveis. Por exemplo, uma pessoa pode ser 80% heterossexual e 20% homossexual ou vice-versa. É natural, portanto, que uma atração heterossexual possa ocorrer na vida de um indivíduo homossexual, o que muitas vezes é entendido pelo leigo como "cura" da homossexualidade.

Emmanuel nos esclarece a respeito dessa realidade no livro *Vida e sexo*, cap. 21:

> "através de milênios e milênios, o Espírito passa por fileira imensa de reencarnações, ora em posição de feminilidade, ora em condições de masculinidade, o que sedimenta o fenômeno da bissexualidade, mais ou menos pronunciado, em quase todas as criaturas. O homem e a mulher serão, desse modo, de maneira respectiva, acentuadamente masculino ou acentuadamente feminina, sem especificação psicológica absoluta".

Podemos compreender assim que todos os indivíduos trazem em sua intimidade a possibilidade de se sentirem atraídos e se apaixonarem por alguém do mesmo sexo (afinal de contas, a pessoa se apaixona pelo indivíduo completo, e não apenas pelo seu corpo). Isso não significa que vá ou necessite viver essa situação. O psiquismo atende e responde ao impulso do espírito, que é assexuado, mas que cumpre programas específicos em um ou outro sexo, conforme definição anterior e necessidade evolutiva, inserido em um contexto sociocultural que o limita na percepção e expressão do que vai em sua intimidade profunda.

8. **Homem ou mulher que tenham fantasias com pessoas do mesmo sexo podem ser considerados homossexuais?**

Na adolescência as experiências homossexuais são naturais, definidas pela psicologia como experiências de experimentação de uma identidade sexual em formação; não atestam, necessariamente, a orientação homossexual. Já no adulto a fantasia é uma das formas de expressão do desejo e da atração homoafetiva e atestam a intimidade da criatura, mesmo que não sejam aceitas pela personalidade consciente.

9. **Qual sua avaliação sobre como a comunidade espírita trata a homossexualidade?**

Em geral, observamos, por parte da comunidade espírita, uma abordagem superficial e discriminatória dos homossexuais e da homossexualidade. É compreensível que seja assim, pois todo meio religioso lida com idealizações e preconceitos seculares. Todavia, tal postura pode ser modificada por meio do que recomenda Allan Kardec: estudo sério e aprofundado de um tema para que se possa opinar sobre ele. É lamentável que nós, adeptos da fé raciocinada, nos permitamos o mesmo comportamento dos religiosos fundamentalistas.

Observa-se muita opinião pessoal, sem fundamento, tomada como regra e lei. Tais opiniões costumam ser destituídas de compaixão e amorosidade e terminam por isolar o indivíduo homossexual, tachando-o de doente, perturbado, promíscuo ou obsediado. Às vezes, ele é até mesmo afastado das atividades espíritas habituais, como se fosse portador de grave moléstia e devesse receber reprovação e crítica por parte da parcela heterossexual "normal" da sociedade. Tais posturas são frequentemente embasadas no tradicional preconceito judaico-cristão-ocidental de que a única e exclusiva função da sexualidade é a procriação, tomando a parte pelo todo.

O Espiritismo é uma doutrina livre e libertária, compromissada com o entendimento da natureza íntima do ser humano e o progresso espiritual. Oferece-nos bases muito ricas de entendimento do psiquismo e da sexualidade do espírito imortal, como instrumentos divinos dados por Deus ao homem para seu aprimoramento e felicidade. Além disso, oferece esclarecimento a respeito das condições e situações determinadas pela liberdade do homem, que desvia esses instrumentos superiores de suas funções sagradas.

É imprescindível que se extinga em nosso movimento o preconceito e que os homossexuais tenham campo de trabalho, se dediquem ao estudo e à prática da Doutrina Espírita, com a mesma naturalidade de heterossexuais. Isso, para que compreendam o papel de sua condição em seu momento evolutivo e a utilizem com respeito e dignidade com vistas ao equacionamento dos dramas internos, ao cumprimento dos planos de trabalho específicos em sua proposta encarnatória e ao seu progresso pessoal, da família e da sociedade da qual faz parte, da mesma maneira como deve fazer o heterossexual.

10. Como devem se comportar os pais espíritas de um indivíduo que se descubra homossexual?

Aos pais de uma pessoa homossexual cabe o acolhimento integral e amoroso do indivíduo, com aceitação de sua condição, que nada mais é que uma das características da personalidade. Ser homossexual não é sinônimo de ser promíscuo, inferior, afeminado (para homens) ou masculinizado (para mulheres). Simplesmente atesta que o indivíduo se realiza sexual e afetivamente no encontro entre iguais. A pessoa homossexual deve receber a mesma instrução e educação a respeito da sexualidade que os heterossexuais, a fim de bem direcionar suas energias e seus esforços no sentido da construção do afeto com quem eleja como parceiro(a). A postura na vivência da sexualidade, para homossexuais, deve ser a mesma aconselhada pelos Espíritos a heterossexuais: dignidade, respeito a si mesmo e ao outro, valorização da família, da parceria afetiva profunda no casamento e dedicação da energia sexual criativa em benefício da comunidade em que se está inserido.

O acolhimento amoroso da família é fundamental para que o indivíduo homossexual possa se aceitar, se compreender, entendendo o papel dessa condição em sua vida atual, e para que se sinta digno e responsável perante suas escolhas. A luta, para aqueles que vivem essa condição, é grande, a fim de afirmar a sua autoestima em uma sociedade que banaliza a condição sexual e vulgariza a diferença. A família é o núcleo onde se encontram corações compromissados em projetos reencarnatórios comuns, com vínculos pessoais de cada um com o passado daqueles que com eles convivem, devendo ser, cada membro dessa célula da sociedade, um esteio para que o melhor do outro venha à tona, por meio da experiência amorosa. Os pais de homossexuais poderão ler e compartilhar interessantes experiências de outros pais no *site* e nos livros de Edith Modesto: www.gph.org.br; livros: www.gph.org.br/publica.asp.

11. Como fica a cabeça dos filhos de pessoas homossexuais?

As pesquisas científicas têm demonstrado que filhos de pessoas homossexuais não apresentam nenhum distúrbio psíquico, nem sofrem influência na orientação sexual que seja diferente daquelas que já são naturais no processo de desenvolvimento psicológico de heterossexuais. Essas crianças têm apresentado desenvolvimento e progressão adequados na escola e também adaptação social e autonomia. Dessa forma, as pesquisas derrubam o preconceito que julga pais homossexuais como incapazes de uma paternidade adequada, demonstrando que seus filhos são tão normais e desenvolvidos quanto os filhos de pais heterossexuais.

12. Gostaria de acrescentar algo?

Gostaria de citar trecho da *Carta de Paulo aos romanos*:

"Eu sei, e estou certo no Senhor Jesus, que nada é de si mesmo imundo a não ser para aquele que assim o considera; para esse é imundo". (Rm 14:14)

Todas as experiências em que estejam presentes o autorrespeito, a autoconsideração, a autovalorização e o autoamor são experiências promotoras de progresso e evolução, pois aquele que se oferece essas condições naturalmente as estende ao outro. A homossexualidade, independentemente da forma como se haja estruturado como condição evolutiva momentânea do indivíduo, pode ser vivenciada com dignidade e ser um rico campo de experimentação do afeto e construção do amor, desde que aqueles que a vivam se lembrem de que são espíritos imortais e de que a vida na matéria é tempo de plantio para a eternidade, no terreno do sentimento e das conquistas evolutivas propiciadas pelo amor, em qualquer de suas infinitas manifestações.

Diz-nos Emmanuel, no livro *Vida e sexo*, cap. 21, p. 90:

"A coletividade humana aprenderá, gradativamente, a compreender que os conceitos de normalidade e de anormalidade deixam a desejar quando se trate simplesmente de sinais morfológicos, para se erguerem como agentes mais elevados de definição da dignidade humana, de vez que a individualidade, em si, exalta a vida comunitária pelo próprio comportamento na sustentação do bem de todos ou a deprime pelo mal que causa com a parte que assume no jogo da delinquência."

E complementa André Luiz, em *Sexo e destino*, 2.ª parte, cap. IX:

"(...) no mundo porvindouro os irmãos reencarnados, tanto em condições normais quanto em condições julgadas anormais, serão tratados em pé de igualdade, no mesmo nível de dignidade humana, reparando-se as injustiças achacadas, há séculos, contra aqueles que renascem sofrendo particularidades anômalas, porquanto a perseguição e a crueldade com que são batidos pela sociedade humana lhes impedem ou dificultam a execução dos encargos que trazem à existência física, quando não fazem deles criaturas hipócritas, com necessidade de mentir incessantemente para viver, sob o sol que a Bondade Divina acendeu em benefício de todos".

Referências bibliográficas

AUTORES DIVERSOS. *Das patologias aos transtornos espirituais*. Belo Horizonte: Inede, 2006.

AUTORES DIVERSOS. *Saúde e Espiritismo*. São Paulo: AME Brasil, 1995.

AARONS, LEROY. *Prayers for Bobby – a mothers coming to terms with the suicide of her gay son*. New York: Harper One, 1995.

ABDO, CARMITA. *Descobrimento sexual do Brasil – para curiosos e estudiosos*. São Paulo: Summus, 2004.

ADAMS et al. "Is homophobia associated with homosexual arousal?". J Abnorm Psychol. Ago/1996; 105(3):440-5.

ALDEN, H.L.; PARKER, K.F. "Gender role ideology, homophobia, and hate crime: Linking attitudes to macrolevel anti-gay and lesbian hate crimes". Deviant Behavior, 2005; 26:321-343.

ALLEN e GORSKI et al. "*Sexual orientation and the size of the anterior comissure in the human brain*". Proc Natl Acad Sci USA, 89:7199–7202.

ALMEIDA, JOÃO FERREIRA (TRAD.). *Bíblia sagrada – Almeida corrigida e fiel*. São Paulo: Sociedade Trinitariana Bíblica do Brasil, 1994. Disponível em www.bibliaonline.com.br.

ALMEIDA, PEDRO. *Desclandestinidade – um homossexual religioso conta sua história*. São Paulo: GLS (Summus), 2001.

ANDREA, JORGE. *Forças sexuais da alma*. 8.ª ed. Rio de Janeiro: FEB, 1987.

ARREOLA, S.G.; NEILANDS, T.B.; POLLACK, L.M.; PAUL, J.P.; CATANIA, J.A. "*Higher prevalence of childhood sexual abuse among Latino men who have sex with men than non-Latino men who have sex with men: data from the urban men's health study*". Child Abuse Negl. 2005, 29(3):285–90.

ARREOLA, SONYA GRANT; NEILANDS, TORSTEN B.; DIAZ, RAFAEL. "*Childhood sexual abuse and the sociocultural context of sexual risk among adult latino gay and bisexual men*". Am J Public Health. 2009 October; 99 (Suppl 2): S432–S438.

BAGEMIHL, BRUCE. *Biological exuberance – homosexuality and natural diversity*. New York, Stonewall, 1999.

BACCELLI, CARLOS; ODILON FERNANDES [ESPÍRITO]. *Conversando com os médiuns*. Uberaba: Didier.
_____ . *Mediunidade na mocidade*.

BACCELLI, CARLOS; PAULINO GARCIA [ESPÍRITO]. *Dr. Odilon – a vida fora das dimensões da matéria*. Uberaba: Didier, 1998.

BAILEY, J. MICHAEL; PILLARD, RICHARD C. "*A genetic study of male sexual orientation*". Archives of General Psychiatry, 1991; 48:1089–1096.

BALSAM, K.F.; ROTHBLUM, E.D.; BEAUCHAINE, T.P. "*Victimization over the life span: a comparison of lesbian, gay, bisexual and heterosexual siblings*". Journal of Consulting and Clinical Psychology. 2005; 73:477–487.

BALTHAZART, JACQUES. *Biologie de L'homosexualité – on nait homosexuel, on ne choisit pas de l'être*. Bruxelas: Mardaga, 2010.

BANCHARD, R. "*Fraternal birth order and the maternal immune hypothesis of male homosexuality*". Horm Behav, 2001, 40(2):105–114.
_____ . "*Quantitative and theoretical analyses of the relation between old brothers and homosexuality in men*". Journal of Theoretical Biology. 2004, 230(2), 173–187.

BASTOS, GIBSON. *Além do rosa e do azul*. Rio de Janeiro: CELD, 2006.

BERGLER, EDMUND. *Counterfeit-sex: homosexuality, impotence, frigidity*. Nova Iorque 1961 – In MÜLLER, WUNIBALD. *Pessoas Homossexuais*. Petrópolis: Vozes, 2000.
_____ . *Homosexuality: disease or way of life?*. Nova York, Hill and Wang, 1956.

BIEBER et al. "*Homosexuality: a psychoanalytic study of male homosexuals*". Nova York: Basic Books, 1962

BOGAERT, A.F. *"Asexuality: Prevalence and associated factors in a national probability sample"*. Journal of Sex Research, 2004; 41, 279-287.

BONINO, S.; CIAIRANO, S.; RABAGLIETTI, E.; CATTELINO, E. *"Use of Pornography and Self-Reported Engagement in Sexual Violence Among Adolescents"*. European Journal of Developmental Psychology. 2006; 3:265-88

BOSTWICK, W.B.; BOYD, C.J.; HUGHES, T.L.; MCCABE, S.E. *"Dimensions of sexual orientation and the prevalence of mood and anxiety disorders in the United States"*. American Journal of Public Health, 2010, 100(3):468-475.

BOUCHARD, T.J. et al. *"Homosexuality in monozygotic twins reared apart"*. Br J Psychiatry. Abr/1986; 148:421-5.

BRIDGES, A.J. *"Pornography's effects on interpersonal relationships"* in The social costs of pornography: a collection of papers. Princeton, N.J.: Witherspoon Institute, 2010.

BROWN et al. *"Differences in finger length ratios between self-identified Butch and femmes lesbians – Archives of Sexual Behavior. 2002, 31(1):123-127.

BURTON, 1993. In SALLES, Carlos Alberto; CÉSAR E MELO, Jussara Maria de Fátima. *Estudos sobre a homossexualidade – debates junguianos.* Belo Horizonte: Vetor, 2011.

BYNE et al. *"The interstitial nuclei of the human anterior hypothalamus: an investigation of variation with sex, sexual orientation and HIV status"* – Horm Behav 40(2):86-92.

CANDAU, MARIA VERA (ORG.). *Cultura(s) e educação: entre o crítico e pós-crítico.* Rio de Janeiro: DP&A, 2005.

CARNES, P. *"Out of the Shadows: Understanding Sexual Addiction"*. Center City, Minn.: Hazelden, 1992; COOPER, A.; DELMONICO, D.L.; BURG, R. *"Cybersex users, abusers, and compulsives: new findings and implications"*. Sexual Addiction & Compulsivity: The Journal of Treatment and Prevention. 2000; 7, n. 1-2:5-29.

CASTAÑEDA, MARINA. *A experiência homossexual – explicações e conselhos para os homossexuais, suas famílias e terapeutas.* São Paulo: Girafa, 2006.

_____. *La nueva homosexualidad.* Colonia Chapultepec Morales y Barcelona: Paidós, 2006.

CASTRO, MÔNICA; LEONEL [ESPÍRITO]. *O preço de ser diferente.* São Paulo: Vida e Consciência, 2004.

CEARÁ, ALEX DE TOLEDO. "*Saúde mental, identidade, qualidade de vida e religiosidade em homossexuais na maturidade e velhice*" – tese de mestrado, Faculdade de Ciências Médicas da Universidade Estadual de Campinas. Campinas, 2009.

CEREZO, TONINHO. In *Lola Magazine*, abril/11. São Paulo: Abril, 2011.

CLEMENTS-NOLLE, K.; MARX, R.; GUZMAN, R.; KATZ, M. "HIV prevalence, risk behaviors, health care use, and mental health status of transgender persons: Implications for public health intervention. American". Journal of Public Health. 2001, 91(6):915–921.

CORLISS, H.L.; COCHRAN, S.D.; MAYS, V.M. "*Reports of parental maltreatment during childhood in a United States population-based survey of homosexual, bisexual, and heterosexual adults*". Child Abuse and Neglect. 2002; 26:1165–78.

CORRIGAN, P.W.; MATTHEWS, A.K. "*Stigma and disclosure: Implications for coming out of the closet*". Journal of Mental Health. 2003; 12:235–248.

COSTA, RONALDO PAMPLONA. *Os onze sexos: as múltiplas faces da sexualidade humana.* São Paulo: Gente, 1994.

D'AUGELLI, A.R.; GROSSMAN, A.H.; STARKS, M.T. "*Parent's awareness of lesbian, gay, and bisexual youth's sexual orientation*". Journal of Marriage and Family. 2005; 67:474–482.

DANIA, BERNARDO. *Oops, aprendendo a viver com aids.* Belo Horizonte: Autêntica, 2000.

DOIDGE, N. *The Brain That Changes Itself: Stories of Personal Triumph from the Frontiers of Brain Science.* New York: Viking, 2007.

DORAN, K. ; PRICE, J. *"Movies and marriage: do some films harm marital happiness?"* in progress, 2009.

DOWNING, CHRISTINE. *Myths and Mysteries of Same-Sex Love.* New York: Continnum, 1990.

ESPÍRITO SANTO NETO, FRANCISCO DO; HAMMED [ESPÍRITO]. *As dores da alma.* Catanduva: Boa Nova, 2000.
_____. *Os prazeres da alma.* Catanduva: Boa Nova, 2002.

FEITOSA, ALEXANDRE. *Bíblia e homossexualidade – verdades e mitos.* Rio de Janeiro: Metanóia, 2010.

FIDALGO, JANAÍNA. *"Assumir a homossexualidade não é erro e só ajuda, dizem médicos".* Folha online de 27/Jun/2001.

FONE, BYRNE. *Homophobia, a history.* New York: Metropolitan Books, 2000.

FOUCAULT, MICHEL. *História da sexualidade – vol. II – o uso dos prazeres.* São Paulo: Graal.

FRANCO, DIVALDO PEREIRA; JOANNA DE ÂNGELIS [ESPÍRITO]. *S.O.S. família.* Salvador: Leal.

FRANCO, DIVALDO PEREIRA; MANOEL PHILOMENO DE MIRANDA [ESPÍRITO]. *Sexo e obsessão.* 6.ª ed. Salvador: Leal, 2002.

FREUD, SIGMUND. *Psicogênese de um caso de homossexualidade feminina,* 1920. Edições eletrônicas das obras completas de Sigmund Freud, com comentários e notas de rodapé de James Strachey. Vol. VXIII.
_____. *As aberrações sexuais,* 1905, em *Três ensaios sobre a teoria da sexualidade.* Edições eletrônicas das obras completas de Freud, vol. VII.

GADPAILLE, W.J. *"Cross-species and cross-cultural contributions to understanding homosexual activity"*. Archives of General Psychiatry. 1980; 37:349–356.

GANUZA, BIANCA. *Reciclando a maledicência – educação emocional para a promoção do bem dizer*. Belo Horizonte: Dufaux, 2011.

GARTRELL, N.; BOS, H. *"US national longitudinal lesbian family study: psychological adjustment of 17-year-old adolescents"*. Pediatrics. 2010, 126(1):28 – 36.

GIBRAN, KAHLIL GIBRAN. *O Profeta*. Rio de Janeiro: Civilização Brasileira.

GREEN, JAMES N.; POLITO, RONALD. *Frescos trópicos – fontes sobre a homossexualidade masculina no Brasil (1870 – 1980)*. Rio de Janeiro: José Olympio, 2004.

HAAS et al. *"Suicide and suicide risk in lesbian, gay, bisexual and transgender populations: review and recommendations"*. Journal of Homosexuality. 2011; 58:10–51.

HARDIN, KIMERON N. *Autoestima para homossexuais – um guia para o amor próprio*. São Paulo: GLS (Summus), 2000.

HARMER, DEAN et al. *"A linkage between DNA markers on the X cromossome and male sexual orientation"*. Science, 1993, 261(321–327).

HOLMES et al. *"Sexual abuse of boys – definition, prevalence, correlates, sequelae, and management"*. JAMA. December 2, 1998, vol. 280, n.º 21

HOPCKE, ROBERT H. *Jung, Junguianos e a homossexualidade*. São Paulo: Siciliano, 1993.

IRONSON et al. *"An increase in religiousness/ spirituality occurs after HIV diagnosis and predicts slower disease progression over 4 years in people with HIV. Journal of General Internal Medicine*, 2006: 21:S62–68.

ISAY, RICHARD A. *Tornar-se gay, o caminho da autoaceitação*. São Paulo: GLS (Summus), 1996.

JORM, A.F.; KORTEN, A.E.; RODGERS, B.; JACOMB, P.A.; CHRISTENSEN, H. *"Sexual orientation and mental health: Results from a community survey of young and middle-aged adults"*. British Journal of Psychiatry, 180:423–427.

JUNG, CARL GUSTAV. *Civilization in transition*. Princeton: Princeton University Press, 1976, vol. 10.
_____. *Two essays on Analytical Psychology*. Princeton: Princeton University Press, 1975, vol. 7, p. 106.

KARDEC, ALLAN. *Catálogo racional para se fundar uma biblioteca espírita*. São Paulo: Madras, 2004.
_____. *O Evangelho segundo o Espiritismo*. Rio de Janeiro: FEB, 1985.
_____. *O livro dos Espíritos*. Rio de Janeiro: FEB, 1995.
_____. *O livro dos médiuns*. Rio de Janeiro: FEB, 1997.
_____. *Revista Espírita*, 1866. Araras, SP: IDE, 2005.
_____. *Revista Espírita*, 1868. Araras, SP: IDE, 2005.

KATZ, JONATHAN NED. *A invenção da heterossexualidade*. Rio de Janeiro: Ediouro, 1996.

KING et al. *"A systematic review of mental disorder, suicide, and deliberate self harm in lesbian, gay and bisexual people"*. BMC Psychiatry. 2008; 8:70.

KINSEY, ALFRED C.; POMEROY, WARDELL B.; MARTIN, CLYDE E. *Sexual behavior in the human male*. Philadelphia and London: W.B. Saunders Company, 1948.
_____; GEBHARD, Paul H. *Sexual behavior in the human female*. Philadelphia and London: W.B. Saunders Company, 1953.

KIRK, S.C.; KULKARNI, C. *"The whole person: A paradigm for integrating the mental and physical health of trans clients"*. In SHANKLE, M.D. (ED.). *The handbook of lesbian, gay, bisexual and transgender public health: a practitioner's guide to service*. New York: Harrington Park Place, 2006, 145–174.

KOGUT, ELIANE CHERMAN. *Crossdressing masculino – uma visão psicanalítica da sexualidade cross dresser* – tese de Doutorado em psicologia Clínica, apresentada à PUC-SP, 2006.

KRAEMER et al. "*Finger length ratio (2D:4D) and dimensions of sexual orientation*". Neuropsychobiology. 2006, 53(4):210 – 214.

KRUIJVER et al. "*Lesions of the suprachiasmatic nucleus do not disturb sexual orientation of the adult male rat*". Brain Research, 624:342–346.

KÜBLER-ROSS, ELISABETH. *Sobre a morte e o morrer.* São Paulo: Martins Fontes, 1992.

LEERS, BERNARDINO; TRASFERETTI, JOSÉ. *Homossexuais e ética cristã.* Campinas: Átomo, 2002.

LEVAY, SIMON. *Gay, straight and the reason why: the science of sexual orientation.* New York: Oxford Press, 2011.
_____. *Queer science – the use and abuse of research into homosexuality.* Cambridge: The MIT Press, 1996.
_____. *The sexual brain.* Cambridge: The MIT Press, 1993.

LEVAY, SIMON et al. "*A difference in hypothalamic structure between heterosexual and homosexual men*". Science. 1991; 253:1034–1037.

LEWES, KENNETH. *The psychoanalytic theory of male homosexuality.* New York: Simon and Schuster, 1998.

MAIA, ACYR. *Psychê.* Ano XI, n.º 21. São Paulo, jul-dez/2007.

MARSHAL, M.P.; FRIEDMAN, M.S.; STALL, R.; KING, K.M.; MILES, J. et al. "*Sexual orientation and adolescent substance use: A meta-analysis and methodological review*". Addiction, 2008; 103:546–556.

MARTIN, RICKY. *Eu.* São Paulo: Planeta, 2010.

MEYER-BAHLBURG, H.F. "*Psychoendocrine research on sexual orientation – current status and future options*". Prog Brain Res 61:375–398.

MODESTO, EDITH. *Mãe sempre sabe? Mitos e verdades sobre pais e seus filhos homossexuais*. São Paulo: Record, 2008.
_____. *Vidas em arco-íris*. São Paulo: Record, 2006.

MOSKOWITZ, DAVID A.; RIEGER, GERULF; ROLOFF, MICHAEL E. "Heterosexual Attitudes Toward Same-Sex Marriage". *Journal of Homosexuality*. 2010; 57:325-336.

MOTT, LUIZ. *Homo-afetividade e direitos humanos*. Rev. Estud. Fem. vol. 14, n.º 2, Mai-Set/2006, Florianópolis.

MOTT, LUIZ ; CERQUEIRA, MARCELO. *Matei porque odeio gay*. Grupo Gay da Bahia, 2003.

MÜLLER, WUNIBALD. *Pessoas homossexuais*. Petrópolis: Vozes, 2000.

NATIONAL COALITION OF ANTI-VIOLENCE PROGRAMS. *Anti-lesbian, gay, bisexual and transgender violence in 2004*. New York: NCAVP; 2005.

NATIONAL GAY AND LESBIAN TASK FORCE. *Anti-gay violence, victimization, and defamation in 1989*. Washington, D.C., 1990.

NOVAES, ADENÁUER. *Psicologia e espiritualidade*. 3. ed. Salvador: Fundação Lar Harmonia, 1999.

O'NEILL, CRAIG; RITTER, KATHLEEN. *Coming out within – stages of spiritual awakening for lesbians and gay men. The journey from loss to transformation*. New York: Harper Collins, 1992.

OLIVEIRA, ALKÍNDAR; SAID, CEZAR BRAGA. *Dialogando*. Rio de Janeiro: Léon Denis.

OLIVEIRA, DANILO. *Éramos dois*. Belo Horizonte: Mazza, 2007.

OLIVEIRA, WANDERLEY; CÍCERO PEREIRA E ERMANCE DUFAUX [ESPIRITOS]. *Atitude de amor*. Belo Horizonte: Dufaux, 2009.
_____. *Unidos pelo amor*. Belo Horizonte: Dufaux, 2009.

OLIVEIRA, WANDERLEY SANTOS; ERMANCE DUFAUX [ESPÍRITO]. *Escutando Sentimentos*. Belo Horizonte: Dufaux, 2006.

PARROTT, DOMINIC J. *"A theoretical framework for antigay aggression: review of established and hypothesized effects within the context of the general aggression model"* – Clin Psychol Rev. 2008 July; 28(6):933–951.

PEREIRA, ÂNGELO. *Retrato em preto e branco – manual prático para pais solteiros*. São Paulo: GLS (Summus), 2002.

PERES, ANA PAULA ARISTON BARION. *A adoção por pessoas homossexuais – fronteiras da família na pós-modernidade*. Rio de Janeiro: Renovar, 2006.

PESSOA, FERNANDO. *Obras de Fernando Pessoa – [Introduções, organização, biobibliografia e notas de Antônio Quadros]*. Porto, Lello e Irmãos, vol. I, 1986.

PESSOA, JOELSON. *Estudo espírita da homossexualidade – Apostila*. Disponível na net e sob pedido: joelsonpessoa@gmail.com.

PICAZIO, CLÁUDIO. *Sexo secreto – temas polêmicos da sexualidade.* São Paulo: Summus (GLS), 1998.

PIERI, P.F. *Dicionário junguiano*. São Paulo: Cultrix, 2002.

PINHEIRO, ROBSON; ANGÊLO INÁCIO [ESPÍRITO]. *Encontro com a Vida*. 2.ª ed. Belo Horizonte: Casa dos Espíritos, 2008.

PINHEIRO, ROBSON; FRANKLIN [ESPÍRITO]. *Canção da esperança – diário de um jovem que viveu com aids*. 9.ª ed. Belo Horizonte: Casa dos Espíritos, 2002.

PIRES, HERCULANO. *Mediunidade*. São Paulo: Paidéia.

PUCHALSKY et al. *"Spirituality and Religion in Patients with HIV/AIDS"*. Journal of General Internal Medicine 2006, 21(Suppl 5):S5–S13.

RAHMAN et al. *"Sexual orientation-related differences in verbal fluency". Neuropsychology* 17(2):240-246 e *"Sexual orientation related differences in spatial memories". J Int Neuropsychol Soc* 9(3):376-383.

RAMSEY, GERARD. *Transexuais – perguntas e respostas*. São Paulo: GLS (Summus), 1998.

RETAMERO, MÁRCIO. *Pode a Bíblia incluir? Por um olhar inclusivo sobre as sagradas escrituras*. Rio de Janeiro: Metanóia, 2010.

RIESENFELD, RINNA. *Papai, mamãe, sou gay! Um guia para compreender a sexualidade dos filhos*. São Paulo: GLS (Summus), 2002.

RODRIGUES, ELIANE; ROSIN, SHEILA MARIA (ORGS.). *Infância e práticas educativas*. Maringá, PR: Eduem, 2007.

RODRIGUEZ, ERIC M. *"At the intersection of church and gay: a review of the psychological research on gay and lesbian christians". Journal of Homosexuality*. 2009; 57:1, 5-38.

ROSARIO, MARGARET; SCHRIMSHAW, ERIC W.; HUNTER, JOYCE. *"Disclosure of sexual orientation and subsequent substance use and abuse among lesbian, gay and bisexual youths: critical role of disclosure reactions". Psychol Addict Behav*. 2009, March, 23(1):175-184.

ROSELLI et al. *"The volume of a sexually dimorphic nucleus in the ovine medial preoptic area/anterior hypothalamus varies with sexual partner preference". Endocrinology*, 2004, 145(2):478-483.

ROSENFELD, M.J. *"Nontraditional families and childhood progress through school". Demography*. Ago/2010; 47(3):755-775.

ROTELLO, GABRIEL. *Comportamento sexual e aids – cultura gay em transformação*. São Paulo: GLS, 1998.

SALLES, CARLOS ALBERTO; CÉSAR E MELO, JUSSARA MARIA DE FÁTIMA. *Estudos sobre a homossexualidade – debates junguianos*. Belo Horizonte: Vetor, 2011.

SAVAGE, DAN. *The kid – my boyfriend and I decide to get pregnant, an adoption story*. New York: Plume, 2000.

SAVIC et al. *"Brain response to putative pheromones in homosexual men"*. Proc Natl Acad Sci U S A. 2005, 102(20):7356-7361.

SEEL, PIERRE. *I, Pierre Seel: deported homosexual*. New York: Basic Books, 1995.

SHEPARD, JULIE. *The meaning of Mathew – my son's murder in Laramie and a word transformed*. New York: Plume, 2010.

SILVEIRA, ADELINO DA. *Momentos com Chico Xavier*. Grupo Espírita da Paz.

SOUZA, ROBERTO LÚCIO VIEIRA; ALBUQUERQUE, ALCIONE REIS; DIVERSOS [ESPÍRITOS]. *O homem sadio – uma nova visão*. Belo Horizonte: AME, 2011.

STRAH, DAVID; MARGOLIS, SUSANNA. *Gay dads – a celebration of the fatherhood*. New York: Tarcher Penguim, 2003.

SWAAB e HOFFMAN. *"An enlarged suprachiasmatic nucleus in homosexual men"*. Brain Research. 1990; 537:141-148.

TREVISAN, JOÃO SILVÉRIO. *Devassos no paraíso*. Rio de Janeiro: Record, 2000.

VARELLA, DRÁUZIO. *Folha de São Paulo – coluna ilustrada*, de 4/Dez/2010.

VARGAS, ANA CRISTINA; JOSÉ ANTÔNIO [ESPÍRITO]. *O bispo*. Catanduva, SP: Boa Nova, 2003.

WERNECK, CLÁUDIA. *Quem cabe no seu todos?* São Paulo: WVA.

THE WHITERSPOON INSTITUTE. *The social costs of pornography*. Princeton, New Jersey; Social Trend Institute, New York e Barcelona: Princeton, 2010.

WITELSON et al. *"Corpus callosum anatomy in right-handed homosexual and heterosexual men"*. Archives of Sexual Behavior, 2008; 37:857-863.

XAVIER, FRANCISCO CÂNDIDO; ANDRÉ LUIZ [ESPÍRITO]. *Missionários da Luz*. Rio de Janeiro: FEB, 2005.
_____. *Ação e reação*. Rio de Janeiro: FEB, 1995.
_____. *No mundo maior*. Rio de Janeiro: FEB, 1997.
_____. *Sexo e destino*. Rio de Janeiro: FEB, 2000.

XAVIER, FRANCISCO CÂNDIDO; EMMANUEL [ESPÍRITO]. *Jornal Folha Espírita*, São Paulo: FE, Julho de 1984.
_____. *Vida e sexo*. Rio de Janeiro: FEB, 2000.
_____. *Pão nosso*. Rio de Janeiro: FEB, 2005.

XAVIER, FRANCISCO CÂNDIDO; PIRES, HERCULANO; DIVERSOS [ESPÍRITOS]. *Na Era do Espírito*. São Bernardo do Campo: GEEM.

XAVIER, FRANCISCO CÂNDIDO; VIEIRA, WALDO; ANDRÉ LUIZ [ESPÍRITO]. *Evolução em dois mundos*. Rio de Janeiro: FEB, 2003.

ZHAO, Y.; MONTORO, R.; IGARTUA, K.; THOMBS, B.D. *"Suicidal ideation and attempt among adolescents reporting 'unsure' sexual identity or heterosexual identity plus same-sex attraction or behavior: Forgotten groups?"* Journal of the American Academy of Child and Adolescent Psychiatry. 2010, 49(2):104-113.

aphm.no.sapo.pt/paishomo.html.

pt.wiktionary.org/wiki/coragem.

virtualpsy.locaweb.com.br/cid_janela.php?cod=137.

virtualpsy.locaweb.com.br/index.php?sec=23&art=83.

www.athosgls.com.br/noticias_visualiza.php?contcod=19417.

www.bezerramenezes.org.br/estudos/artigos/o_homossexual_na_casa_espirita.htm.

www.em.com.br/app/noticia/internacional/2011/06/03/interna_internacional,231764/terceiro-sexo-ganha-espaco-no-mexico.shtml.

www.en.wikipedia.org/wiki/Fa'afafine.

www.espiritualidades.com.br/Artigos/S_autores/Sousa_filho_Alipio_tit_homossexualidade_e_preconceito.htm.

www.ggb.org.br.

www.gph.org.br.

www.mariaberenice.com.br/pt/-falando-em-homoparentalidade-.cont.

www.pt.wikipedia.org/wiki/Hijra.

www.velhosamigos.com.br/Colaboradores/LuizFver/luizfver9.html.

www.wvaeditora.com.br/livros/livro_detalhe.php?chave=5.

www.youtube.com/watch?v=oX9y3cn-OVo.

www1.folha.uol.com.br/folha/mundo/ult94u579133.shtml.

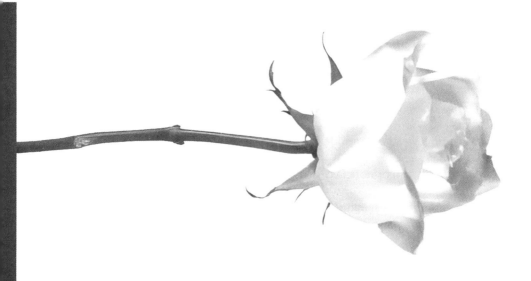

homossexualidade
SOB A ÓTICA DO ESPÍRITO IMORTAL

© 2012–2024 by Ame Editora
órgão editorial da Associação Médico-Espírita de Minas Gerais

DIRETOR EDITORIAL
Andrei Moreira

CONSELHO EDITORIAL
Andrei Moreira,
Grazielle Serpa,
Roberto Lúcio Vieira de Souza

DIRETOR GERAL
Ricardo Pinfildi

DIRETOR EDITORIAL
Ary Dourado

CONSELHO EDITORIAL
Ary Dourado, Ricardo Pinfildi,
Rubens Silvestre

AMEMG
ASSOCIAÇÃO MÉDICO-ESPÍRITA
DE MINAS GERAIS

DIREITOS AUTORAIS
Associação Médico-Espírita de Minas Gerais
Rua Conselheiro Joaquim Caetano, 1162 – Nova Granada
30431-320 Belo Horizonte MG
31 3332 5293   www.amemg.com.br
[o autor cedeu integralmente os direitos autorais à AMEMG
para manutenção de suas atividades assistenciais]

DIREITOS DE EDIÇÃO
Editora InterVidas [Organizações Candeia Ltda.]
CNPJ 03 784 317/0001-54   IE 260 136 150 118
Rua Minas Gerais, 1520 Vila Rodrigues   15 801-280 Catanduva SP
17 3524 9801   www.intervidas.com

DADOS INTERNACIONAIS DE CATALOGAÇÃO NA PUBLICAÇÃO [CIP BRASIL]

M838c

MOREIRA, Andrei [*1979]
Homossexualidade sob a ótica do espírito imortal
Andrei Moreira
Catanduva, SP: InterVidas, 2024

416 pp. ; 15,7 × 22,5 × 2,2 cm

Bibliografia

ISBN 978 85 60960 34 7

1. Sexualidade 2. Espiritismo 3. Psicologia 4. Medicina
I. Moreira, Andrei   II. Título

CDD 133.9   CDU 133.9

ÍNDICE PARA CATÁLOGO SISTEMÁTICO
1. Homossexualidade: visão médico-espírita 133.9
2. Espiritismo 133.9
3. Medicina: visão espírita 133.9
4. Psicologia: visão espírita 133.9

EDIÇÕES
Ame: 1.ª edição
1.ª tiragem, Fev/2012, 2 mil exs. | 2.ª tiragem, Mai/2012, 2 mil exs.
3.ª tiragem, Nov/2012, 2 mil exs. | 4.ª tiragem, Ago/2013, 3 mil exs.
5.ª tiragem, Mar/2015, 2 mil exs. | 6.ª tiragem, Mar/2016, 3 mil exs.
7.ª tiragem, Fev/2018, 3 mil exs. | 8.ª tiragem, Jul/2021, 1 mil exs.

InterVidas: 1.ª edição
1.ª tiragem, Jun/2024, 1,5 mil exs.

Impresso no Brasil   *Printed in Brazil*   *Presita en Brazilo*

Colofão

TÍTULO
*Homossexualidade
sob a ótica do espírito imortal*

AUTORIA
Andrei Moreira

EDIÇÃO
1.ª edição

TIRAGEM
1.ª

EDITORA
InterVidas [Catanduva SP]

ISBN
978 85 60960 34 7

PÁGINAS
416

TAMANHO MIOLO
15,5 × 22,5 cm

TAMANHO CAPA
15,7 × 22,5 × 2,2 cm [orelhas 9 cm]

CAPA
Andrei Moreira, Ary Dourado,
Grazielle Serpa, Rodrigo Brasil

REVISÃO
Laura Martins

PROJETO GRÁFICO & DIAGRAMAÇÃO
Ary Dourado

TIPOGRAFIA CAPA
Ideal Sans [Book, Extra Light, Extra
Light Italic, Light] [*by* Hoefler & Co.]

TIPOGRAFIA TEXTO PRINCIPAL
Ideal Sans Light 11/16 [*by* Hoefler & Co.]

TIPOGRAFIA CITAÇÃO
Ideal Sans Light 10/16 [*by* Hoefler & Co.]

TIPOGRAFIA TÍTULO
Ideal Sans Book 22/32 [*by* Hoefler & Co.]

TIPOGRAFIA INTERTÍTULOS
Ideal Sans [Semibold, Medium]
[11, 10]/16 [*by* Hoefler & Co.]

TIPOGRAFIA NOTA DE RODAPÉ
Ideal Sans Light 9/12,5 [*by* Hoefler & Co.]

TIPOGRAFIA NOTA LATERAL
Ideal Sans Book 8/12 [*by* Hoefler & Co.]

TIPOGRAFIA BIBLIOGRAFIA
Ideal Sans [Light, Light Italic]
10/12,5 [*by* Hoefler & Co.]

TIPOGRAFIA DADOS
Ideal Sans [Book, Medium]
[8, 6]/12 [*by* Hoefler & Co.]

 ameeditora.com.br
 ameeditora
 ameeditora

 intervidas.com
 intervidas
 editoraintervidas

TIPOGRAFIA COLOFÃO
Ideal Sans [Book, Medium]
[7,6]/10 [by Hoefler & Co.]

TIPOGRAFIA FÓLIO
Ideal Sans Book 9/12 [by Hoefler & Co.]

MANCHA
23p1 × 39p6, 30 linhas
[sem fólio]

MARGENS
5p:5p:8p6:8p8
[interna:superior:externa:inferior]

COMPOSIÇÃO
Adobe InDesign 19.4 [MacOS 14.5]

PAPEL MIOLO
ofsete Sylvamo Chambril Book 75 g/m²

PAPEL CAPA
cartão Ningbo C2S 250 g/m²

CORES MIOLO
1 x 1 cor: Preto escala

CORES CAPA
4 x 0 cores: CMYK

TINTA MIOLO & CAPA
Sun Chemical SunLit Diamond

PRÉ-IMPRESSÃO CTP
Kodak Trendsetter 800 Platesetter

PROVAS MIOLO & CAPA
Epson SureColor P6000

IMPRESSÃO
processo ofsete

IMPRESSÃO MIOLO
Komori Lithrone S40P
Komori Lithrone LS40
Heidelberg Speedmaster SM 102-2

IMPRESSÃO CAPA
Heidelberg Speedmaster XL 75

ACABAMENTO MIOLO
cadernos de 32 pp.,
costurados e colados

ACABAMENTO CAPA
brochura com orelhas, laminação BOPP
fosco, verniz UV brilho com reserva

PRÉ-IMPRESSOR E IMPRESSOR
Gráfica Santa Marta
[São Bernardo do Campo SP]

TIRAGEM
1,5 mil exemplares

TIRAGEM ACUMULADA
19,5 mil exemplares

PRODUÇÃO
junho de 2024

 andreimoreira.com

 @andreimoreira1

@andreimoreira

@DrAndreiMoreira

MISTO
Papel | Apoiando o manejo
florestal responsável
FSC® C005648

Ótimos livros podem mudar o mundo.
Livros impressos em papel certificado FSC® de fato o mudam.